Nachhaltig leistungsfähig bleiben

Claudia Kraaz

Nachhaltig leistungsfähig bleiben

Praxis-Tipps für den Business-Marathon

 Springer

Claudia Kraaz
STRESS AND BALANCE
Zürich, Schweiz

ISBN 978-3-662-62863-8   ISBN 978-3-662-62864-5   (eBook)
https://doi.org/10.1007/978-3-662-62864-5

Die Deutsche Nationalbibliothek verzeichnet diese Publikation in der Deutschen Nationalbibliografie; detaillierte bibliografische Daten sind im Internet über http://dnb.d-nb.de abrufbar.

Copyright information: https://www.istockphoto.com/de/foto/junge-frau-traill%C3%A4ufer-l%C3%A4uft-auf-der-mauer-gm883649914-245759688

Planung/Lektorat: Marion Kraemer
Springer ist ein Imprint der eingetragenen Gesellschaft Springer-Verlag GmbH, DE und ist ein Teil von Springer Nature.
Die Anschrift der Gesellschaft ist: Heidelberger Platz 3, 14197 Berlin, Germany

Vorwort

Wie können wir den ständig steigenden Leistungsanforderungen im Berufs- und Privatleben nachhaltig gerecht werden und dabei unsere Gesundheit fördern oder zumindest aufrechterhalten? Als empirische Wissenschaft versucht die Psychologie, oft durch komplexe theoretische Modelle, die das Erleben und Verhalten des Menschen beschreiben, erklären und vorhersagen, Antworten darauf zu geben. Doch wie spannend und hilfreich die Psychologie für unseren Alltag ist, erschließt sich oft nur Wissenschaftler*innen und anderen Expert*innen. Um die Wissenschaft, ihre Erkenntnisse und Empfehlungen aber dorthin zu transportieren, wo sie auch angewandt werden, im Falle der Wirtschafts-, Organisations- und Arbeitspsychologie also in Unternehmen, zu den Arbeitgeber*innen und Arbeitnehmer*innen, muss die Theorie in die Praxis transferiert werden, zum Beispiel mit Hilfe des evidenzbasierten Managements. Aber selbst dieser Transfer geht oft nicht weit genug, sondern endet bei organisationalen Fachkräften oder HR-Praktiker*innen, ohne an jene weiter zu gelangen, die für den nachhaltigen Erfolg eines Unternehmens eine wesentliche Rolle spielen: zu den Mitarbeiter*innen.

Diese Brücke, vom psychologischen Fachwissen zu den „Endverbraucher*innen", wird in diesem Buch geschlagen. Ohne sich in theoretischen Elaborationen zu verlieren, werden wesentliche Ansätze der Psychologie zu den Themen Stress und Gesundheit, Kommunikation und Konflikt sowie Führung und Kooperation durch viele praktische Übungen und Tipps direkt erlebbar und anwendbar gemacht und in den Alltag der Leser*innen transferiert. So lernen die Leser*innen etwa, wie sie an grundlegenden psychologischen Stellschrauben wie impliziten Lerntheorien („Ich

kann das *verändern!*"), Kontrollüberzeugungen („*Ich* kann das verändern!")
und Selbstwirksamkeitserwartungen („Ich *kann* das verändern!") drehen
können.

Gelingt es uns, unsere Stressauslöser, unsere typischen Denk- und Handlungsmuster zu beschreiben, so haben wir die Möglichkeit, sie im nächsten
Schritt zu analysieren, zu verstehen und zu erklären. Dadurch können wir
unser zukünftiges Verhalten auch zu einem gewissen Grad vorhersagen. Das
wiederum gibt uns die Möglichkeit rechtzeitig zu intervenieren und unser
Erleben und Verhalten nachhaltig gesünder zu gestalten.

Das Buch regt durch seinen Praxis-Bezug und den im Buch erlebbaren
Erfahrungen der Autorin als Führungskraft, Coach und Trainerin zum
Nachdenken an. Durch alltagsnahe Beschreibungen und viele praktische
Beispiele fühlt man sich sofort in persönlich erlebte Situationen hineinversetzt, manchmal vielleicht sogar – auf positive Weise – ein bisschen
ertappt, weil man sich selbst ab und zu in dysfunktionale Verhaltensmuster
(unbewusst) verstrickt. Die Leser*innen erhalten die Möglichkeit, persönliche, langfristige Entwicklungsaufgaben zu erkennen, zu bearbeiten und
daran persönlich zu wachsen. Wer sich auf dieses Buch, die Inhalte und
Übungen also wirklich einlässt und auch die vielen, schnell umsetzbaren
Praxistipps beherzigt, begibt sich auf eine angeleitete, manchmal auch
schonungslose Reise zu sich selbst und erhält eine wertvolle Hilfestellung,
um im Alltag nachhaltig leistungsfähig zu bleiben.

Dr. Julia Reif
Wirtschafts- und Organisationspsychologie
Ludwig-Maximilians-Universität München

Danksagung

Es gibt so viele Menschen, ohne die dieses Buch nie entstanden wäre: mein Mann, der mich bei allen Aktivitäten und Ideen bedingungslos unterstützt und mir bei diesem Buch während zwei Schreibretraiten den Rücken frei gehalten hat. Meine zwei wunderbaren, inspirierenden Töchter Jaël und Noemi, die spät in mein Leben getreten sind, aber es extrem bereichern. Tracy Turner, die Englisch-Übersetzerin meiner Blogtexte, die mich erst auf die Idee brachte, ein Buch zu schreiben. Barbara Mieg, meine gute Freundin und ebenfalls Coach, die mich während der ganzen Buch-Entstehung – vom ersten Konzept bis zum Gegenlesen – mit ihren weisen Inputs und ihrem positiv-kritischen Geist begleitet hat. Ich danke auch allen Interviewpartnern, die dieses Buch frisch und lebendig gemacht haben, für Ihre spontane Bereitschaft, mir ihre wertvolle Zeit zu schenken, ihre Erfahrungen mit mir zu teilen und meine Buch-Idee von Anfang an zu unterstützen.

Inhaltsverzeichnis

Über die Autorin

Claudia Kraaz (53) ist seit 2014 selbständig mit ihrer Firma www. stressandbalance.ch Sie bietet Führungs- und Stress-Coachings sowie Resilienz-Workshops (psychische Widerstandsfähigkeit) für Unternehmen an und unterstützt Top-Führungskräfte darin, beruflichen Erfolg und Familienleben kombinieren zu können. Zuvor war sie während 13 Jahren in leitenden Positionen in der Unternehmenskommunikation tätig, u. a. als stellvertretende Kommunikationschefin der Grossbank Credit Suisse, bei der sie mit ihren 50 Mitarbeitenden weltweit für die Medienarbeit und die interne Kommunikation verantwortlich war. Claudia Kraaz hat Kinder im Alter von 9 und 11 Jahren.

1

Einleitung

Wenn Sie einen Marathon rennen wollen, brauchen Sie eine minutiöse Vorbereitung und eine optimale Planung. Und während des Rennens gilt es, Ihre Energien gut einzuteilen, damit Sie nicht in den „roten Bereich" kommen und eventuell sogar aufgeben müssen. Das genau Gleiche gilt für Ihr Berufsleben. Denn das Geschäftsleben ist kein Sprint, sondern ein Ausdauerlauf. Sie müssen Ihren Energiespeicher bewusst managen, damit Sie im hektischen und von Druck, Stress, dauernden Veränderungen und potenziell auch Rückschlägen geprägten Arbeitsalltag mental und physisch gesund und somit längerfristig leistungsfähig bleiben. Dafür braucht es ein bewusstes Gestalten des beruflichen und privaten Alltags und der Erholung – also ein nachhaltiges Energie-Management.

Leider schaffen dies viele Menschen nicht. Die Anzahl Stresserkrankungen bis zum Burnout nehmen stetig zu. Ich war selber einmal in diesem Hamsterrad und habe nahezu ohne Pause und beinahe bis zum Umfallen gearbeitet. Ich wäre damals froh gewesen, wenn ich Unterstützung darin erhalten hätte, wie man Karriere machen kann und trotzdem nicht ausbrennt. Deshalb ist es mir in meiner jetzigen Berufstätigkeit ein grosses Anliegen, meine Erfahrungen und die erst danach erlernten Bewältigungsstrategien weiterzugeben.

Die Folgen von Stress sind für viele Betroffene tragisch, kommen aber auch Unternehmen teuer zu stehen. Denn sie senken die Produktivität der Beschäftigten und somit auch des Unternehmens als Ganzes. Deshalb möchte ich Bewusstsein schaffen, was die Bestandteile von nachhaltiger

© Der/die Autor(en), exklusiv lizenziert durch Springer-Verlag GmbH, DE, ein Teil von Springer Nature 2021
C. Kraaz, *Nachhaltig leistungsfähig bleiben,* https://doi.org/10.1007/978-3-662-62864-5_1

Leistungsfähigkeit sind, und Ihnen einen Werkzeug-Kasten mit auf den Weg geben, wie Sie langfristig produktiv, gesund und zufrieden bleiben können.

Es gibt zweifelsohne bereits viele Bücher zum Thema Stress und Burnout. Was bisher fehlte, ist eine kompakte, praxis- und handlungsorientierte Übersicht, die aufzeigt, was es braucht, um nachhaltig leistungsfähig zu bleiben. Im ersten Teil des Buchs habe ich mir zum Ziel gesetzt, Ihnen die Bestandteile von nachhaltiger Leistungsfähigkeit näherzubringen, die es gemäss meiner Erfahrung als langjährige hohe Führungskraft, Business- und Stress-Coach sowie Resilienz-Trainerin braucht. Dabei liegt der Schwerpunkt auf der praktischen Umsetzung von Handlungsempfehlungen und nicht auf theoretischen Erläuterungen. Das Buch enthält unzählige Übungen und Alltags-Tipps, die Ihnen helfen können, selbst nachhaltig leistungsfähig zu bleiben oder es wieder zu werden. Für Führungskräfte hat es zudem einen Teil, der ihnen aufzeigt, was sie dazu beitragen können, damit ihre Mitarbeitenden längerfristig gesund und produktiv bleiben.

Im zweiten Teil des Buches werden meine Erkenntnisse und Empfehlungen zum Thema „nachhaltige Leistungsfähigkeit" gespiegelt durch die Einschätzungen von prominenten Führungspersönlichkeiten. Ich habe Interviews geführt mit drei CEOs (davon eine Frau), mit drei Personalchefs (zwei Frauen und einem Mann) und mit drei externen Experten, die über Erfahrungen in Unternehmen verfügen und heute Berater und Coaches respektive Geschäftsführerin des renommiertesten Personalmanagement-Verbandes der Schweiz sind (zwei Frauen und ein Mann). Ich habe diese neun Persönlichkeiten um ein Interview gebeten, weil sie alle über langjährige praktische Erfahrung mit dem Thema verfügen und aufgrund ihres unterschiedlichen Hintergrunds (Branche, Unternehmensgrösse, Besitzerstruktur, nationale oder internationale Ausrichtung ihres Unternehmens, persönlicher Karriereweg usw.) sehr vielfältige Perspektiven einbringen.

Die Kapitel des ersten Teils und die Interviews können alle hintereinander oder auch einzeln gelesen werden – mit einer Ausnahme: ohne die Lektüre des ersten Kapitels zum Thema „Selbstreflexion" geht es nicht. Sie ist die „conditio sine qua non", da Selbstreflexion die Basis ist, um sich mit seiner persönlichen Leistungsfähigkeit auseinanderzusetzen.

Das Buch enthält sehr viele Übungen und Praxis-Tipps, und ich werde Sie auch immer wieder bitten, etwas aufzuschreiben. Vielleicht würde sich also die Anschaffung eines Reflexions- und Praxis-Hefts, in dem Sie Ihre Notizen niederschreiben und Ihre Übungen machen können, lohnen. Ich wünsche Ihnen viele neue Erkenntnisse über sich selber und viel Erfolg und Zufriedenheit auf dem Weg zu einer nachhaltigen Leistungsfähigkeit.

Aufgrund besserer Lesbarkeit habe ich – sofern eine geschlechtsneutrale Formulierung nicht möglich war – häufig die männliche Schreibweise verwendet. Selbstverständlich sind jedoch immer beide Geschlechter gemeint.

... ...

2

Auseinandersetzung mit mir selbst

Ein ganzes Kapitel zum Thema Selbstreflexion in einem Business-Handbuch – ist das nicht etwas übertrieben, mögen Sie sich fragen. Nein, meiner Ansicht nach ist dieses Thema unabdingbarer Bestandteil eines jeden Buches zum Thema nachhaltige Leistungsfähigkeit – ja sogar die Basis, ohne die die anderen Teile keinen Sinn machen. Wenn ich nicht weiss, wer ich bin, was ich in meinem Leben will und wie ich auf andere wirke, fehlt das Fundament, um an den noch folgenden Themen dieses Buches zu arbeiten. Wie will ich mental stark werden, wenn ich nicht weiss, was mich ausmacht? Wie will ich lernen, mich zu fokussieren, wenn ich nicht weiss, auf was ich mich konzentrieren soll und will? Wie will ich entspannen lernen, wenn ich nicht weiss, was mir gut tut?

Viele Menschen fühlen sich zu einem grossen Teil ihres Lebens fremdbestimmt – sei es im Job und/oder in der Familie. Sie befinden sich in einem Hamsterrad und rennen durch ihren Alltag – gesteuert durch die Bedürfnisse anderer und durch äussere Umstände. Da ist es entscheidend, zwischendurch das Rad zu stoppen – also innezuhalten und sich zu fragen, welches Ziel man denn anpeilen will, was für Hilfsmittel (seine Stärken und Antreiber) man hat, welche Hindernisse (z. B. Energie-Räuber) es gibt oder ob man das zu einem passende Rad (also die richtigen Tools) verwendet. Sonst kann die Reise ein unbefriedigendes Ende nehmen: der totale Verlust Ihrer Motivation, Lebensfreude und Energie – bis zu einem Burnout, wenn der Körper und die Seele Ihnen sagen, was Sie vorher nicht gemerkt haben oder nicht wahrhaben wollten: so geht es nicht weiter!

© Der/die Autor(en), exklusiv lizenziert durch Springer-Verlag GmbH, DE, ein Teil von Springer Nature 2021
C. Kraaz, *Nachhaltig leistungsfähig bleiben*, https://doi.org/10.1007/978-3-662-62864-5_2

Immer wieder Boxenstopps einlegen

Lieber legen Sie vorher immer wieder mal einen Boxenstopp ein und nehmen sich Zeit, darüber nachzudenken, wer Sie sind und was Sie wollen. Ich gönne mir jedes Jahr mindestens eine Auszeit von drei Tagen ohne meine Familie. Dieser Rückzug ist für mich sehr wohltuend und erholsam – aber er ist auch anstrengend, da ich dann voll auf mich zurückgeworfen werde, nichts zu tun oder zu erledigen habe, ausser mich mit mir, meinen Bedürfnissen und Entwicklungsthemen auseinanderzusetzen. Ich denke während dieser Zeit über Dinge nach, für die ich sonst keine Zeit habe oder mir die Zeit nicht nehme. Nur mal mit mir selbst Zeit zu verbringen, löst bei mir persönliche Prozesse aus, die klärend und belebend sind.

Vielleicht sagen Sie nun: das kann oder will ich nicht tun. Dann empfehle ich Ihnen: nehmen Sie sich im hektischen Geschäftsalltag immer wieder mal ein paar Minuten Zeit, um innezuhalten und zu spüren, wie es Ihnen geht bei dem, was Sie gerade tun. Sie können dies zwei- bis dreimal am Tag für ein bis zwei Minuten oder am Ende der Arbeitswoche für eine Viertelstunde tun. Dies hilft, im Alltag bei sich zu bleiben. Aber wenn Sie sich ernsthaft mit dem Thema „wie kann ich nachhaltig leistungsfähig bleiben?" beschäftigen wollen, sollten Sie sich meines Erachtens regelmässig – z. B. einmal pro Jahr – Fragen stellen wie die folgenden:

- Wieso mache ich das, was ich tue?
- Mache ich es gerne (mindestens den Grossteil davon)?
- Wie geht es mir dabei?
- Tut mir mein Leben gut (der Job, die Personen, mit denen ich zu tun habe, meine Freizeitgestaltung usw.)? Bin ich tief innen zufrieden damit, wie ich lebe?
- Welches sind meine Prioritäten im Leben und die davon abgeleiteten Ziele?
- Welche Kompetenzen bringe ich mit, und kann ich diese in meinem Beruf einsetzen?
- Mache ich das auch gerne, was ich gut mache?
- Wie wirke ich auf andere? Und entspricht dies meinem Selbstbild?

2.1 Meine Prioritäten und Ziele

Haben Sie sich schon einmal gefragt, wieso Sie genau den Job ausüben, den Sie haben? Was sind bei Ihnen die entscheidenden Faktoren:

- Weil Sie etwas bewegen und verändern können?
- Weil Ihnen die Arbeit eine tiefe innere Befriedigung gibt? Wieso genau? Welche Antreiber sind hier am Werk?
- Weil Sie andere damit glücklich machen?
- Weil Sie es gut können?
- Weil Sie es schon immer gemacht haben resp. sehr lange machen?
- Weil es von Ihnen erwartet wird (Prägungen durch Familie, gesellschaftliche Einflüsse usw.)?
- Weil Sie Angst vor einer Veränderung haben?
- Weil es Ihnen Ihren Lebensunterhalt sichert?
- usw.?

Alles Faktoren, die verständlich sind, Sie aber nicht unbedingt alle glücklich machen. So gab der damals schon kranke Apple-Gründer Steve Jobs 2005 an einer bewegenden Rede den Absolventen der Universität Stanford, die noch fast das ganze Leben vor sich hatten, den dringenden Rat: „Ihre Zeit ist begrenzt, also verschwenden Sie es nicht damit, das Leben eines anderen zu leben." Wie ist es bei Ihnen?

Ich bin mir bewusst: wir alle haben viele Sachzwänge, aber verkennen Sie nicht, wie viele Möglichkeiten Sie haben, Ihrem Leben die richtige Richtung zu geben, z. B. bei einem Scheideweg wirklich zu Ihrem Wohl zu entscheiden, anstatt sich treiben oder von äusseren Umständen beeinflussen zu lassen. Wenn Menschen kurz vor ihrem Tod stehen, bereuen sie am meisten, dass sie nicht das Leben gelebt haben, das ihrer Persönlichkeit und ihren Bedürfnissen am besten entsprochen hat.

Authentizität ist entscheidend
Wenn eine Diskrepanz besteht zwischen dem Leben, das einem entspricht, und dem gelebten Leben, führt dies zu inneren Spannungen und Stress – und somit mittelfristig potenziell zu Krankheiten. Das heisst, authentisch zu sein, hält gesund und macht zufrieden und erfolgreich.

Verschiedene Studien fassen die Vorteile eines authentischen Lebens folgendermassen zusammen:

- stabilerer Selbstwert
- höheres Wohlbefinden
- grössere Lebenszufriedenheit
- erfülltere Beziehungen
- weniger Angst und Depressionen

- längere Lebensdauer
- bessere Gesundheit

Ich meine damit nicht, dass Sie unbedingt einen kompletten Bruch mit Ihrem bisherigen Leben anstreben sollten, z. B. indem Sie einen Surfshop auf Hawaii eröffnen oder etwas Ähnliches, sondern dass Sie beginnen, sich Gedanken zu machen, wieso Sie das tun, was Sie tun.

Wie können Sie nun konkret vorgehen? Eine sehr hilfreiche Übung ist, sich mit seinen Werten zu beschäftigen. Was ist mir wirklich wichtig im Leben? Werte, wie Ralf Senftleben, der Gründer des Newsletters www.zeit-zuleben.de, geschrieben hat, sind „Wegweiser an einer Kreuzung". Sie geben uns Orientierung und helfen uns, die für uns richtigen Entscheidungen zu treffen. Mögliche Werte könnten z. B. sein: Gerechtigkeit, Sicherheit, Ruhe, Unabhängigkeit, Zugehörigkeit usw.

Übung: Meine Werte

Im Internet gibt es viele Listen von Werten. Suchen Sie eine möglichst ausführliche Liste. Wählen Sie aus dieser Liste Ihre zehn wichtigsten Werte aus und schreiben Sie sie nach Prioritäten geordnet auf (also 1., 2. usw.). Dies ist eine herausfordernde Übung, die Zeit braucht. Vielleicht hilft es Ihnen, nach dem Ausschlussverfahren vorzugehen. Wenn Sie die Liste haben, fragen Sie sich:

- Wie stark lebe ich diese Werte in folgenden Bereichen meines Lebens?
  - Gesundheit
  - Familie
  - Freunde
  - Beruf
  - Persönliches Wachstum
  - Freizeit
  - Finanzen
- Wie könnte ich sie noch verstärkt in den Bereichen leben, die hierzu tiefe Werte ergeben?
- Wenn Sie Ihre Werte in verschiedenen Lebensbereichen nicht leben, fragen Sie sich: was muss ich meinem Leben verändern, damit ich sie stärker in diesen Bereichen leben könnte?

Danach wählen Sie die Werte aus, bei denen Sie sofort in einen inneren Widerstand gehen. Dies bedeutet, dass diese Werte Sie schwächen und Ihnen Energie abziehen. Dazu stellen Sie sich folgende Fragen:

- Lebe ich diese Werte trotz meinem inneren Widerstand in einem der oben genannten Bereiche?
- Wenn ja, welche Veränderungen in meinem Leben muss ich vornehmen, damit ich diese Werte nicht mehr leben muss?

Vielleicht fragen Sie sich, wie Sie merken, dass Sie Ihre Werte auch wirklich leben. Meine Erfahrung ist: Sie sind dann voller Energie, haben einen starken inneren Antrieb, sprühen vor Begeisterung und verspüren gleichzeitig eine innere Ruhe. Sie sind bei sich.

Übung: Meine Ziele

Aufbauend auf Ihren definierten Werten, können Sie nun Ihre konkreten Ziele ableiten: was bedeutet dies nun für mein Leben, wenn ich die Werte X, Y, Z leben will:

- Wo kann ich am meisten bewegen?
- Wie will ich meine Zeit einsetzen? Vielleicht lässt sich ein Wert stärker leben im Beruf, der andere privat, aber die negativen Werte dürfen keinen Platz mehr einnehmen.
- Gibt es Bereiche in meinem Leben, in denen ich Erfolg habe, die aber meinen Werten widersprechen? Erfolg heisst nämlich nicht unbedingt Erfüllung. Ein Talent muss einem nicht glücklich machen.
- Gehe ich in einem Bereich den Weg des geringsten Widerstands, anstatt meine Werte zu leben? Wie kann ich dies verändern?
- Welche Kompetenzen muss ich haben, damit ich meine Werte leben kann? Gibt es Kompetenzen, die ich dafür brauche, aber noch nicht habe? Wie kann ich sie mir aneignen?
- Wie wichtig ist mir Besitz und Geld? Was heisst das konkret für mein Leben?
- Was will ich (bei)behalten (Aufgaben, Besitz, Freizeitverhalten, Beziehungen usw.), da sie meinen Werten entsprechen?
- Was will ich künftig nicht mehr? Tue ich Dinge, weil sie von mir erwartet werden oder ich nicht nein sagen kann, die aber meinen Werten widersprechen?
- Gibt es Bedürfnisse in meinem Leben (z. B. Wunsch nach Beständigkeit, Sicherheit usw.), die aufgrund der geplanten Änderungen tangiert werden? Gibt es also Werte, die sich widersprechen? Wie gehe ich damit um? Wie kann ich sie unter einen Hut bringen?
- Gibt es Leute, die meine geplanten Veränderungen sabotieren oder meine oben erwähnten Zweifel verstärken könnten? Wie gehe ich mit ihnen um?
- Was würde in meinem Leben passieren, wenn ich in Zukunft nicht mehr nach meinen Werten leben würde? Was wären potenzielle Symptome oder Entwicklungen?

Nun beginnen Sie (in kleineren oder grösseren Schritten), sich ihr Leben so zu gestalten, dass es Ihnen gut tut. Nach dem Motto: geben Sie sich nie damit zufrieden, unzufrieden zu sein. Selbstverständlich ist dies nicht eine einmalige Aufgabe. Sie begleitet einem ein Leben lang.

Ich selbst habe schon einige von aussen gesehen irrationale Entscheidungen getroffen (z. B. dreimal einen gut bis sehr gut bezahlten Job gekündigt, ohne einen neuen zu haben), aber diese Entscheidungen waren immer richtig, weil diese Jobs – aus verschiedenen Gründen – nicht mehr meinen Werten entsprachen.

Eine weitere sehr hilfreiche Übung, um seine Prioritäten im Leben zu definieren und die entsprechenden Ziele davon abzuleiten, ist die folgende:

Übung: Mein 80. Geburtstag (Variante nach www.zeitzuleben.de):

Sie feiern Ihren 80. Geburtstag mit all den Leuten, die Ihnen wichtig sind. Stellen Sie sich die Feier möglichst plastisch vor. Am Fest gibt es vier Redner, die eine Laudatio auf Sie halten:

1. Jemand aus Ihrer Familie
2. Ein guter Freund oder eine gute Freundin
3. Ein ehemaliger Arbeitskollege
4. Ein offizieller Vertreter aus der Gemeinde oder Stadt, in der Sie leben

Was wollen Sie, dass diese vier Personen über Sie und Ihr Leben sagen? Notieren Sie sich diese Wunschvorstellungen. Danach fragen Sie sich, was Sie heute und in Zukunft tun müssen, damit diese Wunschvorstellungen in Ihrem 80. Lebensjahr (idealerweise vorher…) eingetroffen sind.

Machen Sie es also nicht, wie der Schriftsteller Ödon Horvath (selbstverständlich ironisch gemeint) gesagt hat: „Ich bin nämlich eigentlich ganz anders, aber ich komme nur so selten dazu." Beginnen Sie damit, basierend auf Ihren Fantasien, Bedürfnissen und Werten Ihr Leben zu gestalten – im Kleinen und im Grossen.

2.2   Mein ganz persönlicher Stress

Ein wichtiger Faktor, der Ihre Leistungsfähigkeit nachhaltig beeinträchtigen kann, ist Stress. Denn Stress macht krank und hindert Sie daran, klar und rational zu denken. Auch beim Thema Stress ist Selbstreflexion der Ausgangspunkt, um besser mit seinen Belastungen und deren Folgen umzugehen, sie minimieren zu lernen. Sie müssen sich zuerst einmal bewusst werden, was Sie genau stresst, was Ihre konkreten Auslöser sind. Danach können Sie beginnen, an ihnen zu arbeiten.

Zum Thema Stress gibt es viele falsche Vorstellungen. Stress entsteht durch zu viel arbeiten – das ist die gängige Meinung. Dies stimmt jedoch nur bedingt. Studien haben gezeigt, dass es der Gesundheit schadet, wenn man regelmässig 11 h oder mehr pro Tag arbeitet. Unser Körper setzt uns also gewisse Grenzen. Ausserdem ist man auch weniger produktiv, wenn man mehr als 55 h wöchentlich arbeitet. Aber was ist mit einem täglichen Arbeitseinsatz von z. B. 10 h? Für einige ist dies überhaupt kein Problem, für andere sind hingegen schon 8 h zu viel.

Die Arbeitsbelastung also ist ein möglicher Grund für Stress, aber nicht der einzige. Denn Stressempfinden ist absolut individuell, geprägt von Ihren privaten und beruflichen Erfahrungen, subjektiven Einschätzungen und Verhaltensmustern. Jeder von uns hat Anforderungen in seinem beruflichen und privaten Leben. Und jeder hat seine Art und Weise, wie er sie bewältigt. Wenn man den Eindruck hat, dass die eigenen Bewältigungsstrategien den gestellten Anforderungen genügen, ist man in der Balance. Wenn die Anforderungen – bildlich gesprochen – jedoch schwerer wiegen als die Bewältigungsstrategien, empfindet man die Situation als belastend.

Stressempfinden ist subjektiv
Eine objektiv gleiche Situation ist also nicht für alle gleich stressig. Stress ist nicht ein objektiver Fakt, sondern entsteht durch die individuelle Reaktion resp. Empfindung. Für die Stärke des Stresserlebnisses ist es also nicht entscheidend, ob unsere Einschätzung der Wirklichkeit entspricht oder ob wir die Anforderungen überschätzen oder unsere eigenen Fähigkeiten unterschätzen – z. B. wegen falscher Erwartungen, zu hohen Ansprüchen an uns selbst oder schlechten Erfahrungen. Wir reagieren auf eine Situation, eine Person, eine andere Art Auslöser aufgrund unserer individuellen Prägungen.

Was läuft denn genau im Körper ab, wenn wir eine Situation als stressig empfinden? Bei Gefahr signalisiert unser Zwischenhirn „Alarm!" Blitzschnell werden Stresshormone freigesetzt. Adrenalin erhöht die Energieversorgung, Noradrenalin wirkt als Neurotransmitter im Angstzentrum des Gehirns, und das verzögert ausgeschüttete, aber dafür länger im Blut bleibende Cortisol putscht den Körper auf und verbessert die Gehirnfunktion. Dies führt zu starken körperlichen Reaktionen wie z. B.:

- Adrenalin treibt den Blutzucker in die Höhe, wodurch Ihrem Körper mehr Energie zur Verfügung steht.
- Es wird viel Sauerstoff ins Gehirn und in die Muskeln gepumpt.
- Dadurch erhöht sich die Atemfrequenz.
- Es wird mehr Blut in die Organe befördert, was zu einer erhöhten Herzfrequenz und einem erhöhten Blutdruck führt.
- Die Pupillen dehnen sich aus, wodurch sich Ihr Sichtfeld vergrössert.
- Funktionen, die nicht überlebensnotwendig sind wie die Verdauung, werden abgestellt.

Unser Körper ist ein Wunder: er bringt uns in Stresssituation in eine absolute Handlungsfähigkeit und dämpft gleichzeitig die nicht überlebensnotwendigen Funktionen. Das Hirn erhält noch mehr Energie, und unsere Muskeln sind angespannt. Aufmerksamkeit, Entscheidungsschnelligkeit und

Gedächtnisleistung werden verbessert. Wir sind bereit, um der drohenden Gefahr richtig und schnell zu begegnen. Sie fragen sich nun vielleicht: wo ist denn das Problem?

Eine Stresssituation nach der anderen
Eine Stressreaktion ab und zu stellt überhaupt kein Problem dar. Der Körper kann die Stresshormone abbauen und sich wieder erholen. Das Problem heute ist, dass eine Stresssituation auf die andere folgt. Es wird dauernd Cortisol ausgeschüttet, aber nicht mehr genügend abgebaut, da dieser lange dauernde Prozess immer wieder unterbrochen wird und erneut zusätzliches Cortisol in Ihren Körper gelangt. Der Stresslevel bleibt damit hoch. Das bedeutet: der Körper bleibt in Anspannung und kann sich nicht mehr richtig erholen.

Dies führt längerfristig zu starken negativen Auswirkungen auf die Gesundheit wie z. B.:

- Steigendes Risiko für Herzinfarkt und –rhythmus-Störungen
- Erhöhtes Risiko für Bluthochdruck
- Störungen des Verdauungssystems
- Nackenverspannungen
- Gesteigerte Anfälligkeit für Infekte
- Schlafstörungen (gemäss meinen Coaching-Erfahrungen DIE Stressreaktion schlechthin)
- Abbau der Leistungsfähigkeit, Konzentrationsschwierigkeiten

Studien zeigen: bei lang anhaltendem Stress können sogar Bereiche im Hirn schrumpfen, die für rationales Denken zuständig sind. Stattdessen werden Regionen im Hirn aktiv, die negative Gefühle wie Angst und Selbstzweifel hervorrufen.

Chronischer Stress hat also massive Auswirkungen auf den Einzelnen, seine Lebensqualität und seine Funktionsfähigkeit. Aber er hat auch grosse Auswirkungen auf die Unternehmen:

- Wenn man erschöpft ist, ist man unkonzentriert und macht mehr Fehler.
- Bei Demotivation arbeitet man weniger, und die Arbeitsqualität leidet.
- Die Fehlzeiten häufen sich, bis zum totalen Ausfall.
- Die anderen Teammitglieder müssen mehr Arbeiten übernehmen und leiden z. B. unter der Gereiztheit des Betroffenen oder seinem sozialen Rückzug. Das verschlechtert die Stimmung und damit auch die Produktivität im Team.
- Dies führt mittelfristig zu einer höheren Fluktuation.

Selbstverständlich verlangen Unternehmen überdurchschnittliche Leistungen und einen grossen Einsatz. Aber ein zu grosses Engagement kann auch zu einer tieferen Arbeitsqualität führen. Dies heisst: chronischer Stress kommt die Firmen teuer zu stehen. Gesundheitsförderung Schweiz schätzt die jährlichen Kostenfolgen von Stress in der Schweiz auf rund CHF 6,5 Mrd. (Jahr 2018) – eingerechnet sind hier Krankheitskosten, Arbeitsausfälle, Produktivitätsverluste usw. Die positive Nachricht in diesem Zusammenhang ist: Stressprävention zahlt sich aus – für den Einzelnen und für das Unternehmen.

Was können Sie tun, um Ihr Stress-Niveau zu senken? Zuerst müssen Sie sich bewusst werden, was Sie stresst und welche Stressreaktionen Sie zeigen – also welches Ihre persönlichen Alarmglocken darstellen. Dazu dienen die zwei folgenden, zusammenhängenden Übungen.

Übung: Meine persönlichen Stressfaktoren

Wie schon erläutert, ist es absolut individuell, was bei einem Stress auslöst. Nichtsdestotrotz gibt es Gründe, die bei vielen Menschen zu Stress führen. Sie werden unterschieden in externe Stressfaktoren (sie kommen von aussen) und interne Stressfaktoren (sie sind von Ihnen „hausgemacht"). Die häufigsten *externen* Stressfaktoren sind:

- Zeitdruck
- Überlastung
- Dauernde Unterbrechungen
- Ständige Erreichbarkeit
- Reorganisationen und häufige Führungswechsel
- Arbeitsplatzunsicherheit
- Mangelnde Arbeitsorganisation
- Fehlende Entscheidungskompetenzen
- Unklare Zielvorgaben, ungenügende Information und unklares Feedback
- Mangelnde Anerkennung durch den Vorgesetzten
- Familiäre Probleme, Krankheit

Die internen, also „hausgemachten" Stressfaktoren verstärken die äusseren noch. Meine Erfahrung als Coach und Resilienz-Trainerin zeigt: es gibt keinen Burnout ohne interne Stressfaktoren – also ein rein berufsbedingter Burnout existiert nicht. Man trägt immer seinen Teil dazu bei. Die wichtigsten *internen* Stressfaktoren sind:

- Hang zum Perfektionismus
- Selbst gemachter Zeit- und Leistungsdruck
- Sehr hohes Verantwortungsbewusstsein
- Starkes Kontrollbedürfnis
- Abgrenzungsschwierigkeiten, nicht nein sagen können
- Angst vor Fehlern, Versagen oder Ablehnung

- Geringes Selbstwertgefühl
- Negative Denkmuster

Reflektieren Sie also nun über die externen und internen Faktoren, die bei Ihnen persönlich zu Stress führen. Es können auch noch weitere Auslöser als die oben erwähnten sein. Schreiben Sie diese Faktoren auf und stellen sich folgende Fragen dazu:

- Welche Bereiche meines Lebens betreffen meine einzelnen Stressfaktoren: Beruf, Familie, Freunde, Freizeitgestaltung, Gesundheit usw.? Welchen Einfluss haben diese Stressfaktoren auf die einzelnen Bereiche?
- Was genau löst dern Stress aus? Hängt es mit Situationen, Personen, Aussagen Ihnen gegenüber oder anderen Auslösern zusammen?
- Was für Antreiber und in Ihnen verankerte Glaubenssätze lösen den Stress aus? Die wichtigsten Antreiber sind (Definitionen basierend auf Angaben des IAP Institut für Angewandte Psychologie in Zürich):
  - **Sei perfekt!** Ich bin noch nicht gut genug. Es gibt immer etwas besser zu machen. Ich arbeite fehlerfrei, genau und gründlich.
  - **Sei beliebt!** Ich will es allen recht machen und kann schlecht «nein» sagen. Ich will akzeptiert werden und vermeide Konflikte. Meine eigenen Interessen sind nicht so wichtig.
  - **Sei stark!** Ich komme alleine zurecht. Ich beisse die Zähne zusammen und zeige keine Gefühle. Ich bewahre Haltung und lasse keine Schwäche zu.
  - **Streng dich an!** Ich muss es schaffen und Probleme überwinden. Ich mühe mich ab bis zum Letzten und arbeite hart dafür.
  - **Sei schnell!** Ich muss vorwärts machen und bin dauernd beschäftigt. Ich mache mehrere Dinge gleichzeitig und darf keine Zeit verschwenden.

Übung: Meine persönlichen Stressreaktionen

Nachdem Sie nun Ihre persönlichen Stressauslöser eruiert haben, geht es darum, sich zu überlegen, wie Sie auf diese Belastungssituationen reagieren – und zwar auf allen Ebenen:

- Körper
- Emotionen
- Gedanken

Schreiben Sie Ihre typischen Stressreaktionen auf und überlegen Sie sich, ob alle Stressfaktoren die gleichen Reaktionen auslösen und ob es noch andere Faktoren (Personen, Umstände, Unterschiede in Ihrer sonstigen körperlichen und mentalen Verfassung usw.) gibt, die Ihre Reaktionen beeinflussen.

Nach dieser ausführlichen Analyse Ihrer persönlichen Stressfaktoren und -reaktionen können Sie beginnen, an ihnen zu arbeiten. Dazu braucht es viel Bewusstsein: „oh, jetzt reagiere ich wieder automatisch auf Auslöser x" und „oh, jetzt werde ich innerlich wieder ganz unruhig" (oder andere Reaktionen). Wieso ist das wichtig? Keine Veränderung ohne Bewusstsein! Und seien Sie am Anfang nicht zu streng zu sich: solche Veränderungen brauchen Zeit und Übung.

2.3   Ich bin gut!

Was für eine arrogante Aussage, mögen Sie denken. Im Gegenteil: es ist gut, wenn man weiss, worin man gut ist, und noch stolz darauf ist! Klar, perfekt ist niemand – dazu mehr im Abschn. 2.4. Aber viele Leute werten sich immer wieder ab und machen sich schlechter, als sie wirklich sind. Die Bedeutung von Selbstvertrauen (ich setze dies mit Selbstwert gleich) kann gar nicht überschätzt werden. Denn was Sie über sich denken und fühlen, strahlen Sie aus (bewusst oder unbewusst) und beeinflussen damit Ihr Gegenüber. Wenn Sie also von ständigen Selbstzweifeln geprägt werden, spürt Ihr Gegenüber das und reagiert anders auf Sie. Zudem hat es Auswirkungen auf Ihre Handlungen, da Sie dann weniger mutig sind. Mangelndes Selbstvertrauen hat also negative Effekte auf Ihr ganzes privates und berufliches Leben.

Was ist denn überhaupt Selbstvertrauen? Es gibt verschiedene Definitionen, aber meiner Erfahrung nach hat Selbstvertrauen drei Komponenten: 1) ich habe Vertrauen in meine Fähigkeiten, 2) ich bin mir bewusst, dass ich selber etwas dazu beitragen kann, dass sich etwas gut entwickelt (genannt. Selbstwirksamkeit), und 3) ich trete für mich und meine Überzeugungen ein.

Oberflächliches Selbstvertrauen
Viele Menschen haben ein Pseudo-Selbstvertrauen, das sie oberflächlich selbstsicher erscheinen lässt. In seinem Buch „So gewinnen Sie mehr Selbstvertrauen" weist der deutsche Psychotherapeut Rolf Merkle darauf hin, dass diese Menschen denken, sie könnten ihr Selbstwertgefühl dadurch stärken, dass sie erfolgreich sind, Reichtum anhäufen, ihr Äusseres kosmetisch verändern, viele Leute kennen und viel Wertschätzung von ihrem Umfeld erhalten. Diese Menschen haben ein Selbstwertgefühl, das auf Leistung und Äusserlichkeiten beruht, von der Anerkennung der anderen abhängt – also logischerweise auch leicht zu erschüttern ist.

Klar, jeder von uns braucht Wertschätzung und Zuneigung, privat und beruflich. Aber diese Leute sind süchtig nach Anerkennung und äusserlich sichtbarem Erfolg. Sie erwarten andauernd Lob, wenn sie etwas gut gemacht haben oder sich speziell Mühe gegeben haben, und definieren ihren gesamten Wert darüber. Ein gesundes und stabiles Selbstvertrauen kann jedoch nur von innen kommen.

Abgesehen von diesen eigentlich innerlich unsicheren Blendern gibt es noch eine andere Kategorie Mensch, dem man sein schlechtes Selbstvertrauen auf den ersten Blick gar nicht ansieht. Das sind oft hohe Führungskräfte, die gegen aussen sehr erfolgreich sind. Tief innen sind sie jedoch verunsichert und haben dauernd Angst, dass ihr Umfeld merken könnte, dass sie gar nicht so gut sind, wie die anderen Menschen es von ihnen denken. Man nennt dies das „Hochstapler-Syndrom", da diese Menschen dauernd Angst haben, als Hochstapler enttarnt zu werden. Dies führt bei diesen Personen zu konstantem Stress.

Angst vor Ablehnung oder Versagen

Wieso brauchen diese zwei Kategorien Menschen (und ganz viele andere auch) so viel Bestätigung von aussen? Eine der beiden Hauptängste hinter einem mangelnden Selbstvertrauen ist die Angst, abgelehnt zu werden. Denn das Grundbedürfnis der Menschen besteht darin, sich anderen Personen zugehörig zu fühlen. Die zweite Grundangst ist die Angst zu versagen. Aber nur wenn man immer wieder etwas versucht (und deshalb auch zwischendurch scheitert), erreicht man etwas. Selbstvertrauen entsteht nicht dann, wenn man immer alles richtig macht. Es ist auch wichtig, etwas zu wagen und dabei keine Angst zu haben, auch mal falsch zu liegen.

Mich akzeptieren, wie ich bin

Die Basis für ein gutes Selbstwertgefühl ist, dass ich mich so akzeptiere, wie ich bin. Ich bin so gut, wie ich bin, und muss nicht dauernd versuchen, mich selbst zu optimieren, um anderen zu gefallen. Und einen tollen Zusatzeffekt hat die bedingungslose Selbstliebe auch noch: je mehr wir uns selbst wertschätzen, desto mehr können wir anderen echte Anerkennung und Zuneigung schenken.

Mangelndes Selbstvertrauen ist meistens das Resultat von frühkindlichen oder schulischen Prägungen. Deshalb ist es für die Eltern unter Ihnen auch wichtig, zu wissen, dass Sie Ihre Kinder nicht nur loben, wenn sie etwas gut gemacht haben, sondern dass Sie Ihre Kinder spüren lassen, dass sie geliebt werden, unabhängig davon, welche Leistung sie erbringen und was andere darüber denken.

Aber auch später im Leben begegnen Ihnen viele Leute, die Sie durch ihre eigene Brille anschauen, bewerten und Ihnen durch verbales oder non-verbales Feedback zeigen, was sie von Ihnen halten. Dies beeinflusst Ihr Selbstbewusstsein – also wie Sie sich selber sehen. Aus dem äusseren Kritiker wird deshalb mit der Zeit ein innerer Kritiker, der Ihnen das Leben schwer macht – schlimmer als alle externen Kritiker. Alle Menschen haben einen inneren Kritiker, der „ihnen auf Schritt und Tritt folgt und ihr Verhalten und ihre Person kommentiert", wie der deutsche Psychologe Rolf Merkle bemerkt. Sie trauen sich wenig zu, kritisieren sich selbst und werten sich damit ab.

Vermehrt Stärken ausleben
Seien Sie sich bewusst, dass sowohl Ihre Stärken als auch Ihre Schwächen zu Ihnen gehören und dass Sie sich schwergewichtig darauf konzentrieren sollten, Ihre Stärken vermehrt auszuleben, anstatt Ihre Schwächen zu bejammern oder auszumerzen. Wenn Sie vom Typ her eher ein Verteidiger sind, brauchen Sie nicht zu versuchen, der beste Goalgetter zu werden. Das werden Sie voraussichtlich nicht schaffen und vergeuden zudem Ihre Stärken.

Ein Team braucht Spieler mit verschiedenen Stärken – die richtige Mischung macht ein Team erfolgreich. An seinen Schwächen zu arbeiten, ist häufig sehr frustrierend und auch anstrengend. Im Gegensatz dazu geht das Stärken aufbauen schneller, ist motivierender und gibt einem dadurch Energie. Und dies hat einen positiven Effekt darauf, wie Sie auf andere Personen wirken.

Sich selbst achten
Viele Menschen mit einem schlechten Selbstwertgefühl schätzen gar nicht mehr, was sie Wunderbares haben und gut können. Adolph Freiherr von Knigge sagte schon im 18. Jahrhundert den folgenden weisen Satz: „Achte dich selbst, wenn du willst, dass andere dich achten sollen."

Sie kennen sicher alle den Spruch: „Jeder ist seines Glückes Schmied!". Auch wenn mangelndes Selbstvertrauen häufig auf Kindheitsprägungen basiert, sind Sie diesen nicht willenlos ausgeliefert, sondern können diese auflösen oder – wie man in der Fachsprache sagt – „umprogrammieren". Ich stelle Ihnen deshalb jetzt zwei zusammenhängende Übungen vor, mit denen Sie Ihre Gedanken auf Ihre Erfolge lenken können, was das Selbstvertrauen stärkt. Denn es macht Menschen zuversichtlich, dass sie mehr können, als sie sich zuvor bewusst waren.

Übung: „Ich bin gut"-Liste

Beantworten Sie schriftlich folgende Fragen:

- Was mögen Sie an sich (Persönlichkeit, Kompetenzen, Äusseres usw.)?
- Was können Sie gut?
- Was haben Sie beruflich und privat alles schon erreicht in Ihrem Leben? Es geht hier nicht nur um erfolgreich absolvierte Prüfungen oder eine Beförderung, sondern z. B. auch dass Sie ein Mensch sind, der gut Beziehungen aufbauen kann, für schwierige Probleme kreative und effiziente Lösungen findet usw.
- Was sagen andere Menschen Positives über Sie? Welche Leistungen schätzt man an Ihnen? Welche Persönlichkeitszüge?

Erstellen Sie eine Basisliste mit diesen positiven Attributen und lesen Sie sie sich mehrmals laut vor.

Übung: Meine tägliche „gut gemacht"-Liste

Diese Übung verstärkt den positiven Effekt der ersten Übung und macht ihn nachhaltig. Schreiben Sie während einigen Wochen täglich (z. B. immer abends als letzte Tat, bevor Sie Ihre Arbeit abschliessen, oder – wenn Sie mit dem öffentlichen Verkehr unterwegs sind – auf dem Nachhauseweg), was Sie an diesem Tag gut gemacht und welch positives Feedback Sie erhalten haben. Ich mache diese Übung häufig mit meinen Coaching-Kunden. Am Anfang haben alle Mühe damit, mehrere gut gemachte Dinge pro Tag zu finden. Denn unser Gehirn ist auf unsere Schwächen fixiert. Aber je länger man diese Übung macht, desto mehr Dinge werden einem auffallen. Man programmiert damit sein Gehirn um, damit es sich mehr auf die eigentlich vorher schon vorhandenen Erfolge achtet. Diese Übung wird auch dazu führen, dass Sie besser abschalten können und erst noch mit einem positiven Grundgefühl. Sie nehmen also weniger Stress mit nach Hause.

Meine 10 besten Praxis-Tipps für ein besseres Selbstvertrauen:

- Hören Sie gleich heute damit auf, sich mit anderen zu vergleichen! Stopp mit Aussagen wie: der Kollege ist schneller aufgestiegen als ich; die Kollegin verdient mehr als ich; der Nachbar hat das tollere Auto usw. Vergleiche machen einem nur unglücklich. Denn man sieht bei einem selbst immer nur das Schlechte (oder weniger Gute). Das Hauptproblem beim Vergleichen ist, dass es immer jemanden gibt, der etwas noch besser kann oder mehr hat. Sie vergleichen also Ihre schwächsten Seiten mit den besten der anderen. Und dies macht Sie logischerweise unglücklich! Das dauernde Vergleichen über Social Media – dies zeigt meine Praxis-Erfahrung deutlich – ist eine der entscheidenden Gründe, wieso immer mehr junge Leute (z. T. im ersten

Job nach dem Studium oder der Lehre) mit Stress-Symptomen zu mir ins Coachings kommen – eine Tendenz, die diverse Fachleute mir gegenüber bestätigt haben.

- Gehen Sie gnädiger mit sich um, machen Sie sich nicht dauernd Vorwürfe oder reden sich klein. Fragen Sie sich immer wieder: würde ich mit meinem Partner, meinen Freundinnen usw. auch so sprechen? Wahrscheinlich nicht! Lassen Sie nicht Ihren inneren Kritiker Überhand nehmen, sondern fragen Sie sich: was würde ich einem Freund sagen oder für ihn tun, wenn ihm einmal etwas misslungen ist? Vermutlich würden Sie ihn trösten und aufbauen. Tun Sie das von jetzt an auch für sich! Behandeln Sie sich selbst immer mindestens so gut wie Ihren besten Freund.
- Der innere Kritiker stellt meistens übertriebene Ängste als Tatsachen dar. Nehmen Sie ihm die Schärfe, indem Sie einen Realitätscheck machen. Schreiben Sie ihre Ängste nieder und überlegen Sie sich zu allen, was denn das Worst-Case-Szenario wäre und wie hoch die Wahrscheinlichkeit ist, dass es eintritt. So relativeren Sie Ihre Ängste. Der amerikanische Schriftsteller Mark Twain hat dazu gesagt: „Ich hatte mein ganzes Leben Probleme und Sorgen. Die meisten von ihnen sind nie eingetreten."
- Ersetzen Sie den inneren Kritiker durch einen inneren Mentor. Denken Sie sich dabei eine coole Figur aus und fragen Sie in kritischen Situationen, was er tun würde (Idee des Business Coaches Erwin Schmäh).
- Führen Sie sich immer wieder vor Augen, was Sie dazu beigetragen haben, dass etwas ein Erfolg wurde, dass Sie etwas bewirken konnten (man nennt dies Selbstwirksamkeit). Wenn Sie sich kleine Ziele setzen und diese dann auch erreichen, hilft Ihnen dies. Denn dann sorgen Sie für Erfolgserlebnisse. Dies gibt Ihnen die Zuversicht, dass Sie auch weitere, mit der Zeit grössere Ziele erreichen können – von einer Negativ- zu einer Positivspirale. Denn Selbstvertrauen wird nicht an einem Tag gewonnen, sondern wird Stück für Stück aufgebaut.
- Achten Sie auf Ihre Sprache. Sabotieren Sie Ihr Selbstvertrauen nicht mit Sätzen wie z. B. „Ich kann dies sowieso nicht", „es klappt eh nicht" oder „ich bin damit schon mal gescheitert. Wieso sollte es jetzt klappen?". Sprechen Sie nicht negativ über sich, z. B. indem Sie sich als „Versager" oder als „dumm" bezeichnen. Vermeiden Sie Wörter wie „vielleicht", „eher nicht" usw., die Unsicherheit widerspiegeln. Wählen Sie stattdessen überzeugende Worte und sprechen Sie laut und deutlich.
- Zu empfehlen sind auch Wenn-dann-Sätze zur Steigerung der Selbstdisziplin und Willenskraft, z. B.: „Wenn mein Kollege mich das nächste Mal provozieren will, gehe ich nicht darauf ein".
- Ebenfalls eine Wirkung auf Ihr Selbstwertgefühl hat Ihre Körperhaltung – im Negativen wie im Positiven. Vermeiden Sie nervöse Gesten wie durchs Haar streichen oder an der Oberlippe kauen. Nehmen Sie eine aufrechte Haltung ein, setzen ein unverkrampftes Lächeln auf und schauen Ihrem Gegenüber direkt in die Augen. Hilfreich haben sich dabei vor einem wichtigen Meeting auch Power-Posen erwiesen, wie sie Spitzensportler oft verwenden, um sich „aufzupushen". Sie führen in kürzester Zeit dazu, dass Sie sich stärker fühlen (mehr dazu finden Sie im Internet).
- Überlegen Sie sich, welche Situationen und Personen Ihr Selbstwertgefühl schwächen, und halten Sie sich möglichst von ihnen fern.
- Nehmen Sie Komplimente an und bedanken sich dafür, anstatt sie zurückzuweisen.

Selbstvertrauen ist ein Muskel, den man trainieren kann. Beginnen Sie damit doch gleich jetzt! Doch seien Sie sich auch bewusst, dass Ihnen dies nicht von heute auf morgen gelingen wird (genau gleich wie beim Muskelaufbau im Fitnesstraining). Zwischendurch Selbstzweifel zu haben, ist auch sinnvoll und macht insgesamt erfolgreicher. Denn so verlieren Sie nicht den Realitätsbezug. Eine gute Mischung zwischen einem gesunden Selbstvertrauen und gelegentlichen Selbstzweifeln ist also die ideale Kombination.

2.4   Wenn gut nicht gut genug ist

Eng mit dem vorherigen Kapitel über mangelndes Selbstvertrauen verbunden ist das Thema Perfektionismus. Auch er macht uns schwächer, als wir wirklich sind, und zieht uns Energie ab. Das Human Capital Care Magazin hat in einer Umfrage nach dem häufigsten Stress-Grund das gleiche festgestellt wie ich in meinen Coachings: die eigenen Ansprüche werden von 23 % der Befragten als häufigster Stress-Faktor genannt. Klar hat auch der Vorgesetze Erwartungen an Sie und gibt Ihnen Ziele vor. Aber sehr viele Menschen setzen selber noch einen oben drauf und scheitern dann logischerweise immer wieder. Denn niemand wird je in allen Bereichen perfekt sein.

Wie kommt es dazu, dass wir uns also selbst sabotieren? Wieso ist gut nie gut genug? Damit Sie dies besser verstehen, möchte ich Ihnen zuerst erläutern, was einen Perfektionisten „auszeichnet":

- Für einen Perfektionisten gibt es immer einen Grund, warum etwas noch nicht gut genug ist, um es abzuschliessen. Er braucht also überdurchschnittlich viel Zeit für etwas.
- Ihm fällt es auch schwer, Prioritäten zu setzen. Für ihn hat alles höchste Priorität. Und er plant intensiv und erstellt unzählige To-do-Listen – und hat umso weniger Zeit, sie abzuarbeiten.
- Ein Perfektionist hat Mühe, Entscheidungen zu treffen. Denn die Folgen könnten ja nicht perfekt sein.
- Er gibt sich nicht nur extreme Mühe, alles sehr gut zu machen. Er braucht auch um jeden Preis Anerkennung dafür. Es ist ihm ausserordentlich wichtig, was andere Leute von ihm denken.
- Weil er seine sehr hohen Ziele selten erreicht, setzt er sich unter enormen Erfolgsdruck und hat deshalb auch häufiger als der Durchschnittsmensch das Gefühl, gescheitert zu sein.

- Er beurteilt sich selbst vor allem anhand seiner Leistungen und geht davon aus, dass sein Gegenüber dies auch tut. Er hat den Eindruck, dass andere ihn nicht mögen, wenn er nichts Ausserordentliches leistet.
- Ein Perfektionist kann nicht gut mit Kritik umgehen. Nachdem er ja alles versucht hat, um keinen Fehler zu machen, kommt jemand und weist ihn auf einen Fehler hin. Dies führt zu Selbstvorwürfen und zum Versuch, es nächstes Mal noch besser zu machen. Deshalb nimmt ein Perfektionist auch alles persönlich. Konstruktives Feedback oder Scherze gibt es für ihn nicht.
- Kein Wunder hat ein Perfektionist Mühe mit Teamarbeit. Und er versteht auch nicht, wieso andere nicht so detailverliebt sind wie er, und kontrolliert seine Kollegen exzessiv. Beliebt ist ein Perfektionist also nicht wirklich.
- Ein Perfektionist leidet unter einem Schwarz-Weiss-Denken. Er denkt in Extremen: wenn etwas nicht perfekt ist, ist es gleich schlampig oder katastrophal. Etwas zwischen sehr gut und sehr schlecht gibt es für ihn nicht.
- Er mag keine Spontaneität, Zwischenfälle und Planänderungen. Denn dies bedeutet Kontrollverlust.
- Ein Perfektionist legt seinen Fokus auf das Negative, auf seine Fehler und Schwächen – anstatt darauf, was er gut kann und was schon funktioniert. Er schafft es deshalb auch nicht, sich selbst ein echtes Lob zu zollen.
- Ein Perfektionist neigt zur Selbstausbeutung. Er kennt keine Grenzen und schadet damit seiner Gesundheit. Verschiedene Studien haben nachgewiesen, dass Perfektionisten ein erhöhtes Risiko haben, depressiv zu werden oder Angststörungen zu entwickeln.

Sie mögen jetzt zurecht sagen, dass ich hier ein extremes Bild zeichne. Aber sehr viele von uns haben einen vielleicht etwas abgeschwächten Hang zum Perfektionismus (wenn das für Perfektionisten überhaupt geht…).

Es gibt zugegebenermassen Berufe, in denen „man es zu etwas bringen kann, wenn man ein absoluter Qualitätsfanatiker ist", wie der Psychotherapeut Rolf Merkle zurecht bemerkt. Wenn wir in ein Flugzeug steigen oder uns operieren lassen, sind wir darauf angewiesen, dass möglichst keine Fehler passieren. Aber dies gilt nicht für alle Berufe und schon gar nicht für unser Privatleben. „Unperfekt" werden kann man nicht auf Knopfdruck. Dies braucht viel Übung und Überwindung.

Meine 10 besten Praxis-Tipps gegen Perfektionismus:

- Fragen Sie sich: ist es der Aufwand wert? Denn Perfektionismus muss man sich nämlich mit viel Zeit erkaufen. Nehmen Sie sich das Pareto-Prinzip zu Herzen: Sie benötigen 20 % Ihrer Zeit, um 80 % des Ergebnisses zu erzielen. Fragen Sie sich: lohnen sich die 80 % Aufwand, um die restlichen 20 % zu schaffen? Ein perfektes Ergebnis (wenn es dies überhaupt gibt) hat kaum je ein gutes Preis-/Leistungsverhältnis.
- Kommen Sie zum Abschluss. So unter dem Motto: lieber gut gemacht als perfekt gelassen. Der Theologe John Henry Newman hat schon im 19. Jahrhundert dazu gesagt: „Ein Mensch würde nie dazu kommen, etwas zu tun, wenn er stets warten würde, bis er es so gut kann, dass niemand einen Fehler entdecken könnte."
- Entscheiden Sie eine Sache, die keine allzu grosse Bedeutung hat, innerhalb eines vorher festgesetzten Zeitraums. Und dann steigern Sie sich Schritt für Schritt bezüglich Entscheidungsschnelligkeit und Wichtigkeit des Entscheids.
- Akzeptieren Sie Ihre Schwächen – jeder Mensch hat welche. Und lernen Sie, dass alle Fehler machen dürfen. Fehler haben auch ihr Gutes: aus ihnen kann man lernen, und ohne Fehler gäbe es keine Innovation. Und die Worst-Case-Szenarien, die sich Perfektionisten immer ausdenken (was Schlimmes passieren könnte, wenn sie einen Fehler machen), treten meistens gar nicht ein.
- Senken Sie bewusst Ihre Ansprüche. Putzen Sie nicht das ganze Haus, wenn Besuch kommt. Lassen Sie im Büro am Abend einmal etwas liegen. Und unternehmen Sie auch Sachen, bei denen es nicht darum geht, immer effizient und effektiv zu sein – sondern die einfach nur Spass machen.
- Seien Sie sich bewusst, dass die meisten Menschen andere Sorgen haben, als sich mit Ihren Fehlern auseinanderzusetzen. Mögliche Unvollkommenheiten kriegen also gar nicht so viel Beachtung, wie Sie vielleicht denken.
- Geben Sie sich selbst Anerkennung und feiern Sie Ihre Erfolge (auch die kleinen). Schreiben Sie z. B. jeden Abend auf, was Sie heute gut gemacht haben (siehe Übung im Abschn. 4.1.). Am Anfang wird Ihnen dies schwer fallen, weil Sie vermutlich denken, dass Sie gar nichts wirklich Spezielles geleistet haben. Aber bleiben Sie dran, und mit der Zeit wird Ihre tägliche Liste länger.
- Fragen Sie sich, was Sie denken müssten, um lockerer mit Anforderungen umgehen zu können. Z. B. „Irren ist menschlich" oder „der grösste Fehler ist, keinen Fehler machen zu wollen". Oder Sie nehmen sich James Joyces Aussage zu Herzen: „Fehler sind das Tor zu neuen Entdeckungen."
- Wechseln Sie die Perspektive: eigentlich ist es doch langweilig, makellos zu sein. Denn dann hat man ja gar keine Ecken und Kanten.
- Nehmen Sie sich den weisen Spruch des französischen Philosophen Denis Diderot zu Herzen: „Wenn alles in der Welt vortrefflich wäre, so gäbe es gar nichts Vortreffliches."

Es geht darum zu lernen, dass Sie in jeder Situation selbst bewusst entscheiden können, wie viel Einsatz Sie leisten wollen und wann Sie sich sagen: jetzt reicht's. Klar, schaffen Sie dies nicht von heute auf morgen. Dies ist ein herausfordernder Prozess, aber er lohnt sich. Sie werden gelassener und souveräner. Lernen Sie zu schätzen, dass gut gut genug ist.

2.5   Wie wirke ich auf andere?

„Man kann nicht nicht kommunizieren." Diesen Spruch von Paul Watzlawick, einem österreichischen Kommunikationswissenschaftler, haben Sie sicher auch schon gehört. Doch was bedeutet er genau? Ganz einfach: man kommuniziert immer – ob man will oder nicht, ob man redet oder nicht. Denn es ist unmöglich, dem Gegenüber keine Signale (verbale oder non-verbale) zu senden. Unser Körper lügt nie. Mit Ihrem Auftreten und Ihrem Verhalten drücken Sie aus, was Sie selbst für ein Bild von sich haben und wie viel (oder wenig) Wertschätzung Sie Ihrem Gegenüber entgegenbringen.

Sie mögen sich vielleicht fragen, was die eigene Wirkung mit dem Thema Leistungsfähigkeit zu tun hat. Wenn Sie wissen, wie Sie auf andere wirken, und dies je nach Situation beeinflussen können, vermeiden Sie Reibungsverluste und Konflikte und sparen dadurch Energie. Ausserdem erreichen Sie gemeinsam mit anderen Menschen mehr. Sie sind also effizienter und effektiver.

Wussten Sie, dass nur 7 % der Wirkung, die Sie mit Kommunikation erzielen, vom Inhalt abhängt, den Sie vermitteln? 93 % der Wirkung erzielen Sie mit der Art und Weise, wie Sie diesen Inhalt darlegen: 53 % mit Ihrer Erscheinung und der Körpersprache sowie 38 % mit Ihrer Stimme und Ihrem Tonfall. Unser Körper äussert sich sogar schneller, als wir es mit Worten tun. Unseren inneren Zustand zeigen wir ungefähr eine Sekunde vor dem gesprochenen Wort.

Authentische = wirkungsvolle Kommunikation
Unsere Körpersprache und unsere Stimme verraten also viel über unser Gefühlsleben und welche Beziehung wir zu unseren Mitmenschen haben. Am wirksamsten ist Kommunikation, wenn Inhalt, Tonfall und Körpersprache zusammenpassen. Also wenn Sie meinen, was Sie sagen – wenn das Gegenüber spürt, dass Sie authentisch sind.

Viele Menschen setzen Kommunikation gleich mit Information und mit Sprechen. Doch, wie Watzlawick festgestellt hat, tritt man immer in eine Beziehung zum Gegenüber, wenn man kommuniziert. Vielleicht nehmen Sie unbewusst die Stimmung wahr, in der sich Ihr Gesprächspartner befindet, und sagen dann das, was Sie sagen wollten, auf eine andere Art und Weise oder erwähnen nur einen Teil davon. Beeinflusst wird die Art der Kommunikation auch von der Beziehung, welche die zwei Involvierten miteinander haben. Zwei Freunde sprechen anders miteinander als ein Chef und sein Mitarbeitender. Bei einer Kommunikation gibt es also immer die Sach- und die Beziehungsebene.

Bei einer rein schriftlichen Kommunikation ist es schwieriger, Ihr Gegenüber wahrzunehmen. Es fehlen die non-verbalen Signale. Deshalb entstehen in der schriftlichen Kommunikation häufiger Missverständnisse. Denn es gibt mehr Interpretationsspielraum, was der Absender genau gemeint oder beabsichtigt hat. Achten Sie deshalb in Ihrer Kommunikation per Mail oder in den sozialen Netzwerken darauf, wie Ihre Kommunikation verstanden werden könnte und ob Sie sie an die richtige Zielgruppe richten. Was könnte er bei anderen Menschen auslösen? Würden Sie einen Inhalt genau gleich z. B. auch an einer öffentlichen Veranstaltung sagen oder quer über die Strasse rufen?

Die häufigsten Kommunikationsfehler, die wir in diesem Zusammenhang machen, sind:

- Zu denken, dass man ohne Beziehungsaspekt kommunizieren kann – also rein faktenorientiert
- Bei Missverständnissen nach einem Schuldigen zu suchen, anstatt sich um Lösungen zu bemühen
- Sich seine eigenen Einstellungen und Erwartungen nicht bewusst zu machen
- Zu glauben, dass das Gesendete beim Gegenüber immer so ankommt, wie es beabsichtigt wird

Zu Letzterem: es ist nicht entscheidend, was Sie aussenden möchten, sondern was beim Empfänger ankommt. Und da läuft sehr viel auf der unbewussten Ebene ab. Was darüber entscheidet, wie Ihre Botschaft ankommt, sind die folgenden Empfindungen beim Empfänger:

- Spürt der Empfänger Ihre Wertschätzung?
- Reden Sie für ihn verständlich, ohne für ihn unnötige Fachwörter, also in seiner Sprache?
- Sind Sie authentisch? Meinen Sie wirklich, was Sie sagen?
- Ist Ihr Interesse ehrlich? Enthält Ihre Botschaft keine versteckten Appelle?

Wie Sie kommunizieren (auf verschiedenen Ebenen), hat einen grossen Einfluss darauf, welche Wirkung Sie erzielen und damit auch wie erfolgreich Sie sind. Nach der Theorie deshalb nun drei Übungen und meine zehn besten Praxis-Tipps, damit Sie Ihre Wirkung verbessern können.

Übung: Video von sich selbst analysieren und Feedback einholen

Schauen Sie ein Video von sich selbst an und fragen sich: Was sagt meine Stimme über mich aus? Wirke ich souverän oder eher unsicher? Habe ich eine aufrechte Körperhaltung? Passen meine Gesten zu dem, was ich sage? Zeigen meine Mundwinkel in einem vermeintlich neutralen Gesichtsausdruck nach unten oder nach oben? Schaue ich mein Gegenüber an oder nicht? Lache ich im richtigen Moment oder nicht? usw.

Anschliessend bitten Sie gute Freunde und Arbeitskollegen um ein Feedback zu Ihrer Wirkung. Stimmen diese Einschätzungen mit Ihren eigenen Eindrücken vom Video überein oder nicht? Checken Sie dabei auch, wie Ihre Ihrer Ansicht nach positiven Eigenschaften ankommen. Wenn Sie sich z. B. zurückhaltend und besonnen finden, kommt dies auch so rüber, oder wirken Sie auf Ihr Gegenüber vielleicht abweisend und verschlossen? Oder: Sie bringen sich sehr gerne ein in Meetings. Wird dies als positiv oder als dominant empfunden?

Übung: Nachricht verschieden aufnehmen

Nehmen Sie eine gleiche Nachricht je einmal im Stehen, Sitzen und Liegen auf. Nachher hören Sie die Botschaften ab und achten darauf, wie unterschiedlich sie tönen. Sie werden feststellen, dass Sie ganz anders wirken. Wenden Sie diese Erkenntnisse in geschäftlichen Situationen an – entsprechend des Ziels, das Sie verfolgen, wie Sie rüberkommen wollen.

Übung: Von anderen Menschen lernen

Beobachten Sie andere Menschen – z. B. in Meetings, auf der Strasse, im Öffentlichen Verkehr usw. Was sagt deren Körperhaltung über diese Menschen und über ihre Beziehung zu ihrem Gegenüber aus? Mögen diese ihren Gesprächspartner? Empfinden die Leute Ärger, Angst, Freude, Trauer, Überraschung, Ekel oder Verachtung? Die Signale für diese Basis-Gefühle sind nämlich weltweit gleich, haben Wissenschaftler herausgefunden. Wenn man regelmässig andere beobachtet und lernt, sie einzuschätzen, hilft einem das, seine eigene Wirkung besser zu bewerten oder Konflikte früher zu erkennen und dadurch besser zu lösen.

Meine 10 besten Praxis-Tipps zu Ihrer persönlichen Wirkung:

- 99 % der Menschen bereiten sich nur inhaltlich auf ein Meeting oder eine Präsentation vor, obwohl – wie erwähnt – ihre Wirkung zu 93 % von der Art und Weise abhängt, wie sie präsentieren. Bereiten Sie also bei der nächsten Präsentation nicht nur den Inhalt vor, sondern auch das Präsentieren – idealerweise mit einem guten Freund oder Kollegen, der Ihnen ein ehrliches Feedback dazu gibt.
- Überlegen Sie sich vor einem Meeting, mit welcher inneren Haltung Sie in das Gespräch gehen. Es macht einen grossen Unterschied in Ihrer Ausstrahlung, ob Sie denken: „dies wird sicher wieder ein mühsames Meeting" oder „ich kriege mein Anliegen durch".
- Die Schweizer Kommunikationstrainerin und Schauspielerin Norina Peier empfiehlt eine Selbst-Reflexion, wenn ein Meeting oder eine Präsentation gut gegangen ist. Fragen Sie sich, was genau dazu beigetragen hat, dass der Anlass ein Erfolg war: eine seriöse Vorbereitung, Ihre starke Präsenz, Ihre klaren Ziele, vorher Sport oder Entspannungsübungen usw. Es geht darum, Ihre Erfolgsfaktoren herauszufinden und diese dann gezielt einzusetzen.
- Machen Sie keine Aussagen wie: „lassen Sie mich mal aussprechen!" oder „greifen Sie mich nicht an!". Dies wirkt defensiv. Wenn man den Eindruck hat, man wird nicht gehört, empfiehlt es sich eher, sich etwas nach vorne zu beugen oder kurz aufzustehen. Dann gewinnt man Aufmerksamkeit. Seinen Oberkörper ganz leicht nach vorne zu neigen, ist in Meetings grundsätzlich von Vorteil. Denn es zeigt Interesse, Offenheit und Konzentration.
- Schnelldenker reden oft auch zu schnell und verpassen es, ihr Gegenüber mitzunehmen. Versuchen Sie, etwas langsamer zu reden und auch einmal Pausen einzulegen. Wenn Sie eine Aussage besonders betonen möchten, machen Sie danach drei bis fünf Sekunden Pause.
- Untersuchungen haben gezeigt, dass Bewerbungsgespräche in der Regel positiv bewertet werden, wenn beide Seiten einen ungefähr gleichen Redeanteil hatten. Wenden Sie diese Erkenntnisse auch auf alle anderen bilateralen Meetings an.
- Halten Sie Augenkontakt und haben Sie ein „leises" Lächeln in den Augen. Dies wirkt freundlich und aufgeschlossen. Und lächeln Sie mit geschlossenem Mund. Dies macht sympathisch.
- Wenn Sie ab und zu nicken (aber nicht zu häufig, sonst wirkt es künstlich), signalisieren Sie, dass Sie zuhören und einig sind mit Ihrem Gegenüber.
- Gesten sollten weder übertrieben noch gar nicht vorhanden sein. Wenn Sie eine Präsentation halten, achten Sie darauf, Ihre Arme nicht am Körper zu halten, z. B. indem Sie die Arme einfach hängenlassen. Bewegen Sie die Hände idealerweise zwischen Hüften und Schultern. Testen Sie Ihre Gestik vor dem Spiegel.
- Tragen Sie Kleider, in denen Sie sich wohl fühlen, weil sie zu Ihnen passen. Denn dies hat einen Einfluss darauf, wie Sie sprechen. Und bezüglich Kleiderauswahl müssen Sie bedenken, dass zuerst Farben und dann Formen wahrgenommen werden. Wählen Sie also keine aggressiven Farben.

Das Entscheidende bei der Umsetzung aller Tipps ist, dass der Inhalt, die Körpersprache und die Stimme in der Aussage übereinstimmen müssen, dass sie kongruent sind. Sonst wirken Sie nicht glaubwürdig und authentisch. Zu 100 % kann man seine Körpersprache nämlich nicht beeinflussen. Ihr Gegenüber spürt, ob Sie meinen, was Sie sagen.

Körper und Psyche sind ein Team
Wir haben uns bisher damit beschäftigt, welchen Einfluss Ihre Körperhaltung auf Ihre Wirkung hat. Doch es funktioniert auch umgekehrt: mit Ihrer Körperhaltung können Sie Ihre Gefühle beeinflussen. Wenn Sie sich aufrecht hinstellen, fliesst mehr Sauerstoff in Ihre Lungen und auch in Ihr Gehirn. Sie sind stärker bei der Sache und haben positivere Gefühle, welche auch Ihr Gegenüber wahrnimmt. Wenn Sie eine aufrechte Haltung einnehmen, lächeln und den Blick nach vorne richten, fühlen Sie sich schon deutlich besser als zuvor. Der deutsche Sozialpsychologe Fritz Strack hat in einem Experiment gezeigt, dass Probanden, die einen Bleistift zwischen den Lippen hatten (also künstlich gelächelt haben), Cartoons lustiger gefunden haben als die Probanden ohne Bleistift (mehr zum Thema Humor später).

Körper und Psyche sind also ein Team und beeinflussen sich gegenseitig – negativ und positiv. Wenn Sie die Körpersprache beherrschen und bewusst einsetzen, verstärken Sie Ihre Wirkung und machen sich dazu auch noch stark.

» Fazit

Sie haben sich in diesem Kapitel intensiv mit sich selbst auseinandergesetzt – mit Ihren Prioritäten, Zielen, Werten, Stärken und vielem mehr. Sie haben auch darüber reflektiert, dass Perfektionismus Ihnen schaden und Energie abziehen kann, und sie haben sich „von aussen" betrachtet, sich mit Ihrer Wirkung beschäftigt. Regelmässige Selbstreflexion ist meines Erachtens das A und O von nachhaltigem Energie-Management. Wie geht es mir, und was brauche ich, um längerfristig gesund, zufrieden und leistungsfähig zu bleiben?

Wieso ist dies so wichtig? Ich möchte dazu Mahatma Gandhi sprechen lassen: „Glückseligkeit ist, wenn du das, was du denkst, was du sagst und was du tust, in Harmonie zueinander stehen." Man könnte es auch nennen: wenn Sie authentisch sind, also das Leben leben, das zu Ihnen passt. Sonst wird es anstrengend, und Sie vergeuden viel Energie – ein Thema, mit dem wir uns in diesem Buch immer wieder beschäftigen werden.

Weiterführende Literatur

Bodenmann G. & Klingler C. (2015): *Stark gegen Stress – mehr Lebensqualität im Alltag*. Zürich: Beobachter.

Bonelli R.M. (2019): *Perfektionismus – wenn das Soll zum Muss wird*. München: Droemer.

Joseph S. (2017). *Authentizität – die neue Wissenschaft vom geglückten Leben*. München: Kailash.

Matschnig M. (2016): *Die Macht der Wirkung – Selbstinszenierung verstehen und damit umgehen*. München: dtv.

Merkle R. (2003): *Lass dir nicht alles gefallen*. München: PAL.

Merkle R. (2001): *So gewinnen Sie Selbstvertrauen*. München: PAL.

Neff K. (2012): *Selbstmitgefühl*. München: Kailash.

Schwab B.L. (2018): *Das Anti-Grübel-Buch – Gedankenzähmen für Einsteiger*. Norderstedt: Books on Demand.

Reif J., Spiess E. & Stadler P. (2018). *Effektiver Umgang mit Stress – Gesundheitsmanagement im Beruf*. Berlin: Springer.

Schulz von Thun F. (2010/10/13/15): *Miteinander reden 1–4*. Hamburg: Rowohlt.

Stahl S. (2018): *So stärken Sie Ihr Selbstvertrauen*. München: Kailash.

3

Erfolg durch persönliches Wachstum

„Wer immer das tut, was er schon kann, bleibt immer das, was er schon ist" –
ein Spruch des Autobauers Henry Ford, der auf den Punkt bringt, worum
es im Kapitel „Erfolg durch persönliches Wachstum" geht. Sie lernen, wie
Sie aus Ihrer Komfortzone kommen und sich persönlich weiterentwickeln.
Dies wird sich auch positiv auf Ihren beruflichen Erfolg auswirken. Weiterentwicklung bedeutet immer Veränderung. Deshalb beschäftigen wir uns in
diesem Kapitel auch damit, was Veränderungen mit den Menschen machen
und wieso sehr viele Personen keine Veränderungen mögen.

Danach widmen wir uns unseren Gewohnheiten. Routinen und auto-
matische Abläufe können einem nutzen, aber auch schaden. Sie lernen deshalb, wie man gute neue Gewohnheiten etablieren kann. Dafür braucht es
sehr viel Bewusstsein und eine gute Planung. Zum Schluss reflektieren Sie
darüber, was Sie aus Krisen und Rückschlägen der Vergangenheit gelernt
haben, das Sie bei künftigen schwierigen Situationen wieder anwenden
können.

3.1 Wachstum durch Veränderung

Veränderung: Stress oder Chance? Für den Grossteil der Menschen
bedeutet Veränderung zuerst einmal Stress. Denn Veränderung bringt einen
umgehend aus der Komfortzone. Diese hat viele Vorteile: alles ist einem
vertraut und fühlt sich sicher an. Zudem braucht es kaum Anstrengung, in
ihr zu verweilen. In einem Job, den sie schon lange ausüben, bei dem alle

© Der/die Autor(en), exklusiv lizenziert durch Springer-Verlag GmbH, DE, ein Teil von
Springer Nature 2021
C. Kraaz, *Nachhaltig leistungsfähig bleiben,* https://doi.org/10.1007/978-3-662-62864-5_3

Prozesse und das Umfeld bestens bekannt sind, fühlen sich viele Menschen wohl. Sie wissen, was sie erwartet.

Als Kind überlegt man sich noch nicht so viel, wenn man ins kalte Wasser springt, wilde Sachen unternimmt (und auch immer wieder Schrammen davon trägt) oder auch Fragen stellt, die ein Erwachsener nie stellen würde. Im Erwachsenenalter befinden sich die meisten von uns in einem vertrauten Alltagstrott: fast gleiche Tagesabläufe, fixe Verhaltensmuster, eingespielte Beziehungen.

Keine Frage, dies hat auch Vorteile. Man hat Rituale, Automatismen und Routinen – dies ist sehr angenehm, da sie bequem und berechenbar sind. Jedenfalls denkt man das. Sie kennen vielleicht das Syndrom des „boiling frog": Wenn man einen Frosch in einen Topf mit kochendem Wasser setzt, tut er alles, um sich aus dieser brenzligen Situation zu befreien. Aber wenn man ihn in einen Topf mit kaltem Wasser setzt, das langsam erhitzt wird, macht er es sich gemütlich und bleibt sitzen, bis er buchstäblich gar gekocht ist.

Komfortzone bedeutet Stillstand

Genauso funktioniert es auch bei uns Menschen. Die Macht der Gewohnheit ist stark. Wir haben unseren Trott, der angenehm scheint, aber einem gar nicht mehr spüren lässt, was denn die Konsequenzen dieser vertrauten Gemütlichkeit sind. Was hält uns davon ab, unsere Komfortzone zu verlassen? Ganz einfach: es ist viel anstrengender, und man könnte ja auch dabei scheitern. Aber andauernd in der Komfortzone zu verharren, heisst auch, kaum je etwas Neues zu wagen, nichts auszuprobieren oder nie aus seinen Mustern auszubrechen. Dies bedeutet also auch Langeweile, ja Stillstand.

„Wenn der Wind der Veränderung weht, bauen die einen Mauern und die anderen Windmühlen," sagt ein altes chinesisches Sprichwort. Fakt ist, dass die meisten Menschen Ersteres tun. Dies ist auch kein Wunder, denn Veränderung bedeutet, altes Bekanntes loszulassen und sich auf neues Unbekanntes einzulassen. Und dies liebt das Gewohnheitstier Mensch ganz und gar nicht.

Manchmal können Sie jedoch nicht wählen, z. B. wenn in Ihrer Firma Veränderungen angekündigt werden (neue Organisation, Arbeitsplatzabbau, Strategiewechsel, Verkauf usw.). Wenn Sie es gewohnt sind, immer in Ihrer Komfortzone zu verharren, werden Sie vermutlich grosse Mühe haben, mit der Veränderung umzugehen.

Überleben scheint gefährdet

Bei der Ankündigung einer Veränderung können wir noch nicht einschätzen, welche möglichen Gefahren und Unannehmlichkeiten damit verbunden sind. Es kommt zum Kontrollverlust, und dies lässt unsere Alarmglocken läuten. Wir sehen unser Überleben gefährdet. Auf eine Veränderung reagiert zuerst einmal Ihr Stammhirn, der instinktgesteuerte Teil Ihres Gehirns. Eine realistische Einschätzung können Sie von unserem rund 500 Mio. Jahre alten „Reptilienhirn", wie es auch genannt wird, nicht erwarten.

Das Stammhirn schreit: Angst!!! Angst, zu versagen, mit den veränderten Anforderungen nicht Schritt halten zu können, enttäuscht oder zurückgewiesen zu werden, an Ansehen zu verlieren, ja, vielleicht sogar entlassen zu werden. Man kennt das genaue Resultat der Veränderung nicht, muss aber die Sicherheit des Status quo hinter sich lassen. Dies bedeutet: für eine gewisse Zeit befindet man sich in einem Schwebezustand.

Die erste Reaktion auf eine nicht selbst initiierte Veränderung ist also zuerst einmal Schock und Verwirrung. Bald geht man in den Widerstand und versucht, die Veränderung aufzuhalten. Man verweigert sich: die Veränderung ist doch gar nicht notwendig! Und da Verweigerung in den seltensten Fällen erfolgreich ist, folgt unweigerlich die Krise, das Tal der Tränen. Wenn dieses durchschritten ist, schaltet sich der Verstand wieder ein, und man versucht, rational zu erkunden, welche Möglichkeiten es für einen gibt – aber noch ohne sich voll auf die neue Situation einzulassen. Erst wenn man diese emotional akzeptiert hat, kann man beginnen, Neues auszuprobieren und dadurch zu realisieren, dass alles doch nicht so schlimm ist wie befürchtet – dass die Veränderung auch Chancen für einen bietet.

Erfahrungen prägen

Dieser Ablauf in Veränderungs-Prozessen (seien es berufliche oder private) dauert seine Zeit und kann nicht abgekürzt werden. Einen Einfluss darauf, wie lange dieser Ablauf für Sie persönlich geht und wie intensiv Sie ihn empfinden, haben Ihre vergangenen Erfahrungen mit Veränderungen. Haben Sie schon positive Veränderungs-Prozesse erlebt? Oder sind Sie traumatisiert von dem, was Ihnen widerfahren ist, und wollen nicht nochmals die gleiche schlechte Erfahrung machen? Einen Einfluss darauf, wie schnell und gut Sie eine Veränderung bewältigen können, hat auch Ihr Selbstvertrauen. Je selbstsicherer Sie sind (mehr dazu im Abschn. 2.3.), desto weniger Angst haben Sie vor Veränderungen. Denn dann trauen Sie sich zu, diese zu meistern.

Meine 10 besten Praxis-Tipps für ein Wachstum durch Veränderung

- Oft warten wir zu lange, bis Veränderungen unausweichlich sind. Dann haben wir den Eindruck, keine andere Wahl zu haben. Schieben Sie deshalb Veränderungen nicht auf, sondern gehen Sie sie proaktiv an. Denn dann können Sie Probleme lösen, bevor sie schlimmer werden – sonst werden diese von einer Mücke zu einem Elefanten. Und in dieser frühen Phase haben Sie auch noch mehr Optionen, können den Prozess mindestens teilweise selbst mitgestalten. Machen Sie also frühzeitig kleine Schritte. Diese sind einfacher zu bewältigen als die später notwendigen grösseren Veränderungen.

- Die kleinen Schritte helfen Ihnen auch, den Sprung von der Komfortzone direkt in die Panikzone zu vermeiden – also die Wachstumszone zu überspringen und damit im eiskalten Wasser zu landen. In der Panikzone können Sie nicht mehr klar denken und aktiv handeln. Wenn Sie jedoch kleine Schritte machen und merken „es geht doch!", wächst Ihre Komfortzone immer mehr, und Veränderungen bedeuten weniger Stress für Sie.

- Feiern Sie diese kleinen Schritte als Erfolge. Dies ermutigt Sie, nochmals einen Schritt weiterzugehen, und stärkt auch Ihr Selbstvertrauen.

- Seien Sie sich bewusst: Veränderung ist anstrengend und braucht Kraft – ist also kein Kinderspiel. Lassen Sie sich also nicht negativ überraschen, sondern versuchen Sie, potenzielle Hindernisse vorauszusehen, wodurch Sie besser mit ihnen umgehen können.

- Selbst gewählte Veränderungen sind einfacher zu bewältigen als aufgezwungene. Aber auch die freiwilligen Wechsel können anstrengend sein. Denn auch sie brauchen Mut, Durchhaltewillen, Disziplin und Eigenmotivation. Dies habe ich selbst erfahren, als ich mich im Jahr 2014 selbstständig machte und im ersten halben Jahr null Franken Umsatz erzielte.

- Versuchen Sie, flexibel zu bleiben und sich nicht von Anfang an auf einen bestimmten Weg, eine einzige Lösung einzuschiessen. Dann sind Ihre Erfolgschancen grösser.

- Überlegen Sie auch, was Sie durch die Veränderung verlieren, und würdigen Sie das Bisherige, schliessen Sie es in einem positiven Sinne ab. Dadurch gelingt der Übergang einfacher.

- Fragen Sie sich, was schlimmstenfalls passieren könnte durch die Veränderung (Worst-Case-Szenario). Meistens ist dies viel weniger dramatisch, als man zu Beginn erwartet.

- Stellen Sie sich vor, wie Ihr Leben in einem halben oder ganzen Jahr aussehen könnte, wenn Sie die Veränderung erfolgreich bewältigt haben. Wie geht es Ihnen dann? Wie leben Sie? Was hat sich verändert im Vergleich zum Heute? Welches sind die Vorteile? Stellen Sie sich diese Situation und Ihr Befinden möglichst plastisch vor.

- Überlegen Sie, in welchen Bereichen, die künftig in Ihrem Unternehmen an Bedeutung gewinnen werden, Sie noch Nachholbedarf haben, und schaffen Sie rechtzeitig Abhilfe.

3.2 Gute Gewohnheiten etablieren

„Nichts ist mächtiger als die Gewohnheit", dieses Zitat des römischen Dichters Ovid bringt es auf den Punkt: wie häufig haben wir alle doch schon versucht, eine lästige Gewohnheit loszuwerden – vergebens. Gewohnheiten sind Automatismen, die ohne Willensanstrengung ablaufen – ohne dass wir überhaupt nachdenken müssen. Müssen Sie noch gross überlegen, wenn Sie die Zähne putzen oder den Weg ins Büro unter die Füsse oder die Räder nehmen? Nein, es fährt oder läuft einfach.

Routinen entlasten uns vom Zwang, ständig Entscheidungen zu treffen. Der frühere US-Präsident Barack Obama trug deshalb nur graue oder blaue Anzüge, um durch solche Rituale Energie zu sparen, die er für deutlich wichtigere Entscheide brauchte. Durch Gewohnheiten belasten wir unseren Denkapparat also nicht, und dadurch verbrauchen wir viel weniger Energie. Sie lassen uns schneller und effizienter handeln.

Gewohnheiten geben Sicherheit
Je nach Studie laufen 40 bis 95 % unserer Handlungen unbewusst ab, und zwar in allen Lebensbereichen. Diese Automatismen geben uns Sicherheit und Halt – wir fühlen uns wohl. Denn das Gehirn schüttet bei gewohnten Handlungen körpereigene Opiate aus – Glücksbotenstoffe, die eine Handlung bekräftigen. Wir werden also belohnt, wenn wir etwas gleich machen wie immer. Wir berauschen uns faktisch an unserer eigenen Zufriedenheit, was uns dazu bringt, diese Handlungen immer wieder vorzunehmen. Dies kann sehr hilfreich sein. Nur leider kann das Gehirn nicht zwischen guten (also für uns nützlichen) und schlechten Angewohnheiten unterscheiden. Und ohne dass wir es bemerken, schränken Gewohnheiten unsere Wahrnehmung ein. Sie machen uns unflexibel und starr. Wir sind nicht mehr offen für neue Möglichkeiten.

Wer hat nicht schon mindestens einmal versucht, eine schlechte Gewohnheit abzulegen? Sei es, weniger Schokolade zu essen, nicht mehr ein träger Coach Potato zu sein oder eine andere lästige Gewohnheit loszuwerden, die einem nicht gut tut. Aber sehr häufig gelingt uns dies nicht. Wieso hat uns die Macht der Gewohnheit so stark im Griff, und wieso gelingt es uns nicht, sie zu besiegen? Welches sind die Voraussetzungen, um diesbezüglich erfolgreich zu sein?

Übung: Hände andersrum verschränken

Damit Sie selbst spüren, wie schwierig eine Änderung von einfachen Gewohnheiten ist, bitte ich Sie, eine simple Übung zu machen: Falten Sie Ihre Hände wie zum Gebet, die Finger ineinander verschränkt, die Daumen übereinander. Und jetzt wechseln Sie bitte nur die Position Ihrer Daumen, sodass der üblicherweise untere oben liegt. Wie fühlt sich dies an? Unangenehm? Die US-Psychologin Dawna Markova fand heraus, dass Menschen allein zwei Wochen brauchen, um sich nur an eine solch einfache neue Haltung zu gewöhnen. Bis dann schreit das Hirn: „Alarm, da stimmt etwas nicht!" Sie können sich also vorstellen, wie lange es dauert, bis eine etwas komplexere Gewohnheit abgelegt resp. verändert ist.

Damit wir eine lästige Gewohnheit loswerden können, muss man zuerst wissen, wie der unbewusste Automatismus überhaupt funktioniert. Das Wichtigste ist: es gibt einen fixen Gewohnheits-Kreislauf: Auslöser → Handlung → Belohnung → Routine und wieder von vorne. Das Gehirn reagiert auf Auslösereize und sorgt dafür, dass gewohnheitsmässiges Handeln in Gang gesetzt wird. Mit dieser Handlung stillen wir ein Verlangen und erhalten danach eine Belohnung.

Wenn Sie also die Erfahrung gemacht haben, dass Schokolade Sie entspannt, ist dies in Ihrem Gehirn gespeichert, und wenn Sie sich abends entspannen möchten, denkt das Hirn automatisch: Schokolade! Und schon greifen Sie danach und erhalten anschliessend die Belohnung Entspannung. Wenn Sie dies mehrfach so wiederholt haben, reichen ein Auslösereiz und das Verlangen nach Belohnung, um die Handlung fast zwangsläufig in Gang zu setzen. Und es erfordert sehr viel Kraft, auf die gewohnten Reize anders als üblich zu reagieren.

Jeder Gedanke und jede Erfahrung bewirkt, dass sich unsere Hirnzellen verbinden. Und je öfter wir etwas wiederholen, desto mehr werden die Gehirnareale verdrahtet. Horace Mann, US-Politiker aus dem 19. Jahrhundert, sagte deshalb: „Die Gewohnheit ist ein Seil. Wir weben jeden Tag einen Faden, und schließlich können wir es nicht mehr zerreißen." Doch zum Glück hatte er nicht ganz recht: das Seil lässt sich wieder zerreissen. Es braucht jedoch sehr viel Bewusstsein, Disziplin und Durchhaltevermögen.

Neue Gewohnheiten brauchen Zeit
Machen Sie sich also darauf gefasst: es wird kein Zuckerschlecken, um beim Schokoladebild zu bleiben. Die Etablierung einer Gewohnheit braucht in erster Linie einmal ganz viel Zeit – im Durchschnitt 66 Tage, wie die

Wissenschaftler des University College London herausgefunden haben. Allerdings war die Spannbreite riesig: die Probanden brauchten zwischen 18 und 254 Tage, um eine neue Gewohnheit zu etablieren.

Das Entscheidende dabei ist: man muss die schlechte Gewohnheit durch eine andere, bessere Gewohnheit verdrängen, die zur gleichen Belohnung führt – also über die Dauer ein neues Seil knüpfen. Um beim Schokoladen-Beispiel zu bleiben: ersetzen Sie den Schokolade-Konsum durch eine andere Gewohnheit, die Sie ebenfalls entspannt. Was diese neue Gewohnheit sein könnte, ist individuell – dies muss jeder selbst herausfinden. Wichtig dabei ist nur, dass es keine schlechte Gewohnheit ist. Vielen Rauchern passiert es zum Beispiel, dass sie das Rauchen ersetzen durch den vermehrten Verzehr von Süssem – mit dem Resultat, dass sie zunehmen.

Der Schweizer Coach Ivan Blatter hat in seinem Blog die drei Phasen festgehalten, bis eine alte Gewohnheit abgelegt und eine neue etabliert ist:

- *Startphase*: aus einer alten Gewohnheit ausbrechen und eine neue schaffen. Obwohl dies Energie kostet, ist dies zu Beginn häufig nicht so schwierig, weil man stark motiviert ist.
- *Widerstand*: man hat sich noch nicht ganz von der alten Gewohnheit gelöst, und die neue ist noch nicht ganz etabliert. Der Startschwung hat nachgelassen, und die positiven Effekte sind noch zu klein. Es braucht einen starken Willen, um die neue Gewohnheit jeden Tag weiter einzuüben. Dies ist also die gefährlichste Phase.
- *Etablierung*: die alte Gewohnheit ist zwar noch nicht vergessen, aber langsam wird die neue Gewohnheit normal und wird schrittweise etabliert. Mehr und mehr muss man nicht mehr bewusst jeden Tag daran denken, die neue Gewohnheit zu trainieren. Sie wird mit der Zeit zum neuen Automatismus.

Bevor Sie nun damit beginnen, eine alte schlechte durch eine neue gute Gewohnheit zu ersetzen, bitte ich Sie, diese Bewusstseins-Übung zu machen.

Übung: Bewusstsein schaffen

Stellen Sie sich folgende Fragen, bevor Sie beginnen, eine neue Gewohnheit zu etablieren:
Ganz allgemein:

- Wie stark ist meine Gewohnheit? Wie lange habe ich sie schon?
- Wie viel Erfahrung habe ich schon mit dem Ändern von Gewohnheiten? Grund: mit jeder erfolgreichen Änderung verkürzt sich die Umstellungszeit.

- Mache ich die Umstellung für mich oder für jemanden anderen? Ersteres ist viel erfolgversprechender.
- Was hält mich davon ab, meine Gewohnheit zu ändern?

Um den Auslöser zu identifizieren:
- Was passiert unmittelbar, bevor ich die Gewohnheit ausführe?
- Woran erkenne ich, dass ich mich gewohnheitsmässig verhalte?
- In welchen Situationen tritt diese Gewohnheit auf?

Um die Belohnung oder das Verlangen herauszufinden:
- Wozu tue ich das, was ich mache?
- Was erhalte ich, wenn ich meine Gewohnheit ausführe?
- Was würde ich vermissen, wenn ich mich nicht so verhalte, wie ich es gewohnt bin?

Um eine neue Gewohnheit zu eruieren:
- Wie könnte ich dieses Verlangen sonst noch stillen?
- Wie gehen andere mit diesem Bedürfnis um?
- Welche Handlungen gibt es in meinem Leben schon, mit denen ich dieses Bedürfnis bereits befriedige?
- Welchen Nutzen hat die neue Gewohnheit für mich?

Wie Sie diesen Fragen entnehmen können, ist die Vorbereitung entscheidend. Dass man sich spontan etwas vornimmt, ist der Hauptgrund, wieso nur 12 % der Neujahrs-Vorsätze in die Tat umgesetzt werden. Investieren Sie also genügend Zeit in diesen Bewusstseins-Prozess, bevor Sie eine Veränderung in Angriff nehmen.

Meine 10 besten Praxis-Tipps für den Aufbau neuer Gewohnheiten:

- Ändern Sie nur eine Gewohnheit aufs Mal. Sonst überfordern Sie sich, was Ihre Erfolgsaussichten schmälert.
- Schmerz ist stärker als Lust: erhöhen Sie den Leidensdruck, bevor Sie beginnen, z. B. indem Sie im Internet nachlesen, welch schlimme Folgen Übergewicht hat.
- Danach nehmen Sie sich ein positives und konkretes Ziel vor (z. B. nicht: „Ich will nie wieder dick werden", sondern: „ich nehme ab und fühle mich wohl in meinem Körper"). Das Gehirn kennt „nicht" nicht, weshalb der Effekt ein kontraproduktiver wäre. Visualisieren Sie mit möglichst grosser emotionaler Intensität, wie Sie mit Ihrem Wohlfühlgewicht aussehen und sich fühlen sowie was andere Leute dazu sagen werden.
- Beginnen Sie mit kleinen Veränderungen, wenn es Ihnen grundsätzlich gut geht – also nicht, wenn Sie gerade viele andere Probleme haben. Wenn es aber um grosse Veränderungen geht, sind Brüche wie Trennungen oder sogar Krankheiten eine Chance dafür.

- Seien Sie auf Rückschläge gefasst, und überlegen Sie schon im Voraus, was Sie am Umsetzen der Vorsätze hindern könnte und was Sie in diesem Fall tun würden.
- Erzählen Sie Ihren Vorsatz möglichst vielen Leuten. Sozialer Druck hilft.
- Unterstützen Sie Ihr Vorhaben, indem Sie mit Post-its, akustischen Erinnerungsfunktionen auf dem Smartphone oder den am Abend schon bereit gelegten Joggingschuhen einen Auslöser schaffen. Das Gehirn verknüpft dann das Aufstehen und Sehen der Joggingschuhe mit der neuen Gewohnheit Joggen, was schneller zu einem Automatismus führt.
- Kreieren Sie Rituale, z. B. mit fixen Abläufen und Terminen für das Joggen.
- Üben Sie am Anfang täglich. Sonst etabliert sich die neue Gewohnheit nicht richtig. Denn das Gehirn lernt durch möglichst viele Wiederholungen.
- Kontrollieren und – noch wichtiger – feiern Sie Fortschritte und Erfolge. Setzen Sie sich Teilziele, und belohnen Sie sich am Anfang für das Erreichen dieser kleinen Schritte. Später vergrössern Sie die Abstände der Belohnungen.

3.3 Lernen aus Krisen und Rückschlägen

Jeder Mann und jede Frau erlebt einmal oder mehrmals im Leben Krisen, Misserfolge oder Rückschläge. Entscheidend ist, wie wir mit diesen Herausforderungen umgehen. Sind wir frustriert oder haben Angst? Erstarren wir, oder machen wir andere für unser Unglück verantwortlich? Oder können wir Veränderungen und schwierige Situationen sogar als Chancen erkennen? Am Anfang einer Krise hat man den Eindruck, dass man der Situation ausgeliefert ist. Angst und Unsicherheit dominieren, was den Blickwinkel verengt. Man sieht keinen Ausweg.

Per Definition ist eine Krise der Höhepunkt einer negativen Entwicklung, für die man keine Lösung hat. Dies hat aber auch seine gute Seite. Denn in einer Krise ist man an einem Punkt angekommen, an dem es nicht weitergeht. Daraus kann etwas Neues entstehen. Denn Kreativität entstehe immer dort, wo man keine Lösung hat.

Das Wort Krise stammt sowohl aus dem Altgriechischen als auch aus dem Lateinischen. In beiden Sprachen bedeutet es u. a. „Entscheidung". Dies heisst: obwohl ich am Anfang der Krise den Eindruck habe, dass es nicht weitergeht, habe ich es in der Hand, was ich daraus mache. Resigniere ich, oder sehe ich es wie die Chinesen? Im Chinesischen bedeutet das Wort für Krise gleichzeitig auch Chance. Denn Krisen sind immer Möglichkeiten, sich weiterzuentwickeln, etwas über sich zu lernen und es beim nächsten Mal anders und besser zu machen.

Ich habe es letztes Mal auch geschafft!

Am meisten lernen Sie aus den eigenen, vielleicht auch schmerzlichen Erfahrungen. Denn sie zeigen Ihnen, dass Sie fähig sind, selbst etwas dazu beizutragen, dass es Ihnen besser geht. Damit steigt Ihr Selbstvertrauen, und Sie verhalten sich ganz anders in einer nächsten schwierigen Situation. Denn Sie haben die Erfahrung gemacht: ich habe es letztes Mal auch geschafft; also werde ich dieses Mal auch Erfolg haben! Eine Möglichkeit, seinen Gedanken eine andere Richtung zu geben, als nur an einer schwierigen Situation zu leiden, ist deshalb, sich zu überlegen, was Ihnen geholfen hat, aus einer vergangenen schwierigen Situation selbst herauszufinden, und dabei abzuleiten, was Sie daraus gelernt haben.

Übung: Aus vergangenen Erfahrungen lernen

Nehmen Sie sich ein paar Minuten Zeit, sich zu folgenden Fragen Gedanken zu machen, und machen Sie sich Notizen dazu:
1. Aus welcher schwierigen Situation haben Sie sich in der Vergangenheit selbst herausmanövriert, durch Ihr eigenes Tun?
2. Was haben Sie genau getan, damit sich die Situation verbessert hat?
3. Was haben Sie daraus gelernt, das Sie in einer zukünftigen schwierigen Situation wieder anwenden können?

Dies sind Ihre Ressourcen, die Ihnen niemand wegnehmen kann. Setzen Sie sie bei einer nächsten Krise ein!

Es gibt einige sehr berühmte Persönlichkeiten, die sehr schwierige Zeiten in ihrem Leben durchmachen mussten, die aber nie aufgegeben haben. Vielleicht können ihre Geschichten Ihnen Mut machen:

- Vor gut 150 Jahren lebte in Amerika ein Mann, der im Alter von 23 Jahren seinen ersten Job und seinen ersten Wahlkampf verlor. Als er 26 Jahre alt war, musste er seine Geliebte zu Grabe tragen. Zwei seiner Söhne starben im Kindesalter. Zwischen 29 und 49 verlor er weitere wichtige Wahlkämpfe. Aber mit 52 Jahren wurde er zum Präsident der Vereinigten Staaten gewählt: Abraham Lincoln.
- Apple-Gründer Steve Jobs wurde mit 29 Jahren von seiner selbst gegründeten Firma entlassen und fiel in eine tiefe Depression. Einige Jahre später kehrte er in das schlingernde Unternehmen zurück, um mit seinen i-Produkten Erfolge zu feiern, die seinesgleichen suchen.
- Wussten Sie, dass der sehr erfolgreiche Horror-Bestseller-Autor Stephen King vor der Veröffentlichung seines ersten Romans rund 60 Absagen von

Verlagen erhalten hatte? Auch Joanne K. Rowling erhielt für ihren ersten „Harry Potter"-Roman rund ein Dutzend Neins von Verlegern. Heute gehören beide zu den bestverdienenden Schriftstellern der Welt.

- Bevor sie ihr TV-Imperium aufbaute, hatte die amerikanische Talkmasterin und heutige Milliardärin Oprah Winfrey, die in ärmlichen und instabilen Verhältnissen aufgewachsen und eine Zeit lang alkohol- und drogenabhängig war, einen harten Weg zu gehen. Nach dem Studium bekam sie eine Stelle als Nachrichtenreporterin, aber wurde später entlassen, bevor sie ihre grandiose Karriere startete.
- Walt Disney erhielt 302 Absagen, bevor ein Unternehmen die Finanzierung des Disneylands übernahm.

Meine 10 besten Praxis-Tipps zum Umgang mit einer Krise:

- Es ist ratsam, sich nach einer Krise zu überlegen, ob man vielleicht Warnsignale übersehen hat, damit man sie beim nächsten Mal früher wahrnimmt. Was einem daran hindert, ist, dass bei einer drohenden Veränderung die erste Reaktion Verleugnung ist. Man will die Warnsignale nicht sehen, da man sonst etwas verändern muss. Wenn man sie jedoch das nächste Mal früher wahrnimmt, kann man rechtzeitig Gegensteuer geben und die Krise verhindern – oder sie wenigstens abmildern.

- Doch viele Krisen kommen aus heiterem Himmel – ohne Warnsignale. Viele Menschen machen sich dann Selbst-Vorwürfe – „ich bin gescheitert!" – und schämen sich vor sich und dem Umfeld, obwohl sie gar nichts dafür können. Werden Sie sich bewusst: Scheitern ist nicht das Gegenteil von Erfolg, sondern ein Teil davon. Der englische Premierminister Winston Churchill sagte dazu: „Erfolg ist von Misserfolg zu Misserfolg zu gehen, ohne seinen Enthusiasmus zu verlieren." Geben Sie also nicht auf. Richten Sie den Blick wieder nach vorne und versuchen Sie, mögliche Auswege zu erkennen.

- Nehmen Sie sich ein Beispiel an Kleinkindern: wenn sie laufen lernen, fallen sie tausende Male hin, bevor sie laufen können. Würde ein gesundes Kind je aufgeben, bevor es aufrecht gehen kann? Nie! Die Basketball-Legende Michael Jordan hat dazu in einem Video gesagt: „In meiner Laufbahn habe ich mehr als 9'000 Würfe verschossen. Ich habe fast 300 Spiele verloren. 26 Mal war ich derjenige, der das Spiel gewinnen konnte, und ich habe daneben geworfen. Ich bin immer und immer wieder gescheitert. Und genau deshalb bin ich erfolgreich." Es ist also alles eine Frage der Perspektive, wie auch das Zitat von Thomas Alva Edison, dem Erfinder der Glühbirne, zeigt: „Ich bin nicht gescheitert. Ich habe 10'000 Wege entdeckt, die nicht funktioniert haben."

- Wenn Sie in eine für Sie aussichtslose Situation geraten, ist es meiner Erfahrung nach das Beste, sich nicht zu verkriechen, sondern Hilfe zu holen. Denken Sie nicht, Sie müssen alleine mit der Krise klarkommen. Reden Sie mit Freunden, und wenn dies nicht hilft, suchen Sie sich professionelle Unterstützung. Schon nur einmal das Unheil in Worte zu fassen, hilft beim Verarbeitungsprozess. Zudem können Ihnen andere Menschen neue

Perspektiven aufzeigen, die Sie aufgrund Ihres aktuellen Tunnelblicks – bedingt durch Ihre Angst und Unsicherheit – gar nicht erkennen.

- Der erste Schritt, wenn auch fast der schwierigste, ist, die Situation zu akzeptieren. Sie können sie nicht ändern – Widerstand zwecklos. Versuchen Sie, möglichst bald Ihre Energie dafür einzusetzen, die Situation zu verarbeiten und einen Ausweg daraus zu finden.
- Es gilt auch zu akzeptieren, dass die Verarbeitung einer Krise Zeit und Geduld braucht.
- Suchen Sie Menschen, die Ähnliches erlebt haben wie Sie. Sie verstehen Sie gut und können von ihren Erfahrungen mit der Krisen-Bewältigung erzählen.
- Überlegen Sie, was das Worst-Case-Szenario sein könnte, und diskutieren Sie es mit anderen. Meistens verliert es dadurch an Schärfe.
- Versuchen Sie, sich zu bewusst zu werden, was Sie in anderen Lebensbereichen Positives haben.
- Setzen Sie sich neue Ziele. Dies lässt Sie wieder nach vorne schauen.

》 Fazit

Unser Leben ist einerseits geprägt durch unsere jahrelang etablierten Gewohnheiten, die uns im besten Fall nützen und Energie sparen können, die uns aber – wenn sie nicht zielführend sind – auch schaden können, insbesondere wenn sie unbewusst ablaufen. Sie haben nun in diesem Kapitel Bewusstsein dafür geschaffen, welche Gewohnheiten Ihre Ressourcen sind und wie Sie gute neue Gewohnheiten etablieren können.

Das zweite grosse Thema in diesem Zusammenhang – vor allem im Beruf – ist das des dauernden Wandels. Wehren Sie sich nicht dagegen, sondern nützen Sie den Wind des Wandels, um sich weiterzuentwickeln und sich neue Möglichkeiten zu eröffnen. Dabei helfen Ihnen bewusst gemachte Erfahrungen aus vergangenen Krisen, um künftig besser mit Unsicherheiten oder Rückschlägen umzugehen. Zudem ist es entscheidend, kleine

Schritte aus der Komfortzone zu machen, proaktiv zu sein und selbst gestalten zu wollen.

Dies sind im Geschäftsleben keine „nice to have"-Themen. Wer im Beruf stehen bleibt, wird in unserer Welt, in der Veränderung die einzige Konstante ist, selbst verändert. Schon Charles Darwin, der englische Naturforscher aus dem 19. Jahrhundert sagte: „Es ist nicht die stärkste Spezies der Welt, die überlebt, auch nicht die intelligenteste. Es ist diejenige, die am ehesten bereit ist, sich zu verändern."

Weiterführende Literatur

Berner W. (2015): *Change! 20 Fallstudien zu Sanierung, Turnaround, Prozessoptimierung, Reorganisation und Kulturveränderung.* Stuttgart: Schäffer-Poeschel.

Burmeister L. & Steinhilper L. (2015): *Gescheiter scheitern – eine Anleitung für Führungskräfte und Berater.* Heidelberg: Carl-Auer.

Enzler Denzler R. & Schuler E. (2017): *Krisen erfolgreich bewältigen - wie Führungskräfte in Wirtschaft und Politik Schicksalsschläge überwinden.* Berlin: Springer.

Hamers M. (2019): *Micro Habits – wie Sie schädliche Gewohnheiten stoppen und neue etablieren.* München: mvg.

Lohse K. (2021): *Resilienz im Wandel – die Veränderungsbereitschaft von Mitarbeitern.* Berlin: Springer.

Kast V. (2014): *Lebenskrisen werden Lebenschancen – Wendepunkte des Lebens aktiv gestalten.* Freiburg i.Br.: Herder.

Markova D. (1993): *Die Entdeckung des Möglichen.* Kirchzarten: VAK.

Tepperwein K. & Aeschbacher F. (2016): *Scheitern, na und? Wer Fehler macht, hat mehr vom Leben.* Steyr: Ennsthaler.

Tobler S. (2013): *Neuanfänge - Veränderung wagen und gewinnen.* Stuttgart: Klett-Cotta.

Wood W. (2019): *Good habits, bad habits - how to make positive changes that stick.* London: Verlag Pan Macmillan, 2019.

Internet: Jordan M. (2012): https://www.youtube.com/watch?v=GuXZFQKKF7A &feature=emb_title (Stand 22.11.2020).

4

Mentale Stärke aufbauen

Nicole Brandes, erprobte Krisenmanagerin und weltweit tätiger Executive Coach, sagte es an einem ihrer Workshops klipp und klar: „Erfolgreiche Menschen haben zwei Dinge: den richtigen Mindset und die richtigen Gewohnheiten." Mit letzterem haben wir uns im vorhergehenden Kapitel beschäftigt – der mentalen Stärke ist dieses Kapitel gewidmet. Mental stark zu sein, heisst, seine Gedanken und Gefühle selbst positiv beeinflussen zu können und zu erkennen, was man ändern kann und worauf man keinen Einfluss hat – und dann seine Energie dafür einzusetzen, wo man etwas bewirken kann.

Wir investieren üblicherweise viel Zeit in die richtigen Fachausbildungen – dies ist sicherlich nicht falsch. Aber es würde sich lohnen, unseren Kindern auch beizubringen, dass es mindestens so wichtig ist, dass man mit eigenen Entscheidungen sein Leben in die richtigen Bahnen lenken kann und dass man einen Einfluss darauf hat, was aus einem wird. Sie mögen nun sagen: gewisse Kinder haben bessere Voraussetzungen als andere. Dem ist so, aber jeder Einzelne hat mehr Einfluss auf die Entwicklung seines Lebens, als er denkt.

Die Glücksforschung hat herausgefunden, dass unser Erbgut zu 50 % und unsere Lebensumstände zu 10 % dafür verantwortlich sind, wie positiv sich unser Leben entwickelt. Aber zu ermutigenden 40 % können wir unser Glücklichsein selbst beeinflussen. Nutzen wir diese 40 %, denn Sie können Ihr Glück mit Ihren Gedanken beeinflussen. Die gute Nachricht dabei ist: mentale Stärke ist lernbar, da unser Gehirn aufgrund seiner Neuroplastizität formbar ist.

© Der/die Autor(en), exklusiv lizenziert durch Springer-Verlag GmbH, DE, ein Teil von Springer Nature 2021
C. Kraaz, *Nachhaltig leistungsfähig bleiben,* https://doi.org/10.1007/978-3-662-62864-5_4

4.1   Halbleeres oder halbvolles Glas?

«Halbleeres oder halbvolles Glas?» Dieses Bild ist so beliebt, weil es in perfekter Anschaulichkeit demonstriert, dass jede Situation aus zwei verschiedenen Situationen betrachtet werden kann. Eine objektive Antwort, ob das Glas halbvoll oder -leer ist, gibt es nicht. Die Antwort eines Betrachters sagt nichts über den effektiven Wasserstand im Glas aus, sondern viel mehr über dessen Einstellung.

Wir Menschen tendieren dazu, Dinge, die wir wahrnehmen, gleich zu bewerten. Wenn ich Sie bitten würde, den Satz „Die Welt ist voller…" zu vervollständigen, was würden Sie wählen? Gemäss der inzwischen verstorbenen deutschen Management-Trainerin Vera Birkenbihl ist die meistgewählte Antwort auf diese Frage in Deutschland und der Schweiz: Idioten oder Probleme. Wir sehen die Welt also gar nicht wie Henri Matisse, der sagte: „Es gibt überall Blumen für den, der sie sehen will." Wieso erkennt also ein Grossteil der Menschen mehr Probleme und Defizite als Chancen und Möglichkeiten?

Der Mensch ist seit der Steinzeit grundsätzlich defizitorientiert. Damals war dies lebenswichtig, um zu überleben. Wenn wir Angst verspüren, dann löst das Gehirn eine Stressreaktion aus. Diese führt dazu, dass wir nur noch das eine, angstauslösende Problem wahrnehmen, dass wir also sehr stark fokussieren. Dies mag sehr sinnvoll gewesen sein, wenn es darum ging, vor einem Säbelzahntiger zu fliehen oder ihn zu bekämpfen. Aber mit solchen Problemen müssen wir uns in der modernen Welt nicht mehr auseinandersetzen. Doch auch der heutige, hochzivilisierte Mensch reagiert immer noch auf die gleiche Art und Weise – zu seinem Nachteil.

Wussten Sie, dass der Mensch etwa 60'000 bis 70'000 Gedanken täglich hat? Ganz wenige Prozent davon sind positive, konstruktive Gedanken, deutlich mehr sind negative, destruktive Gedanken. Es gibt aber auch noch ganz viele neutrale, z. T. unnütze, grösstenteils unbewusste Gedanken. Dies ist darauf zurückzuführen, dass uns nur 1 bis 5 % unserer Gedanken bewusst sind (je nach Studie).

Der Einfluss Ihrer (unbewussten) Gedanken
Sie müssen sich dies so vorstellen: diese zehntausenden von Gedanken flitzen täglich durch Ihren Kopf, ohne dass Ihnen dies bewusst ist. Die Krux dabei: diese Gedanken beeinflussen Sie aber trotzdem, auch Ihr Handeln! Ihr Unterbewusstsein (oder fachtechnisch korrekt: Unbewusstsein) steuert Sie zu einem grossen Teil. Die jüdischen Schriften Talmud sagen dazu

treffend. „Achte auf deine Gedanken, denn sie werden zu Worten. Achte auf deine Worte, denn sie werden zu Taten. Achte auf deine Handlungen, denn sie werden zu Gewohnheiten. Achte auf deine Gewohnheiten, denn Sie werden zu deinem Charakter."

Die gute Nachricht: wir sind unserem Unterbewusstsein nicht einfach willenlos ausgeliefert, sondern können es (zu einem gewissen Teil) beeinflussen. Wir können versuchen herauszufinden, welche durch das Unterbewusstsein gesteuerte Grundmuster und Prägungen uns leiten – und dann an ihnen arbeiten. Speziell wichtig ist dies, weil der absolute Grossteil Ihrer täglichen Gedanken Wiederholungen von Dingen sind, die wir bereits gelernt oder gehört haben, ob von unseren Eltern, Lehrern und Freunden, oder aus den Medien. Wir Menschen sind also „Gedanken-Wiederkäuer".

Wir denken also sehr häufig immer wieder das Gleiche. Wenn Sie Ihre Verhaltensmuster an die Oberfläche holen und sie gezielt verändern, hat dies einen grossen Einfluss auf Ihre Gedanken und dadurch auch auf Ihre Taten. Bevor Sie jedoch Verhaltensänderungen umsetzen können, müssen Sie Ihre Gedanken kennen. Deshalb machen wir nun zuerst eine Bewusstseins-Übung.

Übung: Woran denke ich von morgens bis abends?

Achten Sie ein paar Tage lang sehr bewusst darauf, was Sie denken. Schreiben Sie alle Ihre Gedanken auf. Welche wiederholen sich immer wieder? Sind es positive oder negative? Wie ist das Verhältnis von positiven zu negativen Gedanken bei Ihnen persönlich? Nachdem Sie sich Ihrer Gedanken bewusst geworden sind, können Sie damit beginnen, sie zu verändern.

Eine ganz einfache, aber hilfreiche Methode zu lernen, seine Gedanken zu lenken, ist Dankbarkeit. Dankbarkeit hat nichts Esoterisches, sondern hat sehr konkrete physische und psychische Auswirkungen auf Sie, da Ihr Hirn Tausende von Botenstoffen aussendet, wenn Sie an das effektiv existierende Gute in Ihrem Leben denken. Die wichtigsten Ergebnisse sind gemäss diverser Studien:

- Dopamin und Serotonin – unsere Glückshormone – werden freigesetzt. Dadurch empfinden wir mehr Freude und Zuversicht. Dopamin unterstützt zudem die Gedächtnisbildung.
- Die Entspannung wird angeregt, wodurch das Niveau des Hauptstress-Hormons Cortisol zurückgeht.

- Der systolische Blutdruck, der entsteht, wenn sich das Herz zusammenzieht, wird um 10 % gesenkt.
- Die Herzratenvariabilitäts-Messung, die anzeigt, wie gesund Ihr Herz ist und wie gut Sie regenerieren können, verbesserte sich bei 80 % der Teilnehmenden einer Studie.
- Schmerzen werden nachweislich gelindert.
- Durch die Ausschüttung des Beziehungs-Hormons Oxytocin empfinden Sie ebenfalls mehr positive Gefühle, und Ihre Empathie nimmt zu.

Sogar im Magnetresonanz-Tomographen sind die Auswirkungen von regelmässig praktizierter Dankbarkeit auf das Gehirn ersichtlich. Auch ohne dieses Gerät wusste schon der englische Philosoph Francis Bacon: „Nicht die Glücklichen sind dankbar. Es sind die Dankbaren, die glücklich sind." Und auch Buddhas Aussage „Glück kommt nie zu denen, die nicht schätzen, was sie schon haben" trifft ins Schwarze.

Übung: Mein Dankbarkeits-Tagebuch

Schreiben Sie zuerst eine Basisliste Ihrer Dankbarkeit: was haben Sie alles Gutes in Ihrem Leben, und was würde Ihnen fehlen, wenn sie es nicht mehr hätten – Grosses und Kleines. Danach schreiben Sie jeden Abend für mindestens drei Wochen auf, wofür Sie an diesem spezifischen Tag dankbar sind. Beantworten Sie folgende Fragen: Was ist heute Schönes geschehen? Was hat mir Freude bereitet? Sie können dies auf verschiedene Arten tun, Ihre Gedanken z. B. in ein schönes Heft schreiben. Wichtig ist, dass Sie sie aufschreiben (nicht nur denken) und dann versuchen, Dankbarkeit dafür auch wirklich zu empfinden. Dies verstärkt die Wirkung.

Ich persönlich habe in meinem Büro ein schön dekoriertes Marmeladen-Glas, in das ich immer wieder Post-its reinlege, auf denen ich aufgeschrieben habe, wofür ich dankbar bin. Dies führt mir dann auch visuell immer wieder vor Augen, wie viele wunderbare Dinge ich in meinem Leben habe.

Wir fahren täglich auf mentalen Autobahnen. Wenn Sie nun beginnen, sich diese Gedanken bewusst zu machen und sie vom Negativen ins Positive zu verändern, fahren Sie am Anfang auf einem schmalen Grat. Aber je mehr Sie Dankbarkeit üben, desto breiter wird der Weg – zuerst zu einer Landstrasse, später zu einer Autobahn – also zu einem neuen Automatismus. Und die ursprünglich negative Autobahn verkümmert zu einem Trampelpfad. Am Anfang sind Sie Lernfahrer, am Schluss fährt der Autopilot. Das heisst: wenn Sie sich regelmässig bewusst werden, was Sie alles Positives in Ihrem Leben haben, werden Sie mit der Zeit immer mehr Positives erkennen. Denn unser Gehirn kann sich zum Glück verändern – dank dessen Neuroplastizität. Es geht beim Thema Dankbarkeit also nicht um künstliches positives Denken, sondern um einen Umorientierung vom Negativen zum Positiven.

Zum Schluss wieder meine besten zehn Praxis-Tipps, die Ihnen helfen können, diese Umkehrung der Gedanken zu schaffen und dadurch mental stärker zu werden.

Meine 10 besten Praxis-Tipps zur Beeinflussung Ihrer Gedanken

- Visualisieren Sie mit möglichst vielen Details (wie in einem Film) den Weg zum Ziel, das Sie erreichen wollen, und auch wie Sie dieses Ziel erreichen. Ganz wichtig dabei: setzen Sie alle fünf Sinne ein, und versuchen Sie, Emotionen zu empfinden, wie z. B. die Freude, wenn Sie an Ihrem Ziel ankommen. Mit dieser Methode arbeiten viele Spitzensportler oder auch Kampfpiloten, um auch in Extremsituationen ihre vollen mentalen und physischen Kräfte abrufen zu können. Das Gehirn erachtet solch intensive Visualisierungen als Realität. Wenn Sie sich vorstellen, in eine Zitrone zu beissen, kriegen Sie Speichel im Mund. Nutzen Sie diesen Effekt bewusst!
- Arbeiten Sie mit positiven Affirmationen (auch genannt Mantras). Ändern Sie Selbstzweifel („Ich kann das eh nicht") ab in positive Aussagen. Meine 11-jährige Tochter verwendet diese Methode jeweils vor ihren Mathematik-Prüfungen: sie schreibt „ich schaffe das!" auf ihr Prüfungsblatt. Seither erzielt sie deutlich bessere Resultate! Henry Ford hat dazu einmal gesagt: „Ob du denkst, du kannst es oder du kannst es nicht: Du wirst auf jeden Fall recht behalten."
- Beschränken Sie Ihr Grübeln zeitlich, z. B. mit einem Wecker, wie der deutsche Zeitmanagement-Experte Burkhard Heidenberger anregt. Dann wenden Sie sich bewusst wieder positiven Gedanken zu.
- Wenn Sie wieder zu stark ins Grübeln kommen, können Sie auch ein farbiges Stopp-Schild vor Ihr inneres Auge stellen und dann bewusst etwas Positives denken.
- Eine weitere Möglichkeit bei negativen Gedanken ist, sich vorzustellen, dass es Wolken wären, die einfach an Ihnen vorbeiziehen.
- Wenn Sie Angst vor etwas haben, schreiben Sie Ihre Ängste auf. Sie wirken dann viel weniger bedrohlich.
- Wenn Sie sich schlecht fühlen, weil etwas nicht geklappt hat oder Sie vielleicht sogar versagt haben, fragen Sie sich, welche Bedeutung dieses Erlebnis in einer Woche, in sechs Monaten und in einem Jahr noch hat. Meistens relativiert es sich dann.
- Versuchen Sie, auch an etwas Schlechtem einen positiven Anteil zu sehen. Z. B.: ein Projekt ist schief gelaufen, das Resultat schlecht herausgekommen, aber die Zusammenarbeit zwischen den Kollegen hat gut funktioniert.
- Achten Sie auf Ihre Sprache. Reden Sie nicht immer davon, was Sie NICHT können. Vermeiden Sie Worte, die Unsicherheit ausstrahlen, wie z. B. eher, vielleicht, mmh usw. Diese machen Sie auch unsicher.
- Das Gleiche gilt für die Körperhaltung. Stehen oder sitzen Sie aufrecht. Nehmen Sie eine Körperhaltung ein, die Sie stark macht – mit dem bekannten Power Posing.

4.2   Nicht gegen Windmühlen kämpfen

Eines meiner Lieblingsthemen ist Energie. Wir alle haben einen Energie-speicher, den wir regelmässig auffüllen müssen Und wir müssen dafür sorgen, dass uns nicht unnötig Energie abgezogen wird. In diesem Kapitel beschäftigen wir uns genau mit diesem Thema: Sie lernen, welches Verhalten Ihnen Energie abziehen kann und wie Sie dies ändern können. Beginnen wir mit dem Thema Ärger, einem der häufigsten Energieräuber.

Ärgern kann ein starker Motor für unser Handeln sein – ein Antrieb, damit wir Dinge auch wirklich verändern. Ärgern kann also in gewissen Situationen sinnvoll sein, weil er Sie genauer hinschauen lässt: Wieso ärgere ich mich? Was kann ich ändern an der Situation? Was bringt es mir, wenn ich mich ändere? Wenn ich den Nutzen einer Veränderung sehe, dann tue ich es. Z. B. indem ich mich darüber aufrege, dass ich wieder eine Zigarette geraucht habe und es dann schaffe, endgültig mit dem Rauchen aufzuhören. Oder wenn ich zum wiederholten Mal „ja" gesagt habe, obwohl ich eigent-lich „nein" sagen wollte, und ich merke, dass es mir nicht gut tut. Dann sage ich das nächste Mal höflich, aber bestimmt „nein".

„Nutzloses" Ärgern schadet
Aber meistens ärgern wir uns über Dinge, die wir gar nicht verändern können: den kurzfristigen Auftrag des Chefs, den Stau auf der Autobahn, die immer wieder herum liegenden Socken der Tochter, das Zuspätkommen des Partners oder vieles andere mehr. Bringt das Ärgern in solchen Fällen etwas? Etwas Unveränderbares nicht zu akzeptieren, bedeutet, dass wir Energie verpuffen – ja uns sogar schaden. Die deutsche Psychologin Doris Wolf sagt dazu: „Wenn wir uns sträuben, etwas zu akzeptieren, und gegen die Veränderung ankämpfen, dann verstärken und verlängern wir unser seelisches und körperliches Leiden."

Tatsächlich ist „nutzloses" Ärgern schädlich. Wenn man sich ärgert, werden die Stresshormone Adrenalin und Noradrenalin ausgeschüttet. Dies führt dazu, dass der Blutdruck und der Puls steigen und die Atmung schneller und flacher wird. Studien zufolge ist häufiger Ärger für das Herz genauso gefährlich wie Rauchen oder erhöhter Blutdruck. Forscher der University of North Carolina fanden heraus, dass Männer und Frauen mittleren Alters, die sich im Alltag sehr häufig ärgerten, ein dreimal so hohes Risiko hatten, in den folgenden sechs Jahren einen Herzinfarkt zu erleiden, wie diejenigen, die ärgerliche, aber ausserhalb ihres Einflussbereiches liegende Dinge gelassener nahmen.

Übung: Die Triggerfrage

Schreiben Sie auf, über welche Themen oder Personen Sie sich immer wieder aufregen. Dann fragen Sie sich zu jedem Thema und jeder Person: kann ich etwas ändern oder nicht? Ärgern lohnt sich nur (und bitte das nur kurz), wenn Sie etwas verändern können und daraus einen Nutzen ziehen. Bei allem anderen: wenn der Ärger hochkommt, zuerst einmal tief durchatmen und auf zehn zählen – und dann idealerweise über sich schmunzeln. Denn im Gegensatz zum sich Ärgern ist das Lachen gesund. Zu diesem Thema passt das bekannte Zitat des US-Theologen Reinhold Niebuhr: „Gib mir die Gelassenheit, Dinge hinzunehmen, die ich nicht ändern kann; gib mir den Mut, die Dinge zu ändern, die ich ändern kann; und gibt mir die Weisheit, das eine vom anderen zu unterscheiden."

Etwas zu akzeptieren, bedeutet jedoch für viele Menschen: Schwäche zeigen, eine Niederlage erleiden, sich jemandem geschlagen geben. Doch bringt es uns etwas, gegen Situationen zu kämpfen, die nun mal so sind, wie sie sind? Nein, es geht darum, nicht in Widerstand gegen etwas Unveränderbares zu gehen, auch wenn es nicht unseren Wünschen oder Vorstellungen entspricht. Der antike Philosoph Sokrates sagte dazu: „Das Geheimnis der Veränderung ist, alle Energie nicht auf die Bekämpfung des Alten zu legen, sondern auf den Aufbau des Neuen."

Akzeptieren heisst noch lange nicht, dass man über etwas hinweg ist. So braucht es nach jeder schwierigen Situation einen Verarbeitungsprozess – ob es sich um eine Trennung, eine Entlassung, einen Tod oder eine andere Krise handelt. Akzeptieren heisst auch nicht, das Geschehene für gut zu befinden. Akzeptieren heisst „einfach" anzunehmen, dass man die Situation nicht verändern kann, und sich bewusst dafür zu entscheiden, seine Energie für einen konstruktiven Umgang mit der Situation einzusetzen.

Fokus auf das Veränderbare

Wenn wir eine Situation akzeptieren, beginnen wir also damit, wieder nach vorne zu schauen anstatt zurück. Wir haben nun die Kraft und die Kapazität, uns darum zu kümmern, wie wir die Krise am besten bewältigen können. Dies können Sie auch auf so etwas Einfaches wie z. B. eine Erkältung anwenden. Statt sich darüber aufzuregen, dass man sie aufgelesen hat und nun darunter leidet (und keine Zeit dafür hat...), kann man sich damit auseinandersetzen, was man tun könnte, damit sie nicht noch schlimmer wird oder schneller wieder abklingt. Manchmal muss man sich aber auch schlicht in Gelassenheit üben – also das Nichts-tun-können stoisch annehmen.

Übung: love it, change it or leave it

Bei dieser Übung geht es darum, herauszufinden, was in einer für Sie stressigen Situation die richtige der drei folgenden Handlungsoptionen darstellt, damit Sie das Beste daraus machen können

Love it: Aufbauend auf dem schon Erwähnten: lernen Sie zuerst, eine Situation zu akzeptieren, die Sie nicht ändern können. Im nächsten Schritt beginnen Sie, sich zu fragen: was ist das Gute an der Situation? Was kann sie mir zeigen? Ich hatte einmal eine Kundin, die hatte ihren Job verloren und war sehr frustriert über ihren Chef, der sie rausgemobbt hatte. Sie kam mit einer ausgesprochen negativen Grundhaltung zu mir, die sich auch an ihrer Körperhaltung zeigte. In zwei Coachings arbeitete ich mit ihr an einem Perspektivenwechsel. Und sehr bald begann sie, die positiven Seiten der Situation zu sehen (z. B. dass sie ihren Chef, der ihr Energie abzog, nicht mehr sehen musste). Dies führte zu einer fundamentalen Veränderung der Art, wie sie in Jobinterviews ging (mental und in ihrer Körperhaltung). Zwei Monate später erhielt sie einen neuen Job, der besser war als derjenige, den sie vorher hatte.

Change it: Was können Sie selbst tun, damit die Situation für Sie stimmt? Welche Spielräume gibt es, die Sie bisher noch nicht erkannt haben? Wenn Sie sich für eine Handlungsoption entschieden haben, schreiten Sie zur Tat und verändern Sie die Situation.

Leave it: Wenn Sie eine Situation nicht akzeptieren oder verändern können, dann schützen Sie sich auf die beste Art, die Sie können, z. B. mittels delegieren, tauschen, Situation vermeiden usw. Im schlimmsten Fall könnte dies auch bedeuten, eine Kündigung oder eine Trennung in Erwägung zu ziehen.

Meine Botschaft ist: Sie sind nicht Opfer der Umstände, sondern können sie beeinflussen durch Ihre eigene Einstellung und Ihr Handeln. Kämpfen Sie künftig weniger gegen Windmühlen und sparen so Energie, die Sie an einem anderen Ort besser einsetzen können.

Meine 10 besten Praxis-Tipps gegen unnötigen Energieverlust:

- Stellen Sie sich die Triggerfrage (kann ich etwas ändern oder nicht?) jedes Mal, wenn Ärger hochkommt. Dies hilft Ihnen, sich in vielen Fällen rascher wieder zu beruhigen.
- Verinnerlichen Sie den weisen Spruch des antiken Philosophen Epiktet: „Wir können die Dinge nicht immer ändern, aber wir können unsere Haltung gegenüber den Dingen ändern." Rolf Merkle und Doris Wolf sagen dazu richtig: „Ob wir auf die Palme klettern oder gelassen bleiben, hängt von uns ab."
- Werden Sie sich bewusst, dass man nicht alles kontrollieren kann und dass es nicht persönliches Versagen ist, wenn etwas schwierig ist. Seien Sie nachsichtig mit sich selbst und verurteilen Sie sich nicht. Wie würden Sie jemanden anderen behandeln, der in der gleichen Situation wäre? Vermutlich ihm gegenüber Verständnis gegenüber zeigen, ihn trösten, auf

irgendeine Art unterstützen. Machen Sie das Gleiche mit sich: behandeln Sie sich selbst wie Ihren besten Freund.

- Seien Sie sich bewusst, dass die Situation vorbeigehen wird und Ihre Gefühle dazu sich verändern werden. Und dass andere auch schon in der gleichen Situation waren und sie überstanden haben. Es gibt vermutlich auch Menschen, die noch Schlimmeres erlebt haben.
- Nicht dass Sie mich falsch verstehen: wenn ich sage, Sie sollten sich nicht zu viel ärgern, meine ich nicht, dass Sie versuchen sollten, das Unangenehme zu verdrängen (z. B. wenn die Gefühle zu stark zum Ertragen sind). Dies wäre kontraproduktiv, da Sie damit Ihre negativen Gefühle ins Unterbewusstsein verschieben würden, wo sie Sie längerfristig wieder einholen. Denn verdrängte Gefühle sind nicht verarbeitete Gefühle, und diese treten irgendwann wieder an die Oberfläche (z. B. durch einen emotionalen Ausbruch oder sogar eine Krankheit). Also: finden Sie eine Möglichkeit, wie Sie Ihre negativen Gefühle rauslassen können, ohne jemanden anderen zu verletzen. Aber danach wenden Sie sich der Gestaltung der Zukunft zu.
- Fragen Sie sich: „Angenommen, ich würde die Situation akzeptieren, was würde ich dann tun?" Und dann tun Sie dies.
- Überlegen Sie, was Ihnen in vergangenen schwierigen Situationen geholfen hat, diese zu überwinden. Vielleicht helfen Ihnen diese bewährten Bewältigungsstrategien auch dieses Mal (Details dazu im Abschn. 3.3.).
- Lernen Sie, dankbar zu sein für all die guten Dinge, die Sie in Ihrem Leben effektiv haben. Lesen Sie dazu mehr im vorhergehenden Kapitel.
- Auf die Gefahr hin, dass ich mich wiederhole: beschränken Sie Ihr Grübeln zeitlich, z. B. mit einem Wecker. Dann wenden Sie sich bewusst wieder positiven Gedanken zu. Weitere Methoden, wie Sie Ihr Grübeln unterbrechen können, finden Sie im Abschn. 7.2.
- Grübeln und sich sorgen um die Zukunft macht in den seltensten Situationen Sinn. Hilft es bei der Bewältigung eines Problems? Meistens nicht. Denn das Problem wird dadurch nicht kleiner, aber das Grübeln zieht Ihnen Energie ab, die Sie für die Bewältigung des Heute brauchen. Investieren Sie in das, was Sie heute verändern und bewirken können. Sorgen bewahrheiten sich eh selten, wie das Zitat des Schriftstellers Mark Twain zeigt: „Ich hatte mein ganzes Leben viele Probleme und Sorgen. Die meisten von ihnen sind aber niemals eingetreten."

Ich bin mir bewusst, dass das Aufhören, gegen Windmühlen zu kämpfen, nicht immer einfach ist, sondern ein lebenslanger Prozess. Aber man profitiert von jedem einzelnen Erfolgserlebnis in diesem Prozess und wird so jedes Mal ein kleines Stückchen weiser und gewinnt zudem noch Energie.

4.3 Raus aus der Opferrolle

Fast alle Menschen haben in ihrem persönlichen und/oder beruflichen Umfeld Personen, die ihre Hände stets in Unschuld waschen. Nie, aber auch gar nie sind sie schuld an einer schwierigen Situation, an Dingen, die schief gelaufen sind. Schuld ist immer der Chef, die Partnerin, der Kollege usw. Was diese Menschen eigentlich damit sagen, ist: ich kann nichts machen, ich habe keinen Einfluss, ich fühle mich ohnmächtig. Häufig hören Sie von diesen Menschen „wenn-dann"-Sätze: „wenn mein Chef x gemacht hätte, hätte es geklappt! Aber so wie er vorgegangen ist, war es logisch, dass wir nicht erfolgreich waren."

Diese Menschen befinden sich in der Opferfalle. Sie sehen nur, was in ihrem Leben NICHT geht, und Sie ärgern sich dauernd über andere. Dass dies einem Menschen nicht gut tut, wissen Sie vom letzten Kapitel. Unter diesen Umständen kann man nicht glücklich und zufrieden sein. Der oft auch philosophierende Physiker Albert Einstein hat dazu gesagt: „Es gibt viele Wege zum Glück. Einer davon ist, aufhören zu jammern."

Was sind die hauptsächlichen Gründe, wieso jemand in einer Opfer-rolle verharrt (gemäss dem Blog des Zeitmanagement-Experten Burkhard Heidenberger):

- Bequemlichkeit: Veränderung ist potenziell anstrengend
- Man will Aufmerksamkeit und Mitleid erhaschen und Trost bekommen – nach dem Motto: „Ich bin so ein Armer"
- Indem man die anderen schlecht macht, steht man besser da (eine Illusion…)
- Geringes Selbstvertrauen
- Man projiziert unverarbeitete negative Gefühle auf andere
- Man war in seiner Kindheit überbehütet und hat nie gelernt, Eigenver-antwortung zu übernehmen

---

Übung: Bin ich in der Opferrolle?

Auch hier gilt: keine Veränderung ohne Bewusstsein. Fragen Sie sich: treffen diese Beschreibungen oben auf mich zu? Wenn ja: geschieht dies in allen Situationen oder nur in gewissen? Immer in den gleichen, evtl. immer mit den gleichen Menschen? Wenn ja: welcher oder welche der obgenannten Gründe könnten auf mich zutreffen?

Alle Menschen erleben zwischendurch schwierige Situationen und Rück-schläge. Sie sind vielleicht auch einmal niedergeschlagen – aber die meisten nicht für lange Zeit. Denn sie suchen keinen Schuldigen und suhlen sich nicht in ihrem Leid. Sie wollen einen Ausweg aus ihrer Situation finden – ob der nun Akzeptanz oder Veränderung heisst. Und sie haben die

Zuversicht, dass sie es aus eigener Hand schaffen. Denn, wie wir schon besprochen haben, haben wir einen grossen Einfluss auf unsere Gedanken, auf unser Tun und somit auf unser Leben.

Nur die Bedeutung, die man einer Sache gibt, bestimmt, wie man sich fühlt – also welche Einstellung man zu einem Problem findet und wie man damit umgeht. Der deutsche Komiker Karl Valentin bringt dies wie so oft bei ihm mit tiefsinniger Leichtigkeit auf den Punkt: „Ich freue mich, wenn es regnet, denn wenn ich mich nicht freue, regnet es auch." Alles ist eine Frage der Einstellung. Man kann selbst etwas dazu beitragen, dass man glücklich wird.

Nicht anderen die Macht über Ihr Leben geben

Wenn Sie aber anderen die Schuld geben, geben Sie ihnen auch die Macht über sich und Ihr Leben. Wer nicht handelt, wird behandelt. Sie werden auch nie wirklich erfolgreich sein, weil Sie immer Gründe finden, wieso etwas nicht klappen wird oder nicht geklappt hat. Und Ihr Umfeld wird sich mit der Zeit von Ihnen distanzieren. Denn wer will denn immer nur „vollgejammert" werden?

Wollen Sie dies alles? Wenn nein: übernehmen Sie die Verantwortung für Ihr Leben. Seien Sie nicht länger Opfer, sondern wählen Sie die Richtung, die Ihr Leben haben soll. Das braucht vielleicht etwas Übung und bringt auch Rückschläge mit sich. Wenn wir uns, etwa beim Tennis, eine falsche Schlägerhaltung angewöhnt haben, braucht es auch Geduld und Training, bis wir eine neue Technik eingeübt haben.

Meine 10 besten Praxis-Tipps gegen die Opferhaltung:

- Denken Sie daran, dass Sie Ihren Missmut nicht verbergen können, auch wenn Sie es versuchen. Ihr Gegenüber spürt, dass Ihr Unterbewusstsein etwas anderes sagt als Sie verbal – und reagiert darauf negativ. Dies ist der Beginn einer Negativspirale. Beginnen Sie, sie umzukehren.
- Machen Sie einen Realitäts-Check bezüglich Ihrer negativen Einschätzungen mit Freunden oder Kollegen. Wie sehen diese die jeweiligen Situationen – gleich oder anders?
- Fragen Sie sich, ob Sie in bestimmten Situationen, mit gewissen Personen usw. in die Opferhaltung fallen oder immer. Und wie fühlen Sie sich dabei?
- Wechseln Sie die Perspektive: Wenn es dann doch ginge, wenn Sie Ihr Leben doch proaktiv beeinflussen könnten, was wäre dann anders? Was für eine Veränderung für Ihr Leben würde dies bedeuten? Stellen Sie sich dieses Szenario möglichst plastisch vor. Wie fühlen Sie sich dabei? Sicher besser. Holen Sie dieses Gefühl immer wieder hervor – es wird Sie motivieren.

- Nun richten Sie den Blick nach vorne: was kann und muss ich tun, damit ich in diese verbesserte Situation komme? Entwickeln Sie konkrete Taten. Es braucht nur eine Entscheidung. Dann geht's los mit dem Umsetzen.
- Entscheiden Sie sich also bewusst, die Verantwortung für Ihr Leben zu übernehmen.
- Von meinem ehemaligen Chef Oswald J. Grübel, dem ex-CEO von Credit Suisse und UBS, habe ich etwas Wichtiges gelernt: lieber entscheiden und falsch entscheiden, als gar nicht entscheiden. Denn dies würde Stillstand bedeuten. Also zögern Sie nicht, zu entscheiden und dann zu handeln.
- Akzeptieren Sie, was Sie nicht ändern können, und investieren Sie Ihre Energie in dasjenige, bei dem Sie etwas bewegen können (siehe Abschn. 4.2.).
- Glauben Sie an Ihre eigene Stärke, unter dem Motto: „Ich habe schon vieles bewältigt und schaffe dies nun auch, weil...".
- Wenn Ihnen dies schwer fällt, arbeiten Sie an Ihrem Selbstvertrauen. Wie das geht, habe ich im zweiten Kapitel erläutert (siehe Abschn. 2.3.).

4.4   Ja sagen zum nein sagen

Das kennen sicher die meisten von Ihnen: eigentlich wollten Sie nein sagen, als es darum ging, ein weiteres Projekt zu übernehmen. Denn Ihre Projektliste ist mehr als voll. Aber dann haben Sie doch wieder ja gesagt. Sehr viele Leute haben Mühe damit, sich abzugrenzen. Nein sagen ist nicht leicht, aber es ist sehr wichtig für unser mentales Wohlbefinden – und es ist lernbar.

Ich vermute, die meisten von uns sagen – mehr oder weniger oft – ja zu etwas, zu dem wir lieber nein sagen möchten. Und wie fühlen Sie sich nachher? Vermutlich schlecht, weil Sie genügend Aufgaben auf Ihrer to-do-Liste haben, ja vielleicht jetzt schon überlastet sind. Vielleicht ärgern Sie sich sogar – über die Person, die gefragt hat, oder über sich selbst, weil Sie einmal mehr nicht für Ihre Bedürfnisse einstehen konnten.

Wieso sagen wir eigentlich häufig ja anstatt nein? Hier die wichtigsten Gründe:

- Ein schlechtes Gewissen
- Das Gegenüber nicht verletzen oder andere nicht enttäuschen wollen
- Nicht egoistisch wirken wollen
- Was denken die anderen?
- Angst haben, etwas falsch zu machen
- Angst, abgelehnt und nicht gemocht zu werden
- Starkes Bedürfnis nach Anerkennung aufgrund von mangelndem Selbstvertrauen
- Bedürfnis, gebraucht zu werden (bis zum Helfer-Syndrom)

- Zu hohe Erwartungen an sich selbst
- Angst vor Konflikten, die daraus entstehen könnten (Harmonie-Bedürfnis)
- Angst vor Konsequenzen
- Angst, etwas zu verpassen

Übung: Wieso kann ich mich nicht abgrenzen?

Überlegen Sie: welche sind aus dieser Liste Ihre persönlichen Gründe, wieso Sie Ihre Grenzen nicht wahrnehmen und/oder verteidigen können? Wieso sind bei Ihnen diese Bedürfnisse oder Ängste so stark? Tut Ihnen dieses Verhalten gut? Wie könnten Sie diese Bedürfnisse sonst noch abdecken? Oder wie können Sie dieses Verlangen eindämmen und Ihre Ansprüche senken?

Wir wollen andere nicht verletzen und auch selbst nicht verletzt werden. Dies ist verständlich. Doch es geschieht, dass wir – indem wir anderen nicht schaden wollen – uns selbst verletzen. Denn indem wir unsere Bedürfnisse ignorieren, schwächen wir uns, nehmen uns selbst nicht ernst.

Was sind die konkreten Vorteile, wenn Sie lernen, sich stärker abzugrenzen:

- Sie schauen zu sich und überlasten sich nicht. Somit bleiben Sie länger leistungsfähig und erst noch zufriedener.
- Sie haben mehr Zeit und Energie für sich und Ihre eigenen Projekte.
- Sie ärgern sich nicht über sich selbst, doch wieder nachgegeben zu haben (mehr dazu, wieso Ärger Ihnen schadet, im Abschn. 4.2.).
- Sie werden nicht ausgenutzt. Wer bekannt dafür ist, nicht nein sagen zu können, wird von anderen mit Projekten, Arbeit, Sorgen usw. überhäuft. So kriegen Sie dann immer mehr und mehr, da es für die Leute leichter ist, einen Ja-Sager zu fragen als jemanden, der ab und zu nein sagt.
- Sie machen sich nicht abhängig von der Meinung anderer.
- Sie verschaffen sich Respekt.
- Ihre Selbstachtung steigt.

Praxis-Tipps zum leichteren Nein-Sagen

- Überlegen Sie zuerst, zu was Sie JA sagen wollen – also was Ihnen wichtig ist: persönlich, familiär und beruflich. Welches sind Ihre Prioritäten im Leben? Mit diesem Raster fällt Ihnen das Nein-Sagen leichter.
- Lassen Sie sich nicht überrumpeln. Sie müssen nicht sofort ja oder nein sagen. Nehmen Sie sich Bedenkzeit, und wägen Sie gut ab. Dann

entscheiden Sie sich – und bleiben dabei. In diesem Prozess können Ihnen folgende Überlegungen helfen:
- Wie steht es aktuell um meine verfügbare Zeit und um meine Energie?
- Wie viel Zeit muss ich für das neue Projekt investieren?
- Was muss ich zurückstellen, wenn ich ja sage?
- Welche Bedeutung hat dieser Mensch für mich?
- Macht dieser Mensch auch einmal etwas für mich, oder ist die Beziehung einseitig?
- Habe ich Lust darauf?

- Es braucht ja nicht unbedingt ein kurzes, vielleicht sogar unhöfliches Nein zu sein. Sanft geht auch. Machen Sie ein Gegenangebot, z. B.: „Ich erledige das gerne morgen für dich. Jetzt muss ich meine Tochter aus der Krippe abholen." Oder zeigen Sie Verständnis für die schwierige Situation des Gegenübers oder reagieren Sie mit Humor.
- Stellen Sie Bedingungen, z. B.: „Wenn ich das neue Projekt übernehme, möchte ich dafür eine andere Aufgabe abgeben."
- Verwenden Sie keine unsicheren Formulierungen wie z. B. vielleicht, nicht böse sein usw. Und nehmen Sie eine selbstbewusste Körperhaltung ein. Dies lässt Sie selbstbewusster und klarer wirken.
- Seien Sie sich bewusst: Sie müssen nicht von allen gemocht werden. Viel wichtiger ist, dass Sie für sich einstehen und sich gut behandeln. Sie sind der wichtigste Mensch in Ihrem Leben!
- Achten Sie auf Ihr Bauchgefühl, z. B. wenn Sie nach einem schnellen Ja ein seltsames Gefühl in der Magengegend kriegen oder angespannt und nervös werden.
- Durchschauen Sie manipulative Strategien wie z. B. bewusste Überrumpelung, Erpressung, Schuldgefühle auslösen, Mitleid wecken, ans Pflichtbewusstsein appellieren usw.
- Seien Sie sich bewusst: das Worst-Case-Szenario tritt höchst selten ein. Häufig überlegt man sich Schreckensszenarien, was alles geschehen könnte, wenn man nein sagt. Aber meistens geht es besser, als man denkt, und Ihr Nein wird akzeptiert.
- Das Allerwichtigste zum Schluss: beginnen Sie, im Kleinen zu üben. Sagen Sie einmal nein im engen Freundeskreis, wo es Ihnen niemand übel nimmt. Oder sagen Sie nein, wenn Sie auf der Strasse gefragt werden, ob Sie an einer Umfrage teilnehmen. Also beginnen Sie bei Leuten, die Sie gar nicht kennen (die Ihnen nicht wichtig sind) oder bei Menschen, bei denen Sie sich ganz sicher sind, dass man Sie mag. Dann steigern Sie ganz langsam und dehnen damit Ihre Komfortzone aus (mehr dazu im Abschn. 3.2.). Anerkennen Sie Ihre Fortschritte und feiern Sie diese Erfolge. Auch hier heisst es: Übung macht den Meister!

» Fazit

Schon sehr lange nutzen alle Spitzensportler die Kraft der mentalen Stärke. Sie müssen zu bestimmten Zeitpunkten ihre Top-Leistung abrufen können. Mit Mentaltraining visualisieren sie ihr Potenzial und lernen, sich auf ihre Ziele zu fokussieren und keine Energie für Unnötiges – wie z. B. Zweifel, die sie negativ beeinflussen – zu verschwenden.

Es ist aber auch in anderen Lebensbereichen wie zum Beispiel im Wirtschaftsleben entscheidend, dass wir lernen, unsere mentalen Muskeln zu stärken. Wir brauchen sie im Umgang mit den vielen Veränderungen, die unser Leben heute prägen und auch in Zukunft noch auf uns zukommen werden. Ohne mentale Stärke können wir nicht nachhaltig leistungsfähig und gesund bleiben. Ob uns dies gelingt, darauf haben wir einen konkreten Einfluss, wie schon die legendäre US-Sängerin Joan Baez sagte: „Du kannst dir nicht aussuchen, wie du stirbst. Oder wann. Du kannst nur entscheiden, wie du lebst. Jetzt." Und Ihr Einfluss auf Ihr Leben ist grösser, als Sie vielleicht am Anfang denken.

In diesem Kapitel haben Sie gelernt, wie Sie mental stark werden können, und haben einige wichtige Tools dazu mit auf den Weg bekommen, u.a. die Fokussierung auf das Gute in Ihrem Leben, sich nicht über Dinge aufzuregen, die Sie nicht ändern können, oder Hilfestellungen, um sich künftig besser abgrenzen zu können. Nutzen Sie die mächtige Kraft der mentalen Stärke, um Ihre Ziele effizienter und effektiver zu erreichen, ohne unnötig Energie zu verlieren.

Weiterführende Literatur

Betz R. (2017): *Jetzt reicht's mir aber! Dein Weg durch Ärger und Wut zum Frieden mit dir und den anderen.* München: Heyne.

Gruhl M. (2014): *Resilienz – die Strategie der Stehauf-Menschen.* Freiburg i.Br.: Kreuz.

Heimsoeth A. (2017): *Mentale Stärke – was wir von Spitzensportlern lernen können.* München: C.H. Beck.

Heller J. (2015): *Resilienz – innere Stärke für Führungskräfte.* Zürich: Orell Füssli.

Hohensee T. (2018): *Das Gelassenheitstraining – wie wir Ärger, Frust und Sorgen die Macht nehmen.* München: Goldmann.

Kast V. (2019): *Abschied von der Opferrolle – das eigene Leben leben.* Freiburg i.Br.: Herder.

Pignitter M. (2019): *Honigperlen – warum dein Leben süsser ist, als du denkst.* München: Gräfe & Unzer.

Pörner G. (2013): *Nein sagen will gelernt sein – erfolgreich Grenzen setzen.* Berlin: Allegria.

Richard U. (2015): *Dankbarkeit macht glücklich.* München: Scorpio.

Stäuble M. (2015): *Dein Weg zur mentalen Stärke.* Hamburg: Tradition.

Wolf D. und Merkle R. (2017). *Gefühle verstehen, Probleme bewältigen – eine Gebrauchsanleitung für Gefühle.* München: PAL.

5

Beziehungen: das Lebenselixier des Menschen

In meinen Resilienz-Workshops mache ich regelmässig die Übung „Was sind meine Energie-Räuber und -spender?". Sie werden später im Buch auch noch in den Genuss dieser Aufgabe kommen (siehe Kap. 8). Das Hauptfazit ist immer das Gleiche: Menschen sind unsere grössten Energie-Spender (Familie, Freunde, Kollegen usw.), aber gleichzeitig können sie auch unseren grössten Energieräuber sein (privat oder beruflich). Menschen gehen uns nahe, sie lösen etwas aus bei uns – Positives und Negatives. Nur die wenigsten lassen uns kalt. Wir gehen entweder in Resonanz mit ihnen – fühlen uns zu Ihnen hingezogen –, oder wir lehnen sie ab, wenn sie uns wütend, traurig, betroffen und noch vieles mehr machen. Menschen können uns tief berühren oder tief verletzen.

Ohne menschliche Beziehungen können wir gar nicht überleben. Dies hat das menschenverachtende Experiment gezeigt, das der römische Kaiser und deutsche König Friedrich II von Hohenstaufen im 13. Jahrhundert durchführte. Er liess Neugeborene ihren Müttern wegnehmen und von Ammen und Pflegerinnen aufziehen. Diese sollten den Kindern zu trinken geben und sie baden, aber sie durften keine Zärtlichkeiten mit ihnen austauschen und auch nicht zu ihnen sprechen. Die Kinder lagen den ganzen Tag – abgesehen vom Füttern und Waschen – in ihren Bettchen. Damit wollte Friedrich herausfinden, welche Sprache die Kinder lernen – diejenige ihrer Eltern oder der Betreuerinnen. Doch dazu kam es leider nicht. Denn alle Kinder – ohne Ausnahme – starben.

C. Kraaz, *Nachhaltig leistungsfähig bleiben*, https://doi.org/10.1007/978-3-662-62864-5_5

Zugehörigkeit ist ein Grundbedürfnis

Was ist der Grund dafür? Alle Menschen wollen wahrgenommen werden sowie sich zugehörig fühlen, also sozialen Rückhalt und Anerkennung finden. Gemäss der Maslowschen Bedürfnis-Pyramide kommen die sozialen Bedürfnisse gleich nach den physischen Bedürfnissen (Essen, Trinken, Schlafen, Sexualität) und dem Wunsch nach Sicherheit. Deshalb ist einer meiner Lebensweisheiten: kein Leben ohne Gesundheit und gesunde Beziehungen. Aus diesem Grund ist dieses Kapitel den menschlichen Beziehungen gewidmet: wieso wir Menschen mögen oder nicht, wie wir mit schwierigen Menschen umgehen und wie wir die Eskalation von Konflikten vermeiden oder – wenn sie dann mal entstanden sind – mit ihnen konstruktiv umgehen können.

5.1   Meine (Anti-)Lieblingsmenschen

Es geht Ihnen sicher öfters so, wie es mir während meiner Schreib-Retraite auf Sylt im Juni 2020 ergangen ist: ich sass eines abends in einem Restaurant und kam mit einer sehr sympathischen Familie am Nebentisch ins Gespräch. Innert kürzester Zeit haben wir uns sehr angeregt über Gott und die Welt unterhalten. Die Zeit verging wie im Flug, und nach dem Gespräch bin ich voller Energie auf mein Fahrrad gestiegen und beschwingt in meine Bleibe zurückgefahren. Es gibt Leute, bei denen es einfach gleich „klick" macht, mit denen man sich sofort blendend versteht, obwohl man sich eigentlich gar nicht kennt.

Aber selbstverständlich gibt es auch das Gegenteil: Sie treffen jemanden das erste Mal und haben kaum ein Wort geredet miteinander – manchmal reicht auch nur ein Blick. Trotzdem wissen Sie sofort: mit dem oder der will ich nichts zu tun haben. Die Person zieht Ihnen sofort Energie ab. Sympathie oder Antipathie – das entscheidet sich meistens im Nu. Wieso ist das so? Und können wir uns täuschen?

Menschen sind ein Potpourri von Charaktereigenschaften, Lebenseinstellungen, Prägungen, Meinungen, Werten, Aussehen, Düften usw. Wenn wir jemanden das erste Mal treffen, nimmt unser Unterbewusstsein innerhalb von Millisekunden eine Bewertung vor. Das Resultat dieser Einschätzung ist bei jedem Menschen anders. Es hängt von folgenden Kriterien ab, ob Sie zu jemandem in Resonanz (Kraft der Anziehung) oder sofort auf Distanz gehen:

- *Ähnlichkeiten:* jemand teilt Ihre Werte, hat einen vergleichbaren Kleiderstil oder andere Gemeinsamkeiten.

- *Verdrängte Anteile:* wenn jemand ganz anders ist, kann das sympathisch und faszinierend sein. Vielleicht würden Sie auch gerne so leben wie die Person, getrauen sich aber nicht. Wenn die Person in Ihnen Erfahrungen und Gefühle auslöst, die Sie zu verdrängen versuchen oder die einen wunden Punkt bei Ihnen treffen, schauen Sie in einen Spiegel, in welchen Sie eigentlich nicht schauen wollen. Folge: Abwehrreflex.
- *Nervensägen:* es gibt einfach Personen, die einem auf die Nerven gehen, z. B. weil sie ohne Ende reden und nie zuhören, weil sie kein Einfühlungsvermögen zeigen oder sich immer in den Vordergrund drängen.
- *Vorurteile aufgrund von Erfahrungen:* Sie treffen jemanden, der ähnlich aussieht wie ein Mensch, mit dem Sie früher eine schlechte Erfahrung gemacht hatten – oder er hat die gleichen Eigenschaften oder nur schon einen vergleichbaren Dialekt wie die andere Person. Die schlechte Erinnerung reicht, um die neue Person abzulehnen.
- *Differenzen in den Werten:* wenn Sie z. B. ein zuverlässiger, strukturierter Mensch sind, werden Sie vermutlich Mühe haben mit unpünktlichen Menschen. Werte sind ein strenger Massstab.
- *Gerüche:* Studien zeigen, dass bei der Partnersuche der Duft der anderen Person über das Ja oder Nein entscheidet (selbstverständlich unbewusst). Aber dies gilt auch für alle anderen Beziehungen. So lässt eine schlechte Ausdünstung Sie auf Distanz zu dieser Person gehen. Man sagt ja auch im übertragenen Sinn: „Ich kann sie nicht riechen".

Sie sehen: vor allem bei der Antipathie nimmt Ihr Unterbewusstsein Bewertungen vor, die nicht immer rational resp. nachvollziehbar sind – aber genau das ist typisch für das Unterbewusstsein. Und es hat einen grossen Einfluss auf Sie, denn es macht 95 bis 99 % von Ihnen aus – wie bereits an anderer Stelle ausgeführt.

Bei der Sympathie ist es etwas anders. Es gibt sogar Charaktereigenschaften und Verhaltensweisen, die die meisten Menschen als positiv betrachten (Aufstellung der österreichischen Mentaltrainerin Melanie Pignitter). Es sind Menschen, die:

- Wertschätzung zeigen, ein ehrliches Interesse an ihrem Gegenüber haben und gut zuhören können
- ähnliche Lebensthemen, Interessen und Erfahrungen haben (also das Verbindende aus der obigen Aufstellung)
- ehrlich sind
- einem auf Augenhöhe begegnen, andere nicht abwerten
- einem als Individuum wahrnehmen und schätzen
- uns berühren, indem sie Gefühle zeigen

Kann sich denn Sympathie in Antipathie verkehren oder umgekehrt? Narzissten (mehr zu ihnen im Abschn. 5.2.) können am Anfang sehr aufmerksam und einnehmend sein. Wenn sie dann aber ihre schwierige Seite zeigen, ist es vorbei mit der Sympathie. Es kann aber auch geschehen, dass jemand Sie stark verletzt, den Sie vorher mochten, oder jemand ändert sich im Verlaufe der Jahre.

Übung: Wer tut mir (nicht) gut und wieso?

Erstellen Sie eine Liste der Personen, die Sie im beruflichen und privaten Umfeld am meisten nerven. Fügen Sie jeweils hinzu, was es genau ist, das Sie an diesem Menschen ärgert. Überlegen Sie dann zu allen Gründen, was wirklich dahintersteckt, z. B. entgegengesetzte Werte, Teile von Ihnen, die Sie verdrängt haben oder eigentlich gerne leben würden, Verletzungen von früher, Vorurteile aufgrund vergangener Erfahrungen usw.

Dann die umgekehrte Übung: welches sind die Menschen, die Ihnen gut tun? Wenn Sie sie treffen, gehen Sie nachher immer beschwingt nach Hause oder sind richtig inspiriert oder auch tiefenentspannt. Was macht es aus, dass diese Menschen einen so positiven Effekt auf Sie haben? Sind es Werte oder Eigenschaften, die Sie teilen, oder ergänzen Sie sich auf eine spannende Art und Weise?

Menschen können einen starken positiven oder negativen Effekt auf Sie haben. Deshalb ist es wichtig, dass Sie diejenigen Leute, mit denen Sie viel Zeit verbringen, gut aussuchen und Energieräuber konsequent meiden. Mir ist bewusst, dass dies im Beruf nicht immer möglich ist. Im nächsten Kapitel lernen Sie, besser mit unvermeidbaren sogenannten „Energievampiren" umzugehen. Im Privaten müssen Sie dies jedoch unbedingt durchziehen. Dort müssen Sie sich Ihre Lieblingspersonen bewusst aussuchen, denn im Privaten tanken Sie Kraft und Energie. Dies ist Ihr sicherer Hafen, in dem Sie so sein dürfen, wie Sie sind. Gehen Sie einmal Ihre privaten Kontakte auf solche Menschen durch, und ziehen Sie die Konsequenzen.

5.2   Umgang mit schwierigen Menschen

Wir alle haben nur eine beschränkte Menge Energie. Es ist deshalb sehr wichtig, dass wir haushälterisch damit umgehen. In diesem Kapitel beschäftigen wir uns näher mit den Menschentypen, die uns Energie abziehen, und lernen, wie man mit ihnen umgeht. Dies kennen Sie sicher: es gibt Leute in Ihrem Umfeld, bei denen fühlen Sie sich nach einer

Begegnung immer erschöpft, ausgelaugt oder frustriert. „Energie-Vampire" nennt Judith Orloff, amerikanische Bestsellerautorin und Dozentin für Psychiatrie, diese Menschen. Sie können ganz unterschiedliche Gestalt annehmen. Die häufigsten sind gemäss meiner Erfahrung:

- *Die Nörgler:* immer haben sie an etwas oder jemandem etwas auszusetzen. Nie sehen sie wenigstens einen Teil der Schuld bei sich, sondern versuchen, andere niederzumachen und klein zu halten.
- *Die Jammerer:* ihr Glas ist immer halbleer, die Welt mindestens dunkelgrau. Ihren emotionalen Müll laden die Jammerer mit Vorliebe bei den anderen ab.
- *Die Besserwisser:* sie haben die Weisheit mit Löffeln gefressen und lassen dies auch die ganze Welt wissen.
- *Die Kontrollfreaks:* sie können kein Vertrauen schenken – meinen, stets alles und alle unter Kontrolle haben zu müssen.
- *Die Choleriker:* sie explodieren ohne Vorwarnung und sind rechthaberisch. Ihre Grundstimmung ist eher negativ.
- *Die Narzissten:* sie sind das Zentrum der Welt und brauchen SEHR viel Aufmerksamkeit und Anerkennung – geben können sie sie nur, wenn sie damit ein Ziel erreichen können. Wenn sie Sie mit Ihrer zuckersüssen Aufmerksamkeit (man könnte es auch Umgarnung nennen) für sich gewonnen haben, beginnen sie, Sie in ihrem Sinne zu steuern, rein zu ihrem Wohl.
- *Die Manipulierer:* sie spielen mit Sätzen wie „nie hast du Zeit für mich" mit Ihren Gefühlen und wollen Ihnen ein schlechtes Gewissen einreden.
- *Die Provokateure:* mit ihnen kann man keine faire Diskussion auf Augenhöhe führen. Sie versuchen immer, einem mit aggressiven Aussagen zu reizen.
- *Die Mimosen:* sie sind super empfindlich, da sie sehr unsicher sind, und fühlen sich dauernd benachteiligt. Sie brauchen sehr viel Bestätigung.
- *Die Passiven:* sie verweigern jeden Dialog und sagen z. B.: „So bin ich halt!" oder „da kann ich nichts machen".

Diese Liste ist nicht abschliessend. Sie kennen sicher aus eigener Erfahrung noch andere Varianten von Energie-Räubern. Sie tauchen nicht nur an der Arbeit auf. Es können auch Freunde oder sogar der eigene Partner sein. Jeder Mensch hat erfahrungsgemäss meistens mehrere toxische Leute in seinem Umfeld.

Übung: Welcher Typ von Energie-Vampir?

Wir haben in der letzten Übung eine Liste der Personen erstellt, die Ihnen dauernd Energie abziehen. Versuchen Sie, jedem negativen Menschen in ihrem Umfeld einem der obgenannten Typen (oder noch weiteren) zuzuordnen. Dann lesen Sie die Praxis-Tipps unten und überlegen sich, welche Tipps zu welcher Person passen. Anschliessend beginnen Sie, diese Tipps im Alltag personenbezogen anzuwenden.

Eines ist klar: Energie-Vampire schaden einem; sie saugen einen aus. Am besten geht man ihnen deshalb aus dem Weg. Aber nicht immer ist dies möglich. Dann gilt es in erster Linie, sich abzugrenzen. Wenn es nur temporäre Energie-Absauger sind (wie z. B. die beste Freundin, die eine Krise hat und nicht aufhören will zu klagen), kann man eher damit umgehen. Aber auch hier gilt es irgendwann „stopp" zu sagen und der Freundin aufzuzeigen, dass jammern nichts bringt – dass sie wieder ins Handeln kommen muss.

Bei dauerhaften Energieräubern, denen Sie nicht ausweichen können, sollten Sie der Person direkt auf eine höfliche, aber deutliche Art sagen, dass ihr Verhalten nicht akzeptabel ist. Am besten nicht in grosser emotionaler Aufruhr (von Ihnen und vom Gegenüber). Wenn Sie beide wieder ruhig sind (dies kann auch erst am nächsten Tag sein), sagen Sie ihr, dass das Gesagte Sie verletzt hat. Übernehmen Sie also die Kontrolle über die Beziehung.

Übung: Mein Arsch-Engel (nach Robert Betz)

Oft sind es uns besonders nahestehende Menschen, die bei uns negative Gefühle wie z. B. Wut oder Ohnmacht auslösen. Leute, die sich in unser Leben einmischen, uns verletzten, betrügen usw. Wir empfinden sie zu Beginn als ein Ärgernis, als einen Energie-Räuber. Aber diese Menschen können in unserem Inneren einen Entwicklungs-Prozess auslösen, der uns weiterbringt. Der deutsche Coach und Bestsellerautor Robert Betz hat in diesem Zusammenhang den Begriff (nicht erschrecken über den Namen!) „Arsch-Engel" geprägt. Es geht darum, dass wir zu Beginn sehr negativ gegenüber diesen Menschen eingestellt sind – sie also als „Arsch" empfinden. In Wahrheit jedoch – so Betz – sind diese Mitmenschen Engel auf unserem Weg. Sie geben uns die Gelegenheit, eine tiefere Wahrheit über uns herauszufinden, um zu innerem Frieden, Ausgeglichenheit, Freude und Gesundheit zu gelangen. Denn unser Verstand glaubt, der andere sei der Verursacher des Gefühls. In Wahrheit jedoch holt der ‚Knöpfedrücker' ein Gefühl in uns hoch, das zu uns selbst gehört und verwandelt werden kann.

Betrachten Sie einen persönlichen Arsch-Engel in Ihrem Leben, mit dem Sie nicht klarkommen, doch einmal genauer. Fragen Sie sich, welche Gefühle dieser Mensch, von dem Sie möchten, dass er oder sie sich ändert, in Ihnen auslöst. Prüfen Sie, was es genau ist, dass Sie bei dem anderen stört. Sind sie vielleicht auch so und wollen es nicht sehen? Gibt es Personen in der Vergangenheit (z. B. Kindheit), die das gleiche Gefühl in Ihnen ausgelöst haben? Es gilt, mit diesem Gefühl Frieden zu schliessen. Wenn Sie dies schaffen, wird dieser Mensch für Sie zu einem Engel in Ihrer Entwicklung.

Meine 10 besten Praxis-Tipps zum Umgang mit schwierigen Menschen

- Fragen Sie sich: hat der emotionale Ausbruch oder Angriff einer Person wirklich etwas mit Ihnen ganz persönlich zu tun? Es könnte ja sein, dass Ihr Gegenüber in der Sitzung vorher eine Niederlage einstecken musste, zuhause Probleme hat usw. Wenn Sie einen solchen Grund erfahren, zeigen Sie Verständnis. Dies deeskaliert.
- Wenn jemand Sie zur Weissglut treibt, giessen Sie nicht Öl ins Feuer, indem Sie auf die gleich laute oder manipulative Art reagieren. Gegenseitige Provokationen schwächen beide Seiten.
- Bei einigen der oben genannten Typen ist es ratsam, zu akzeptieren, dass Sie sie nicht ändern können. Aber gleichzeitig geht es ja darum, dass Sie nicht weiterhin Energie verlieren. Sie können nur Ihre Einstellung ändern und gelassen reagieren, z. B. indem Sie bei einem verbalen Angriff oder einer dauernden Nörgelei auf Durchzug stellen.
- Eine Übung aus dem Mental-Training: wenn jemand Sie richtig nervt, aber Sie können – aus welchen Gründen auch immer – nicht reagieren, schrumpfen Sie diese Person vor Ihrem inneren Auge zu einem Zwerg und lassen Sie sie auch in im Zwergen-Tonfall sprechen (ganz hoch). Sie werden innerlich lächeln und den Angriff weniger persönlich nehmen.
- Versuchen Sie, schwierige Menschen besser kennenzulernen. Viele Menschen tragen eine Maske und verraten einem nicht, dass sie viele Sorgen haben. Stellen Sie Fragen, um hinter die Fassade zu blicken. Menschen, die sich ernst genommen fühlen, öffnen sich und werden sanfter.
- Lassen Sie Choleriker explodieren und versuchen Sie ja nicht, mit ihnen sofort zu argumentieren. Lassen Sie den Tornado vorbeiziehen und nehmen das Thema nochmals auf, wenn der Choleriker sich beruhigt hat (und Sie sich auch).
- Bei Besserwissern, die ja immer viel reden, stellen Sie am besten keine offenen Fragen. Sonst ergiesst sich ein weiterer Redeschwall über Sie. Stellen Sie sogenannt geschlossene Fragen (Antwort kann nur ja oder nein sein) oder Alternativ-Fragen (Auswahl von zwei Möglichkeiten).
- Charaktere, die distanziert-arrogant wirken oder ganz viel reden, sind häufig innerlich sehr unsicher und versuchen, dies zu kompensieren. Sie brauchen Bestätigung und Ermunterung.
- Wenn man jemanden unsympathisch findet, achtet man sich vor allem auf seine negativen Seiten. Überlegen Sie, welche positiven Seiten diese Person hat (jeder hat sie). Dann fällt Ihnen der Umgang leichter.

- Erachten Sie den Umgang mit schwierigen Menschen als Training – als Möglichkeit, sich persönlich weiterzuentwickeln, die Menschen besser kennenzulernen (und sich selbst auch) sowie souveräner zu werden. So ziehen Sie einen Nutzen daraus.

5.3   Cheffing: führen von unten

Eine spezielle Beziehung ist diejenige zu Ihrem Vorgesetzten – eine sehr wichtige. Er beeinflusst sehr viel von Ihrem Arbeitsalltag – potenziell im Guten wie auch im Schlechten. Es ist deshalb wichtig, dass Sie diese Beziehung proaktiv managen – mit Cheffing: führen von unten. Vielleicht sind Sie skeptisch, ob dies möglich ist. Ich kann Ihnen aus eigener Erfahrung sagen: ja, das geht!

Ich hatte einmal einen sehr bekannten Chef, den CEO einer Grossbank. Er genoss grossen Respekt bei den Mitarbeitenden, aber aufgrund seines sehr selbstbewussten Auftretens und seiner grossen Autorität getrauten sich nur wenige, ihm ungeschminkt die Wahrheit zu sagen – ich schon… Für mich war er der beste Chef, den ich je hatte. Selbstverständlich führte er mich, aber ich führte ihn auch, und er liess sich von mir führen – zum Wohle von uns beiden, also eine absolute Win-Win-Situation.

Wieso profitieren beide Seiten von einem „Führen von unten"? Um Missverständnisse zu vermeiden: es geht nicht darum, den Vorgesetzten von unten zu „bossen". Das Ziel ist, im Sinne der gemeinsamen Sache positiv auf den Vorgesetzten einzuwirken, indem man versucht, bestimmte Entscheidungen herbeizuführen und Verhaltensweisen positiv zu beeinflussen – mit der Idee, dass dies allen dient.

Auch Führungskräfte (ich rede selbstverständlich immer von Männern und Frauen) sind nicht perfekt. Meine Erfahrung ist: die starken, selbstbewussten Chefs sind sich dessen bewusst und wollen nicht einfach „herrschen" aufgrund ihrer Stellung, sondern sie wollen die fachlichen und persönlichen Kompetenzen ihrer Mitarbeitenden nutzen und nehmen sie entsprechend ernst – zu ihrem Wohle und zum Wohle des Unternehmens.

Meine 10 besten Praxis-Tipps zum Thema Cheffing

Zuerst empfiehlt es sich, ein paar Regeln zu beachten, wie man Vorgesetzte NICHT behandeln sollte:

- Stellen Sie Ihren Chef nie vor anderen bloss oder gehen vor versammelter Runde auf Konfrontationskurs mit ihm. Sonst zeigt er Ihnen dann, wer der Chef ist... Und unterbrechen Sie ihn (und auch andere) nicht.
- Sagen Sie Ihrem Chef nie: „Dies geht nicht!", auch wenn Sie überzeugt sind davon. Stattdessen kommen Sie beim nächsten Meeting mit anderen möglichen Optionen und überzeugen ihn davon. Lehnen Sie einen Vorschlag Ihres Vorgesetzten also nicht einfach ab, sondern sagen Sie z. B.: „Ich kümmere mich darum und gebe Ihnen dann Bescheid." Oder stellen Sie ihm Fragen wie etwa: „Was sind Ihres Erachtens die Vorteile dieser Lösung?" oder „Sehen Sie noch andere Möglichkeiten?". Mit Fragen zu arbeiten, ist meiner Erfahrung nach in der Führung (gegen unten und gegen oben) etwas vom Wirkungsvollsten. Dies bringt zum Ausdruck, dass man die Leute ernst nimmt, und man kann gleichzeitig auf andere Lösungsmöglichkeiten hinarbeiten.
- Lästern und jammern Sie nicht. Chefs mögen dies nicht. Selbstverständlich dürfen, ja, müssen Sie zum Beispiel Schwierigkeiten in Ihrem Projekt ansprechen, aber kommen Sie immer gleich mit Lösungsvorschlägen. Sonst denkt er, Sie hätten die Sache nicht im Griff.
- Nehmen Sie Angriffe Ihrer Führungskraft nicht (zu) persönlich. Sie ist starkem Druck ausgesetzt und hat vielleicht ihre Emotionen nicht immer im Griff, meint es aber nicht so, wie sie es vielleicht im Affekt sagt. Versuchen Sie, in einer solchen Situation die Perspektive zu wechseln: steht Ihr Chef vielleicht noch stärker unter Druck als Sie? Gibt es Einflussfaktoren, die Ihnen nicht bekannt sind?

Was hilft Ihnen nun, um Ihren Chef im Sinne der gemeinsamen Sache positiv zu beeinflussen?

- Meine persönliche Erfahrung ist: die Basis des „Führens von unten" ist, das volle Vertrauen des Vorgesetzten zu gewinnen. Zeigen Sie sich zu 100 % loyal gegen aussen, und lassen Sie ihn spüren, dass Sie hinter ihm stehen. Als Führungskraft ist man häufig sehr einsam. Im Alltag bedeutet dies, dass man wenig Leute hat, denen mal voll vertrauen kann, und dass man kaum positives Feedback erhält. Wenn Ihr Chef merkt, dass Sie ihn gegen aussen tatkräftig unterstützen, beginnt er sich zu öffnen.
- Zollen Sie ihm Anerkennung, und loben Sie ihn. Auch Chefs sind nur Menschen und brauchen Anerkennung und Bestätigung. Verstärken Sie positives Führungsverhalten, indem Sie ihm dafür positives Feedback geben. Dann macht er es ja vielleicht wieder einmal... Wenn Sie sein volles Vertrauen haben, können Sie ihm auch kritisches Feedback geben – selbstverständlich nur im Eins-zu-Eins-Gespräch. Ein Chef darf kritisiert werden – die Frage ist wann und wie.
- Wenn ich sage, dass Sie Ihrem Chef Wertschätzung zeigen sollen, meine ich nicht, dass Sie ihm nach dem Mund reden sollen. Bleiben Sie authentisch. Sonst wird Ihre Meinung nicht ernst genommen. Chefs wollen – und ich meine das nicht negativ –, dass ihre Mitarbeitenden für sie einen Mehrwert generieren. Dafür bezahlt er sie ja. Und wenn Sie immer nur „ja und amen" sagen zu einem Input Ihres Chefs, bringt ihm das nichts.
- Beobachten Sie Ihren Chef und lernen Sie ihn gut kennen: ist er ein Morgen- oder ein Abendmensch? Wann ist er am ehesten offen für neue Ideen? Auf

welche Ideen spricht er am besten an? Welche Faktoren sind ihm dabei wichtig? Worauf reagiert er empfindlich? Und handeln Sie entsprechend Ihrer Analyse.

- Seien Sie verlässlich. Halten Sie Deadlines ein, seien Sie pünktlich, vergessen Sie keine Aufgaben usw. Dies trägt auch dazu bei, dass Ihr Chef das Gefühl erhält, Ihnen vertrauen zu können.
- Ein Umgang mit „schwierigen" Chefs will gelernt sein. Wenn Sie einen Chef haben, der ein Fähnchen im Wind ist, fassen Sie am Ende des Gesprächs alles Wichtige zusammen, und fragen Sie nach, ob Sie alles richtig verstanden haben. Oder Sie lassen sich Anordnungen schriftlich geben. Wenn Sie einen Mikromanager als Chef haben, seien Sie ihm immer einen Schritt voraus und geben Sie ihm regelmässige Updates. So erhält er die Sicherheit, die er braucht. Wenn Ihr Vorgesetzter schlecht Prioritäten setzen oder entscheiden kann, fragen Sie nach und weisen ihn auf Konsequenzen hin. Wenn Ihr Chef ein Narzisst ist, braucht er viel Lob und Sie eine dicke Haut. Bei Narzissten würde ich sogar so weit gehen, Ihnen zu raten: wechseln Sie die Stelle, denn Narzissten sind toxisch.

Cheffing braucht viel Fingerspitzengefühl, eine gute Beobachtungsgabe und eine taktische Vorgehensweise. Wenn Sie einen Vorgesetzten erfolgreich von unten führen, profitieren alle Seiten.

5.4 Eskalation von Konflikten vermeiden

Kaum jemand liebt Konflikte. Sie kosten uns viel Energie, denn nichts belastet Menschen mehr als Streit oder schwelende, also unausgesprochene Unstimmigkeiten. Aber gleichzeitig sind wir sehr häufig mit Zerwürfnissen konfrontiert. „Es gibt Studien, die zeigen, dass Führungskräfte bis zu 30 % ihrer Zeit mit Konfliktklärung verbringen und dass etwa 15 % der Gesamtarbeit eines Unternehmens mit Konfliktbewältigung zu tun hat", sagt Ursula Wawrzinek, Konfliktberaterin und Autorin von „Vom Umgang mit sturen Eseln und beleidigten Leberwürsten", in einem Interview mit dem Magazin „Psychologie heute" (Ausgabe 2/2016, S. 71).

Das Schwierige daran ist: ausgesprochene oder schwelende Konflikte kosten meistens sehr viel Energie und belasten einen häufig über den Zeitpunkt des Konflikts hinaus, sind also Energiefresser mit langer Halbwertszeit. Denn Konflikte haben einen Einfluss auf die Zeit danach: auf Ihre künftige Zusammenarbeit mit dem Betroffenen, auf den Erfolg von Projekten usw.

Wieso entstehen denn überhaupt Konflikte? Thomas Hobbes, englischer Philosoph aus dem 17. Jahrhundert, führte damals schon drei Hauptgründe an: Konkurrenz, Mangel an Selbstvertrauen und Sucht nach Anerkennung – also kein rein sachlicher Grund. Man streitet zwar meistens über eine bestimmte Sache, aber der eigentliche Grund liegt ganz woanders – meistens im Persönlichen, z. B. wenn man sich nicht verstanden fühlt. Denn Konflikt-Management ist immer Emotions-Management. Diese Erkenntnis ist entscheidend, wenn man konstruktiv mit Konflikten umgehen möchte (dazu im nächsten Kapitel) oder – noch besser – ihre Eskalation vermeiden will.

Übung: Nicht-aggressives Verhalten

Viele Energie-Räuber wollen Sie bewusst provozieren. Diese erwischen Sie jedoch auf dem falschen Fuss, wenn Sie sich gar nicht provozieren lassen, z. B. indem Sie die Palette des nicht-aggressiven Verhaltens anwenden:

- Stimmen Sie Ihrem Gegenüber selektiv zu: „In diesem Bereich gebe ich Ihnen Recht…". Dies stimmt das Gegenüber milde, wodurch er eher bereit ist, einen Kompromiss zu finden.
- Lassen Sie offen, was Sie über etwas denken: „Ich habe gehört, was Sie gesagt haben…" oder „und weiter?" Der andere fühlt sich wahrgenommen, ohne dass Sie offen legen, was Sie davon halten.
- Paraphrasieren Sie: „Sie haben gesagt, dass…". Wenn Ihr Gegenüber etwas Anderes gemeint hat, kann er widersprechen, ohne dass es zu Missverständnissen kommt.
- Das Gesagte umdeuten: „Ich verstehe Ihre Bemerkung so, dass…" Auch hier kann Ihr Gesprächspartner Ihnen sagen, ob Sie das Gleiche verstanden haben, wie er gemeint hat.
- Überraschen Sie Ihr Gegenüber: «Sprechen Sie ruhig so weiter. Das tut gut!»

Üben Sie die Palette des nicht-aggressiven Verhaltens in Ihren nächsten Gesprächen, und achten Sie darauf, was dies für einen Effekt auf den Gesprächsverlauf hat.

Meine 10 besten Praxis-Tipps zur Vermeidung von Konflikt-Eskalationen

- Überlegen Sie sich gut, ob die Person oder das Thema es wert ist, dass Sie Ihre Energie dafür einsetzen. Engagieren Sie sich nur dort, wo es Ihnen wichtig ist. Sonst verlieren Sie zu viel Energie. Auf Englisch sagt man dazu: „pick your fights!".
- Versuchen Sie vorab, sich in Ihr Gegenüber hineinzuversetzen. Was ist seine Perspektive der Situation? Was sind seine Erwartungen an Sie und an ein mögliches Gespräch? Wie könnte er argumentieren? Dies hilft Ihnen bei der Gesprächsführung. Denn sehr viele Missverständnisse beruhen auf folgendem Denkmuster: „Ich denke, du denkst, wie ich denke."

- Wenn Sie mit jemandem ein Thema ausdiskutieren möchten, wählen Sie dafür einen günstigen Zeitpunkt. Ihr Kollege darf nicht verärgert, gestresst oder in Zeitnot sein – und Sie selbst auch nicht. Denn sonst braucht es nicht viel, bis der Dampfkochtopf explodiert.
- Hören Sie zuerst aktiv zu, bevor Sie reden. Aktiv zuhören heisst: aufmerksam bleiben, Fragen stellen, zwischendurch einmal zustimmend nicken, nie unterbrechen. Der häufigste Grund, weiterzureden und auf einem Standpunkt zu beharren, ist die Überzeugung, nicht gehört und verstanden zu werden. Dazu ein treffender Spruch: „Das grösste Kommunikationsproblem ist, dass wir nicht zuhören, um zu verstehen – wir hören zu, um zu antworten." (Quelle unbekannt)
- Zeigen Sie Ihrem Gegenüber Wertschätzung. Jeder, wirklich jeder Mensch braucht sie.
- Geben Sie Feedback, anstatt Kritik zu üben – ein kleiner, aber wichtiger Unterschied in Ihrer Haltung und wie Sie Ihr Anliegen anbringen. Feedback gibt man idealerweise mit den drei Ws: 1) Wahrnehmung schildern (beschreibend, nicht bewertend), 2) Wirkung auf mich oder andere vermitteln, 3) Wunsch äussern (wie könnte es künftig besser laufen?). Geben Sie ein kritisches Feedback immer bilateral. Niemand wird gerne vor einer Gruppe blossgestellt (so empfindet er es).
- Kommunizieren Sie in Ich-Sätzen, und vermeiden Sie (Pauschal-)Vorwürfe wie z. B: „immer machst du…", sondern erläutern Sie Ihrem Gegenüber, wie etwas bei Ihnen angekommen ist, was es bei Ihnen ausgelöst hat. Vielleicht war er sich dessen gar nicht bewusst. Denn wenn jemand A sagt, kommt nicht immer A beim Gesprächspartner an, sondern vielleicht B oder C.
- Stellen Sie Fragen, anstatt etwas zu behaupten. Damit zeigen Sie Interesse an seiner Perspektive, klären potenzielle Missverständnisse und heizen eine vielleicht gereizte Stimmung nicht noch weiter an.
- Schieben Sie einen Konflikt nicht vor sich her. Wenn Sie eine inhaltliche Differenz nicht klären können und dies nicht in nützlicher Frist ansprechen, wird die Differenz in Ihrer Wahrnehmung immer grösser – und Ihr Ärger auch. Aus einer Mücke wird ein Elefant.
- Beenden Sie das Gespräch positiv, z. B. mit einer Bemerkung wie: „Es freut mich wirklich, dass wir das Problem so gut lösen konnten." Bedanken Sie sich bei Ihrem Kollegen für seine Kooperation. Ein positiver Abschluss bereitet einen guten Boden für einen nächsten potenziellen Konflikt – oder hilft sogar, ihn zu vermeiden.

5.5   Konstruktiv mit Konflikten umgehen

Nachdem wir uns im letzten Kapitel damit beschäftigt haben, wie sich die Eskalation von Konflikten vermeiden lässt, erläutere ich Ihnen nun, wie Sie mit schon eskalierten Zerwürfnissen umgehen können. Es gibt sie, die supercoolen Leute, die nichts aus der Fassung bringen kann, auch wenn ihnen Schlimmes mit grosser Heftigkeit an den Kopf geworfen wird.

Welchen Effekt hat dies? Der Angreifer hat sich irgendwann ausgeschrien und ausgepowert – und gibt meistens frustriert auf. Überlegen Sie sich also in einem Konflikt gut, ob Sie sich auf den Streit einlassen wollen. Können Sie dadurch etwas gewinnen? Oder gibt es vielleicht andere Wege zur Lösung als den wutentbrannten Streit, die Sie weniger Energie kosten und Eskalationen abmindern? Es gibt sie!

Ganz wichtig im Konflikt-Management ist es, zu versuchen, die Perspektive des anderen einzunehmen. Was könnten die Gründe sein, dass jemand wütend ist? Meistens hat es ganz wenig mit der effektiven Sache zu tun, über die Sie streiten, sondern mit einem der folgenden Gründe (nicht abschliessend):

- Ihr Gegenüber oder Sie haben ein Informationsdefizit.
- Die Kommunikation ist mangelhaft (Beziehungsebene).
- Einer von beiden hat Feindbilder, Schwarz-Weiss-Denken oder einen Tunnelblick.
- Einer von beiden hat Angst vor Niederlagen, einem Verlust, einer Demütigung usw.
- Sie haben unterschiedliche Werte oder Vorstellungen.
- Ihr Gesprächspartner hat Probleme in einem anderen Lebensbereich.
- Es gab auf einer oder beiden Seiten Verletzungen – evtl. haben diese gar nichts mit Ihnen resp. Ihrem Gegenüber zu tun, sondern sind alte Verletzungen.
- Die Grundbedürfnisse nach Wertschätzung, Respektierung des Status, der Autonomie und der Rolle sowie der Wunsch nach Zugehörigkeit werden nicht geachtet.

Sie sehen nie in jemand anderen hinein, aber versuchen Sie doch einmal, die Dinge aus seinem Blickwinkel zu betrachten (Basis dafür: gut zuhören und beobachten) und zu überlegen, welche guten Gründe er für seine Vorwürfe haben könnte.

Übung: Andere Perspektive einnehmen

Analysieren Sie rückblickend Ihre letzten Konflikt-Gespräche. Aus welchen dieser oben erwähnten, nicht immer offensichtlichen Gründe könnte Ihr Streit eskaliert sein? Welche Taktik würden Sie in solchen Situationen das nächste Mal anwenden? Es geht dabei darum, dass Sie auseinanderdividieren, was seine und Ihre Anteile am Konflikt waren.

Wie ich im letzten Kapitel erwähnt habe, ist Konflikt-Management immer Emotions-Management. Wenn Konflikte offen ausbrechen, entstehen meistens sehr starke Gefühle, häufig Hilflosigkeit und Wut. Wut ist ein starkes Gefühl – ein Gefühl, das grossen Schaden anrichtet, wenn wir ihm freien Lauf lassen. Ausserdem ist Wut ungesund (vor allem für Ihr Herz). Und Argumente werden auch nicht besser, wenn sie lauter vorgebracht werden. Was können Sie also tun, damit ein Konflikt nicht eskaliert? Und wie können beide Beteiligten sich beruhigen, wenn doch die Emotionen hochgehen?

Meine 10 besten Praxis-Tipps für einen konstruktiven Umgang mit Konflikt-Gesprächen

- Setzen Sie proaktiv ein Klärungsgespräch an, wenn Sie merken, dass es einen schwelenden, also unausgesprochenen Konflikt gibt.
- Gehen Sie in einem solchen Gespräch nicht auf Abwehrhaltung. Sonst wird Ihr Gegenüber noch wütender. Fragen Sie Ihn proaktiv z. B.: „Was erwarten Sie von mir? Was soll sich genau ändern in der Zukunft?". Oder: „Was können wir gemeinsam tun, um eine Lösung zu finden?".
- Was auch nicht funktioniert, wenn Ihr Gegenüber emotional wird: die Sache herunterspielen, z. B. mit. „Ist ja alles nicht so schlimm!" oder „fahren Sie doch nicht gleich wegen einer Kleinigkeit so aus der Haut!" Sonst fährt er dann noch mehr aus der Haut...
- Wenn jemand Sie verletzt, müssen Sie nicht unbedingt darauf reagieren. Nichts sagen bringt manchmal mehr, als durch eine heftige Reaktion noch mehr Energie zu verbrauchen und den Konflikt weiter zu befeuern. Ob Sie in einen Streit gehen möchten oder nicht, entscheiden Sie selbst.
- Vermeiden Sie Rechtfertigungen. Sie könnten von Ihrem Gegenüber als Schuldeingeständnis interpretiert werden.
- Häufig wird häufig empfohlen, in einem Gespräch zuerst etwas Positives zu sagen, bevor man Kritik anbringt. Das „aber" nach der positiven Aussage kann jedoch kontraproduktiv wirken, das Gute zerstören. Eine hilfreiche Variante dazu schlägt der Zeitmanagement-Experte Burkhard Heidenberger vor. Beispiel: „Ich schätze an dir sehr, dass .... Heute muss ich einmal einen anderen Punkt aufbringen, verbunden mit einer Bitte. ...."
- Wenn Sie spüren, dass Ihre Emotionen hochkochen, nehmen Sie – bevor Sie antworten – ein paar tiefe Atemzüge. Dies beruhigt Ihr Nervensystem.
- Hören Sie zu nach dem Dampfkoch-Prinzip: schiessen Sie nicht gleich rein, wenn jemand emotional wird, sondern lassen den anderen Dampf ablassen. Dies lässt Sie Zeit gewinnen, um sich zu beruhigen und dadurch konstruktiver reagieren zu können.
- Eine Technik aus dem Mentaltraining: stellen Sie sich mit allen Sinnen einen Fluss vor, der links und rechts an Ihnen – einem breiten, stabilen Brückenpfeiler – vorbeifliesst. Dies beruhigt Sie ebenfalls.
- Wenn es zu emotional wird, dürfen Sie immer eine Pause verlangen (von ein paar Minuten bis zu einem Tag). Dann können sich die Gemüter beruhigen. Sie können auch während des Gesprächs sagen: „Ich lasse mir deine Kritikpunkte durch den Kopf gehen und melde mich morgen bei dir."

Wie kommen Sie im Konfliktfall zu einer Lösungsfindung? Es gibt vier verschiedene grundsätzliche Möglichkeiten:

- Sie setzen sich durch, indem Sie nicht in den Widerstand gehen, sondern *für* etwas kämpfen. So ist die Wahrscheinlichkeit höher, dass Sie Ihr Gegenüber von der Richtigkeit Ihres Vorschlags überzeugen.
- Sie passen sich an. Man sollte nicht alle Schlachten schlagen, sondern überlegen, ob der Kampf es wert ist (z. B. bei unsachlicher Kritik) oder Sie selbst nichts verändern können. Wir alle haben nur eine beschränkte Energie, die es am richtigen Ort und für das richtige Ziel einzusetzen gilt.
- Sie schliessen in einer beschränkten Zeit einen Kompromiss, indem Sie den kleinsten gemeinsamen Nenner suchen.
- Sie suchen die volle Kooperation und verhandeln so lange, bis Sie eine Lösung gefunden haben, die für beide Seiten stimmt.

Weniger erfolgreiche Ansätze sind ein Aufschieben des Konflikts, eine Flucht, eine Verharmlosung oder ein Weiterdelegieren. Welche der oben beschriebenen konstruktiven Möglichkeiten Sie wählen, hängt von der jeweiligen Situation und Ihrem Gegenüber ab – und Ihrer persönlichen Entscheidung. Sie haben mehr Einfluss auf einen Konflikt, als Sie vielleicht denken.

Zum Schluss kehren wir die Perspektive um: Konflikte müssen nicht nur negativ sein, sie haben auch viele positive Aspekte. So schaffen sie Klarheit (in die eine oder in die andere Richtung), was viel Energie frei setzt, und lassen uns häufig auch neue Seiten an unserem Gegenüber entdecken. Zudem fördern sie unseren Mut, für uns einzustehen, und lassen uns kreativ werden und nach neuen Lösungen suchen – wenn wir die Chancen darin sehen und unsere Energie richtig einsetzen.

›› Fazit

Untersuchungen haben gezeigt, dass Menschen, die ein starkes soziales Netz aufweisen, deutlich belastungsfähiger sind als Einzelkämpfer. Menschen sind also unsere grössten Energie-Spender, können gleichzeitig aber auch unsere stärksten Energie-Räuber sein. Denn Menschen lassen uns in den wenigsten Fällen kalt. Deshalb ist es von grosser Bedeutung, dass wir uns bewusst werden, welche Personen uns gut tun oder eben nicht – und dann entsprechend zu handeln, also uns ein Netz an Menschen zuzutun, die uns stärken, und negative Menschen zu vermeiden. Im geschäftlichen Umfeld ist letzteres nicht immer möglich. Dann gilt es, einen guten Umgang mit ihnen zu finden – hauptsächlich bedeutet dies, sich in Gelassenheit zu üben und sich nicht provozieren zu lassen.

Wenn es doch zu einem Konflikt kommt, ist es hilfreich, zu versuchen, die Perspektive des anderen einzunehmen und dadurch nicht noch zusätzliches Öl ins Feuer zu giessen. Konflikte kosten uns häufig sehr viel Energie, denn Konfliktmanagement ist immer Emotions-Management. Im Rahmen eines nachhaltigen Energie-Managements ist es also wichtig, sich gut zu überlegen, in welchen Konflikt es sich lohnt, Zeit zu investieren – wie die Angelsachsen so schön sagen: „choose your battles!".

Weiterführende Literatur

Bay R.H. (2018): *Erfolgreiche Gespräche durch aktives Zuhören*. Renningen: Expert.

Betz R. (2008): *Frieden mit meinen "Arsch-Engeln" – verstrickte und verstrittene Beziehungen verstehen und verwandeln (CD)*. München: Robert Betz.

Enzler Denzler R. (2014): *Die Kunst des klugen Umgangs mit Konflikten*. Berlin: Springer.

Herzlieb H-F. & Ulrich F. (2005): *Das professionelle 1 x 1: Cheffing: Führen von unten*. Berlin: Cornelsen.

Orloff, J. (2018): *Wenn dir alles unter die Haut geht - das Überlebenshandbuch für Empathen und Hochsensible.* London: Trinity.

Pignitter M. (2019): *Honigperlen – warum dein Leben süsser ist, als du denkst.* München: Gräfe & Unzer.

Schulz von Thun F. (2010/10/13/15): *Miteinander reden 1–4.* Hamburg: Rowohlt.

Wawrzinek U. (2018): *Vom Umgang mit sturen Eseln und beleidigten Leberwürsten.* Stuttgart: Klett-Cotta.

Weller D. (2006): *Ich verstehe Sie!* Filderstadt: W.E. Weinmann.

Wolf D. (2003): *Ab heute kränkt mich niemand mehr.* München: PAL.

6

Effiziente Arbeitsorganisation

Wir haben alle viel um die Ohren. Es sind Ziele zu erreichen, Projekte abzu-arbeiten, Kunden zufrieden zu stellen und vieles mehr. Gleichzeitig ist die Anzahl Kanäle, mit denen wir kommunizieren, in den letzten Jahren sehr stark gestiegen. Alles Voraussetzungen, die es uns nicht leicht machen, unsere Aufgaben effizient und effektiv zu erledigen. Deshalb widmen wir uns in diesem Kapitel dem Thema, wie Sie möglichst effizient und – damit verbunden – effektiv arbeiten können. Effektiv sein heisst, die richtigen Dinge tun, effizient sein, die Dinge richtig tun – beides können Sie mit einer optimalen Arbeitsorganisation verbessern.

Die wichtigsten Gründe, wieso viele von uns mit diesem Thema zu kämpfen haben, sind:

- Schlechte Planung
- Ausreichende Zeit falsch einsetzen, also mangelnde Prioritätensetzung
- Zu viel auf einmal erledigen wollen
- Chaotische Arbeitsweise
- Vergesslichkeit
- Sich dauernd ablenken lassen
- Mangelnde Abgrenzung

In diesem Zusammenhang gilt es auch zu akzeptieren, dass sich Ineffizienzen in Unternehmen nicht immer zu 100 % vermeiden lassen – sei dies u.a. wegen nicht funktionierender Prozesse, persönlicher Interessen oder zwischenmenschlicher Schwierigkeiten. In diesem Kapitel geht es jedoch um

Ihre ganz persönliche Effizienz – also über welche eigenen Schalthebel Sie verfügen. Zeitmanagement ist nämlich immer Selbstmanagement. Denn die vorhandene Zeit bleibt immer die gleiche. Ganz nach dem römischen Philosophen Seneca: „Es ist nicht zu wenig Zeit, die wir haben, sondern es ist zu viel Zeit, die wir nicht nutzen."

6.1 Ein gut geplanter Tag

„Wieso braucht es denn eine Planung? Da verliere ich nur Zeit – ich habe ja schon zu wenig!", mögen Sie vielleicht sagen. Es ist genau das Gegenteil: einige Minuten Planung pro Tag reichen, um täglich eine Stunde einzusparen. Ausserdem erhöht eine gute Planung die Qualität Ihrer Arbeit und senkt Ihren Stresslevel, da Ihr Hirn Chaos und Unberechenbarkeit nicht mag. Planung ist also gut investierte Zeit.

Eine optimale Planung beginnt mit einer Selbstreflexion zu Ihrer Arbeitsorganisation – also darüber, wie viel Zeit Sie mit welchen Themen verbringen und wie Sie Ihre Prioritäten setzen. Der US-Schriftsteller Stephen R. Covey sagt dazu: „Der Schlüssel liegt nicht darin, Prioritäten für das zu setzen, was auf Ihrem Terminplan steht, sondern darin, Termine für Ihre Prioritäten festzulegen".

Übung: Zeitprotokoll

Schreiben Sie während ein paar Wochen auf, wofür (Inhalte, Personen, Art der Arbeit usw.) Sie wie viel Zeit brauchen. Danach analysieren Sie diese Liste und überlegen sich, ob das Verhältnis Aufwand-Ertrag für die einzelnen Bereiche stimmt und nehmen – wo notwendig – Anpassungen vor.

Übung: Braindump (nach www.zeitzuleben.de, leicht abgeändert)

Häufig haben wir das Gefühl, dass wir unser Pensum nicht schaffen. Dies erhöht unseren Stress und reduziert unsere Effizienz, weil wir immer wieder an die unerledigten Pendenzen denken. Da hilft es, wenn man seine Gedanken strukturiert, bevor man mit einer konkreten Planung beginnt, z. B. mit der folgenden Übung:

1. Den Kopf ausleeren: Nehmen Sie sich 10 min Zeit und schreiben ohne Bewertung auf, was Ihnen zu diesen Satzanfängen spontan einfällt:
   - Ich muss...
   - Ich sollte...
   - Ich bin verantwortlich, dass...

– Ich darf auf keinen Fall…

2. Bei welchen Ihrer Aussagen handelt es sich um konkrete Aufgaben und Termine? Übertragen Sie diese in Ihre To-do-Liste.
3. Wo gibt es konkreten Handlungsbedarf? Notieren Sie diese Aussagen ebenfalls in Ihrer To-do-Liste.
4. Bei welchen Aussagen können Sie keinen Einfluss nehmen? Streichen Sie diese von Ihrer Liste.
5. Bei welchen Aussagen können Sie noch nichts tun? Übertragen Sie diese Punkte in eine separate Liste (z. B. „für später").

Übung: Liste Ihrer Aktivitäten (ebenfalls nach www.zeitzuleben.de)

Listen Sie alle Aktivitäten auf, die Sie grundsätzlich haben, und versehen Sie die Liste mit folgenden Kürzeln (evtl. mehrere pro Aktivität): **P**=lästige Pflicht; **ok**=ist ok, aber mehr davon ist nicht notwendig; **G**=tut mir gut und macht mich glücklich; **+**=gibt mir Kraft; **–**=nimmt mir Kraft; **w**=wichtig für mich; **u**=unwichtig, könnte ich ohne negative Konsequenzen weglassen. Anschliessend kennzeichnen Sie die einzelnen Aktivitäten mit: Pfeil nach unten=davon will ich weniger; Pfeil nach oben=davon will ich mehr; durchstreichen=das lasse ich ganz weg.

Nachdem Sie durch diese Selbst-Reflexions-Übungen hoffentlich mehr Klarheit über Ihre Prioritäten gewonnen haben, können Sie sich nun der konkreten Planung Ihres Alltags zuwenden.

Meine 10 besten Praxis-Tipps für eine gute Planung

- Schreiben Sie alle Ihre Aufgaben zuerst unstrukturiert in eine To-do-Liste. Basierend auf den obigen Übungen streichen Sie Not-to-does (z. B. nicht Ihre Aufgabe oder unwichtig) wieder heraus. Danach priorisieren Sie Ihre Aufgaben.
- Bei der Priorisierung hilft die Eisenhower-Matrix. Die Methode von US-General Eisenhower sieht eine Einteilung aller Aufgaben in vier Felder vor (entsprechend der Priorität):
  - *Dringend und wichtig: TUN:* das muss ich sofort selbst erledigen, z. B. Krisen, Projekte mit strikten Fristen usw.
  - *Wichtig, aber nicht dringend: EINPLANEN:* Termin für Erledigung festlegen. Dies wird vermutlich einen grossen Teil Ihrer Aufgaben betreffen.
  - *Nicht wichtig, aber dringend: DELEGIEREN:* sofort erledigen lassen (wenn Sie können).
  - *Nicht wichtig und nicht dringend: ELIMINIEREN:* Zeitfresser aus dem Weg räumen oder sich einfach getrauen, etwas nicht zu machen.
- Fragestellungen, die beim Eisenhower-Prinzip helfen, sind: 1) warum überhaupt? 2) warum gerade ich? 3) warum in dieser Form? 4) warum gerade jetzt?
- Für eine Klärung, wie viel Zeit Sie für welche Aufgabe aufwenden sollen, ist das Pareto-Prinzip hilfreich. Es funktioniert nach der 80/20-Regel, die auf

viele Bereiche angewandt werden kann. Z. B. machen viele Unternehmen mit 20 % ihrer Kunden 80 % ihres Umsatzes. Das Pareto-Prinzip gilt aber auch für Ihre Arbeit ganz allgemein: 20 % Ihrer Zeit benötigen Sie, um 80 % des Ergebnisses zu erzielen. Lohnen sich dann die 80 % Aufwand, um die restlichen 20 % zu schaffen?

- Nach diesen Basisüberlegungen kommen wir nun zur konkreten Tagesplanung. Eine Tagesplanung kann morgens als Erstes oder abends vor dem Verlassen des Arbeitsplatzes erstellt werden. Die meisten meiner Coaching-Kunden ziehen den Abend vor, weil es ihnen ein entspanntes Gefühl für den Feierabend gibt, wenn sie den folgenden Tag geregelt haben und sie ausserdem die für viele Menschen sehr produktive Zeit am Morgen früh für andere Aktivitäten nutzen können. Verplanen Sie nur 60 % Ihrer Zeit. Die anderen 40 % sind für Unvorhergesehenes und Soziales da. Und planen Sie pro Tag höchstens zwei Top-Prioritäten ein.
- Weniger ist mehr. Vermeiden Sie, Ihre Tagesplanung zu stark zu füllen. Die meisten Menschen neigen dazu, sich zu viel vorzunehmen. Es schadet jedoch Ihrer Motivation, wenn Sie immer nur die Hälfte aller Aufgaben schaffen. Lieber können Sie noch etwas Zusätzliches erledigen, wenn Sie früher als geplant fertig geworden sind.
- Überprüfen Sie nicht nach jeder kurzen Aufgabe Ihre Mails, sondern reservieren Sie sich Blöcke für gleichartige Tätigkeiten wie eben Mailchecken, Administratives, Konzeptarbeit usw. Diese Blöcke sind fix in Ihrer Agenda eingetragen.
- Für Konzept- oder andere Arbeiten, die länger dauern, ist es sinnvoll, sich Zeiten ohne Unterbrechung zu reservieren. Denn nach einer Störung brauchen Sie 15 bis 20 Min., bis Sie wieder im Thema sind. Mehr dazu (inkl. konkrete Tipps für die Umsetzung) finden Sie im Kap. 7.
- Eine Arbeitsorganisations-Methode, die ich ebenfalls nützlich finde, ist die ALPEN-Methode:
  - *Aufgaben aufschreiben*
  - *Länge einschätzen*
  - *Pufferzeit einplanen*
  - *Entscheidungen treffen*
  - *Nachkontrollieren*
- Planen Sie unbedingt auch Pausen und Zeiten für sich ein. Jeder Mensch – auch der kommunikativste – braucht zwischendurch einen Rückzug vom „Lärm" der Aussenwelt, um zur Ruhe zu kommen und sich neu zu sortieren.
- Beachten Sie bei der Tagesplanung Ihre persönliche Leistungskurve. Wann haben Sie Ihre Hochs und Tiefs? Sind Sie z. B. eher ein Morgen- oder ein Abendmensch? Für die meisten Menschen macht es zudem Sinn, direkt nach dem Mittagessen nichts einzuplanen, das sehr viel Kopfarbeit benötigt. Denn Ihr Körper braucht dann Energie zum Verdauen.

Es gibt sehr viele Möglichkeiten, sich zu organisieren. Sie müssen selbst im Alltag herausfinden, was zu Ihnen passt: welche Methode und in welcher Form (Papier oder digital), wie häufig plane ich und wann, wie kontrolliere ich nach und revidiere meine Planung usw. Allerdings bin ich überzeugt, dass unabhängig von der Methode die Planung schriftlich geschehen muss.

Denn sonst droht die Gefahr, dass Sie etwas vergessen (auch wenn Sie ein gutes Gedächtnis haben) und Sie den Überblick verlieren. Eine schriftliche Planung ist auch verpflichtender und lässt Sie den Kopf frei haben für eine effiziente und effektive Umsetzung.

Tagesstruktur im Homeoffice

Homeoffice ist seit Corona Wirklichkeit und wird uns vermutlich auch – wenigstens teilweise – erhalten bleiben. Homeoffice hat viele Vorteile (z. B. teilweise flexiblere Gestaltung des Tages), stellt uns aber auch vor zusätzliche Herausforderungen (z. B. mangelnde Struktur oder schlechteres Abgrenzen von Arbeit und Freizeit). Deshalb hier noch meine Praxis-Tipps zu diesem Thema.

Meine 10 besten Praxis-Tipps für einen produktiven Homeoffice-Tag

- Struktur, Struktur, Struktur. Im Homeoffice ist es von noch grösserer Bedeutung, dass Sie den Tag gut planen. Denn Sie bestimmen ja – abgesehen von angesetzten Meetings – selbst, wann Sie welche Aufgaben erledigen, und werden dabei auch nicht kontrolliert. Ohne detaillierte Planung arbeiten Sie einfach vor sich hin, was der Effizienz nicht förderlich ist.
- Noch wichtiger als im Büro ist es, zuhause Arbeit und Freizeit voneinander zu trennen und Pausen einzuplanen.
- Verwenden Sie Ihre Pausen nicht dafür, im Internet zu surfen – also auch wieder online zu sein, nachdem Sie ja vermutlich schon Online-Meetings hatten oder sonst am Laptop gearbeitet haben. Konkrete Ideen für Mikro-Pausen finden Sie im Abschn. 8.2.
- Kommunizieren Sie Ihrem Vorgesetzten und Ihren Arbeitskollegen, wann Sie nicht erreichbar sind, z. B. wegen Online-Meetings oder privater Termine. Dies erleichtert Ihrem Umfeld die Arbeitsorganisation.
- Vereinbaren Sie mit Ihrer Führungskraft und Ihren Arbeitskollegen, welche Kommunikationskanäle man wofür nutzt: offizielle Informationen, gemeinsame Projektarbeit, informeller Austausch usw.
- Lassen Sie sich während des Arbeitens nicht durch andere Geräte ablenken (mehr dazu im Kapitel „Fokus"), und erledigen Sie keine privaten Dinge – ausser in den Pausen oder nach dem Arbeiten.
- Idealerweise haben Sie einen fixen Arbeitsplatz, ein aufgeräumtes Büro (das macht Sie ruhiger) und eine gute Arbeits-Infrastruktur (auch ergonomisch).
- Setzen Sie sich nicht im Pyjama vor den Laptop, sondern ziehen Sie sich an, wie wenn Sie ins Büro fahren würden. Dies nicht nur, damit Sie angemessen angezogen sind für Ihre Online-Meetings, sondern auch für Ihr persönliches Wohlbefinden. Denn wer sich gut anzieht, fühlt sich auch besser und ist dadurch produktiver.
- Damit Sie genügend informelle Kontakte innerhalb der Firma haben, ist es empfehlenswert, sich regelmässig mit den Arbeitskollegen wenigstens

virtuell für einen Austausch ohne einen bestimmten Zweck zu „treffen", z. B. mittels einer Kaffeepause oder eines „after work"-Apéros.

- Schliessen Sie den Arbeitstag mit einen fixen Ritual ab, damit Ihrem Hirn klar wird, dass jetzt ein neuer Tagesabschnitt folgt (dafür ist sonst die Reisezeit da). Räumen Sie Ihre Unterlagen weg oder schliessen Sie – wenn möglich – das Büro zu.

6.2 Viele kleine Dinge tun (oder lassen)

Nachdem Sie nun an Ihrer Planung gearbeitet und damit die Basis für einen produktiven Tag geschaffen haben, widmen wir uns den vielen kleinen Dingen, die Sie im Alltag effizienter und effektiver werden lassen. Kleine Dinge summieren sich zu einem grossen Ganzen – haben also einen starken Einfluss auf Ihr Wohlbefinden und Ihre Produktivität.

Bevor wir zu den Praxis-Tipps zu diesem Thema kommen, möchte ich Ihnen ans Herz legen, sich ein Morgenritual zuzulegen.

Übung: Morgen-Ritual

Der Morgen bestimmt, wie der Tag wird. Wenn Sie nach dem Klingeln des Weckers die Schlummertaste aktivieren, um noch etwas Zeit zu gewinnen, dann aber umso schneller aufstehen müssen, um schnell zu duschen, Ihren Kaffee herunterstürzen und auf den Zug rennen müssen, weil die Zeit drängt, werden Sie genau gleich hektisch weiterfahren. Wenn Sie jedoch ruhig und bewusst in den Tag starten, hat dies einen nachhaltigen Effekt auf den ganzen Tag. Sie gehen ganz anders an die Dinge ran – mit mehr Gelassenheit.

Überlegen Sie sich also, wie Ihr persönliches Morgenritual aussehen könnte. Idealerweise hat es folgende Bestandteile:

- Nach dem Klingeln des Weckers sofort aufstehen – ohne Schlummertaste, da Sie sonst nochmals einschlafen und mehrfach geweckt werden, was Sie müder werden lässt.
- Vermeiden Sie den sofortigen Griff zu Ihrem Smartphone, sobald Sie aufgestanden sind.
- Idealerweise gönnen Sie sich ein paar Minuten Ruhe, bevor Sie mit Ihrem Programm starten – sei es mit einer Atemübung, einer kurzen Meditation oder einer anderen Entspannungsmethode.
- Überlegen Sie sich, wie Sie sich am Abend fühlen wollen und was Sie untertags dafür tun müssen.
- Essen Sie etwas Gesundes – etwas, das Ihrem Körper und Ihrem Geist Energie gibt (mehr dazu im Abschn. 8.5.).

Meine 10 besten Praxis-Tipps zur optimalen Gestaltung Ihres Arbeitsalltags

- Der Mensch ist ein Gewohnheitstier. Positive Automatismen sparen Energie, erhöhen also Ihre Leistungsfähigkeit. Überlegen Sie deshalb, welche Arbeitsprozesse Sie immer gleich ausüben können, ohne dass Sie noch lange darüber nachdenken müssen. Eventuell lohnt es sich, für gewisse Arbeitsprozesse Checklisten zu erstellen. Rituale geben Ihnen Orientierung, Halt sowie Sicherheit und entlasten Ihr Hirn.
- Machen Sie sich Notizen und entlasten damit ebenfalls Ihr Gehirn. Denn zu versuchen, sich dauernd an alles zu erinnern, kostet Sie wertvolle Gehirn-Energie.
- Schieben Sie nie Dinge auf, die Sie nicht gerne machen. Je länger Sie dies tun, desto mehr belasten sie Sie – sie werden also von einer Mücke zu einem Elefanten.
- Wenn Sie eine Aufgabe erledigt haben, haken Sie sie auf ihrer To-do-Liste ab oder streichen Sie sie durch. Dies gibt Ihnen ein gutes Gefühl und führt zu einem Erfolgserlebnis: „Ich habe schon viel erledigt!". Dies motiviert Sie weiterzumachen.
- Wenn Sie an einer Aufgabe sind, versuchen Sie – wenn immer möglich –, sie zu Ende zu führen und sich nicht ablenken zu lassen. Denn jedes Mal, wenn Sie unterbrochen werden, brauchen Sie rund 15–20 Min., um wieder richtig drin zu sein. Schirmen Sie sich ab von äusseren Einflüssen. Mehr zum Thema Fokus im Kap. 7.
- Legen Sie regelmässig ab und schaffen Ordnung auf Ihrem Bürotisch, im ganzen Raum und in Ihren Emails. Erstens finden Sie dann Sachen schneller wieder, und zweitens ist Ihr Gehirn nicht abgelenkt durch eine chaotische Umgebung oder gestresst durch tausende Mails im Mailfach.
- In diesem Zusammenhang ist es auch hilfreich, unwichtige Mails nach dem Lesen sofort zu löschen.
- Sagen Sie immer wieder einmal „nein" und konzentrieren sich auf Ihre Aufgaben. Mehr zum Thema „nein sagen" im Abschn. 4.4.
- Überlegen Sie sich, welche Bedürfnisse andere haben, die mit Ihnen zusammenarbeiten. Welche Informationen brauchen sie wann und in welcher Form? Wenn Sie dies tun, wird sich dies positiv auf deren Effizienz auswirken, wovon Sie ebenfalls profitieren.
- Schliessen Sie den Tag positiv ab, in dem Sie sich überlegen, was Sie heute alles gut gemacht haben – machen Sie sich also Ihre Erfolgserlebnisse bewusst. Dies wird Ihnen Schub geben. Mehr zur „gut gemacht"-Liste im Abschn. 2.3.

6.3   Effiziente Meetings: ein Widerspruch?

Wenn ich mit meinen Workshop- oder Coaching-Kunden die schon im Kap. 4 erwähnte Übung zum Thema „Meine Energie-Spender und -Räuber" mache, wird – abgesehen von den menschlichen Reibungen – sehr häufig das Thema „ineffiziente Meetings" als einer der grossen Energie-Räuber angeführt. Die Unternehmensberatungs-Firma Bain & Company hat festgestellt, dass Mitarbeitende rund 15 % ihrer Zeit in Meetings verbringen, was mir aufgrund meiner Erfahrung eher als wenig erscheint – beim obersten Management sind es hingegen schon über 50 %. Meetings können wie schwarze Löcher sein: sie rauben einem viel Zeit und Energie, wenn sie nicht gut vorbereitet und geleitet werden und zu wenig Entscheidungen getroffen werden, die dann effektiv auch umgesetzt werden. Ineffiziente und ineffektive Meetings kosten den Unternehmen also sehr viel Geld – erst recht, wenn man bedenkt, dass die Mehrzahl der Besprechungen mehr als nur zwei Teilnehmende haben.

Ausserdem haben Befragungen gezeigt, dass im Durchschnitt die Zufriedenheit der Meeting-Teilnehmenden tief ist. Der Elektronikkonzern Sharp hat in einer Umfrage bei 2000 seiner europäischen Mitarbeitenden herausgefunden, dass etwa ein Zehntel der Mitarbeitenden an einer Besprechung schon einmal eingeschlafen ist und ein weiteres Zehntel sich Gründe ausgedacht hat, um den Raum frühzeitig zu verlassen.

Hier die Gründe, wieso Meetings ineffizient und energieraubend sein können:

- Es gibt keine oder eine ungenügende Traktandenliste.
- Der Moderator führt die Besprechung zu wenig strukturiert und straff.
- Es befinden sich Leute im Raum, die gar nichts zum Thema zu sagen haben, oder wichtige Leute fehlen.
- Wenn zu viele Teilnehmende dabei sind (mehr als zehn), wird die Diskussion schleppend oder ausufernd.
- Der Inhalt interessiert die Teilnehmenden nicht, oder er wird langweilig vorgetragen.
- Einzelne Teilnehmende reden zu viel und werden nicht gestoppt.
- Der Moderator und/oder die Teilnehmenden sind zu wenig gut vorbereitet.

Was können Sie als Moderator oder Leiter einer Sitzung tun, um sie effizient zu gestalten:

- Die Besprechung straff führen entsprechend der Agenda und der für die einzelnen Themen vorgegebenen Zeit
- Viel- und Langredner abblocken und dafür sorgen, dass alle Teilnehmenden ihren Punkt einbringen können
- Schwelende, also unausgesprochene Konflikte offen und konstruktiv ansprechen und als Mediator funktionieren

- Auf die Einhaltung der vorher abgemachten oder in Ihrem Unternehmen allgemein geltenden Sitzungsregeln achten
- Beschlüsse dokumentieren (lassen) und ein richtiges Buy-in der Teilnehmenden abholen, damit die Entscheidungen auch wirklich umgesetzt werden

---

Meine 10 besten Praxis-Tipps für effiziente und effektive Meetings:

- Die Agenda muss gut durchdacht und vorbereitet sein: Welche Themen sind relevant für die Anwesenden? Wie viel Zeit benötigt man für jedes einzelne Traktandum? Achten Sie dabei darauf, dass die einzelnen Traktanden nicht zu lange dauern. Nach 90 Min. fällt die Konzentration ab. Geht es bei einem Traktandum um Information, Diskussion oder Entscheidung (dies hat einen Einfluss auf die benötigte Zeit)? Welche Personen brauchen Sie für das Thema X? Welches ist die passende Methode dafür? Eine Möglichkeit, die Agenda gut vorzubereiten, ist die SPIN-Methode:
  - *Situation:* worum geht es heute?
  - *Problem:* warum ist dies problematisch resp. wichtig und für wen?
  - *Implikationen:* welche Ursachen und Konsequenzen hat das Problem?
  - *Nächste Schritte:* wer macht was bis wann?
- Sehen Sie in der Agenda genügend Zeit vor, um die Umsetzung der Beschlüsse zu diskutieren: wer macht was bis wann? Wenn nötig, wird gleich der nächste Meeting-Termin festgelegt. Alle diese Punkte werden im Protokoll notiert. Dann sind sie für alle verbindlich.
- Verzichten Sie auf den Agenda-Punkt „Sonstiges". Sonst werden hier Themen aufgebracht, die mit dem Meeting nichts zu tun haben.
- Die meisten Besprechungen dauern standardmässig eine Stunde. Die Erfahrung zeigt, dass die angesetzte Zeit auch effektiv aufgebraucht wird. Versuchen Sie deshalb, Meetings z. B. in 45 Min. durchzuführen. Im Grossteil der Fälle wird dies reichen, weil die Leute sich der vorgesehenen Zeit anpassen – entsprechend dem Sprichwort „die Dinge brauchen immer so lange, wie Zeit für sie vorhanden ist".
- Hängen Sie eine Uhr gut sichtbar im Raum auf oder verwenden Sie eine grosse Sanduhr, damit allen immer wieder vor Augen geführt wird, dass die Zeit beschränkt ist. Google projiziert bei allen Meetings immer die rückwärts laufende Restzeit – also den Timer – an die Wand.
- Starten Sie die Besprechung pünktlich, auch wenn noch nicht alle da sind. Sonst bestrafen Sie die Zuverlässigen. Die Verspäteten werden sicher nächstes Mal pünktlich sein, wenn sie etwas verpassen.
- Arbeiten Sie mit dem GEMO-Prinzip, um ausufernde Diskussionen zu stoppen. GEMO steht für „Good enough, move on?" („Ist es gut genug, können wir das abhaken?"). Idealerweise kennen alle Teilnehmenden das Prinzip, und jeder hat das Recht, bei jedem Traktandum immer die GEMO-Frage zu stellen.
- Regeln Sie das Benutzen von mobilen Geräten vor der Sitzung.
- Führen Sie „Stehungen" anstatt Sitzungen durch, denn sie dauern erfahrungsgemäss kürzer. Wenn Sie zusätzlich die Teilnehmenden in Bewegung bringen, gibt es animiertere Diskussionen und das Stress- und Konfliktpotenzial wird dadurch reduziert. Z. B. können Sie die wichtigsten

Folien in Grossformat an verschiedenen Orten im Raum aufhängen, sodass die Teilnehmenden sich bewegen müssen.

- Überprüfen Sie die Notwendigkeit von regelmässigen Sitzungen immer wieder. Und ist eine Sitzung wirklich notwendig, um einen Beschluss fassen zu können? Eine Sitzung bedeutet immer, dass viele Leute viel Zeit einsetzen.

» Fazit

Ein gutes Selbst- und Zeitmanagement sowie effiziente Besprechungen erhöhen Ihre Produktivität und Ihre Arbeitsqualität sowie auch die Ihres Umfelds. Mit entsprechenden positiven Folgen für Sie persönlich. Denn ein gutes Selbstmanagement hat einen deutlichen Einfluss auf Ihren Erfolg und auch auf Ihr Wohlbefinden.

Selbstverständlich sind nicht alle Menschen empfänglich für dieses Thema. Einige brauchen die Spontanität und Kreativität einer unverplanten Agenda. Und die Wichtigkeit der guten Arbeitsorganisation hängt auch von der Art Ihres Jobs ab. Für die meisten Menschen bringt Selbst- und Zeitmanagement jedoch Struktur in ihren Alltag, was ihre Effizienz und Effektivität deutlich steigert. Sonst häufen sich im Alltag Zeitfresser, die einem zusätzlich Energie abziehen.

Weiterführende Literatur

Allen D. (1015): *Wie ich die Dinge geregelt kriege: Selbstmanagement für den Alltag.*
München: Piper.

Covey S.R. (2018): *Die 7 Wege zur Effektivität – Prinzipien für persönlichen und
beruflichen Erfolg.* Offenbach am Main: GABAL.

Mangold T. (2017): *101 Produktivitätstipps – durchdachter, schneller, besser: die trans-
formierende Kraft echter Produktivität.* Eigenverlag.

Scheibel G. (2002): *Effiziente Meetings leicht gemacht – warum viel Sitzen für nichts.*
München: Redline.

Seiwert L. & Ahnfeldt A. (2018): *4 Wege zu mehr Zeitkompetenz – wie Sie Ihre
Lebenszeit organisieren, gestalten und dabei flexibel bleiben.* Offenbach am Main:
GABAL.

Zimmermann W. (2016): *Erfolg durch Effizienz – mit weniger Aufwand mehr
erreichen.* Offenbach am Main: GABAL.

7

Fokus: der neue Intelligenzquotient

Unser heutiges Leben ist geprägt von dauernden Unterbrechungen: Mails, Nachrichten, Anrufen, Störungen durch Arbeitskollegen usw. Wir lassen uns im Durchschnitt bei der Arbeit alle 11 Min. unterbrechen, wobei rund die Hälfte dieser „Pausen" selbst verursacht sind. Mit Konsequenzen: unsere Aufmerksamkeitsspanne sinkt immer mehr, da unser Geist durch die ständigen medialen Reize überaktiviert wird und nicht lange an einem Ort verweilen kann.

Studien zeigen, dass unser Geist während rund 50 % unserer Wachzeit wandert und uns überall hinführt, nur nicht dahin, wo wir aktuell sind. Der Buddhismus nennt dies unseren „Affengeist". Wir verzetteln uns und bringen häufig Sachen nicht zu Ende, weil wir uns von etwas anderem ablenken lassen. Wir machen mehr Fehler, haben ein schlechteres Gedächtnis und sind langsamer, d.h. insgesamt deutlich weniger effizient und produktiv. Denn es braucht 15 bis 20 Min., bis wir nach einer Ablenkung wieder voll bei der Sache sind, mit der wir uns vorher beschäftigt haben.

Multitasking gibt es nicht
Einen negativen Einfluss auf unsere Konzentrationsfähigkeit hat die teilweise exzessive Nutzung der digitalen Geräte (siehe für Details das Abschn. 7.4. zum Thema „Digital Overload"). Ein weiterer Grund für unseren zunehmenden Konzentrationsmangel ist, dass wir versuchen, viele Dinge gleichzeitig zu tun – mit der Idee, dadurch effizienter zu sein. Doch Multitasking ist kontraproduktiv – ja, eigentlich gibt es dieses gar nicht. Denn

© Der/die Autor(en), exklusiv lizenziert durch Springer-Verlag GmbH, DE, ein Teil von Springer Nature 2021
C. Kraaz, *Nachhaltig leistungsfähig bleiben*, https://doi.org/10.1007/978-3-662-62864-5_7

unser Gehirn kann nicht zwei Dinge gleichzeitig denken. „Eines nach dem anderen" sollte es also heissen anstatt „alles gleichzeitig".

Wenn man versucht, zu multitasken (eigentlich ist es ein schnelles Switchen vom einen zum anderen), ist man erwiesenermassen langsamer und macht auch mehr Fehler. Und je häufiger wir dies machen, desto schwächer wird unsere Konzentration und desto weniger kreativ sind wir. Konzentrationsmangel verschlechtert also in vielen Bereichen unsere Leistung – mit einer Spirale nach unten. Das Gehirn passt sich an – im Negativen – und kann nicht mehr bei der Sache bleiben. Ausserdem werden wir unzufrieden, weil wir nie mehr in den Flow kommen, der sich entwickelt, wenn man an etwas dran bleibt.

Was sind denn nun die Vorteile, wenn wir es schaffen, immer wieder einmal im Moment zu sein:

- In einem präsenten Zustand ist man effektiver, kreativer und leistungsfähiger, da man sich besser konzentrieren kann.
- Wenn man sein Gedanken-Karussell vom Bereuen über Vergangenes oder Sorgen machen über Zukünftiges stoppen kann, ist man gelassener und stressresistenter. Man kann leichter loslassen und besser mit schwierigen Situationen umgehen.
- Wenn man sich weniger Sorgen macht, hat dies auch eine ganz konkrete Auswirkung auf den Körper. So sinkt u.a. der Blutdruck.
- Die Wissenschaft konnte auch nachweisen, dass Menschen, die den Augenblick geniessen können, besonders zufrieden sind mit ihrem Leben. Sie entschleunigen und werden ausgeglichener und ruhiger.
- Wenn man im Moment ist – also nicht gedanklich abschweift –, nimmt man auch sein Gegenüber besser wahr und ist dadurch einfühlsamer und empathischer.

Übung: Wo bin ich mit meinen Gedanken?

Versuchen Sie, sich tagsüber immer wieder bewusst zu werden, wo Sie gerade mit Ihren Gedanken sind: im Hier und Jetzt, in der Vergangenheit oder in der Zukunft? Wenn Sie realisieren, dass Sie nicht im Moment sind, holen Sie sich zurück in das Jetzt. Bewusstsein zu schaffen, ist der Beginn jeder Veränderung.

7.1   Im Moment sein

Wissen Sie noch, wie Ihr Kaffee heute Morgen genau geschmeckt hat oder sich das Wasser Ihrer Dusche angefühlt hat? In unserem hektischen Alltag vergessen wir zwischendurch, dass es ganz wichtig ist, immer wieder einmal im Moment zu sein. Meistens sind wir dem Leben einen Schritt voraus: beim Kaffee sind wir gedanklich schon im ersten Meeting, beim Lunch denken wir daran, dass wir noch einen Handwerker organisieren müssen usw.

Vielleicht denken Sie jetzt nach dieser Einführung: „na klar, es wäre schön, den ganzen Tag faul herumzuliegen und den Vögeln zuzuschauen – aber dafür habe ich keine Zeit!" Es geht mir nicht darum, zur Faulheit aufzurufen. Im Moment sein heisst etwas anderes: vom gedanklichen Autopiloten in die bewusste Wahrnehmung umzuschalten. Was mache ich gerade? Wie mache ich es? Und wie fühle ich mich dabei? Dabei ist es wichtig, einfach wahrzunehmen, ohne zu werten und ohne Zweck.

Aufmerksamkeit funktioniert wie ein Muskel: wir können sie trainieren – und zwar durch Achtsamkeitsübungen. Sie führen dazu, dass das Stresshormon Cortisol in unserem Blut zurückgeht und unser Geist und Körper zur Ruhe kommt.

Übung: Achtsamkeit

Versuchen Sie eine oder mehrere der 10 folgenden Achtsamkeitsübungen:

- Setzten Sie sich in den Garten, auf den Balkon, auf das Sofa und machen einfach nichts, ausser dass Sie Ihre Umgebung ganz bewusst mit allen Sinnen wahrnehmen.
- Tun Sie alltägliche Dinge bewusst, wie z. B. Hände waschen, Zähne putzen usw. Achten Sie beim Duschen, wie sich das Wasser anhört, wenn es aus der Brause kommt – wie das Wasser auf Ihrer Haut perlt – welche Temperatur das Wasser hat – wie die Seife riecht usw. Wenn Sie Ihre Zähne putzen, machen und denken Sie nichts anderes, sondern nehmen einfach wahr, wie die Zahnpasta schmeckt oder wie sich der Druck der Zahnbürste auf den Zähnen anfühlt.
- Wenn Sie auf einem Stuhl sitzen, versuchen Sie, die Rückenlehne und die Sitzfläche zu spüren.
- Spüren Sie nach: sind Ihre Finger und Ihre Füsse kalt oder warm?
- Gehen Sie wieder einmal barfuss und spüren die verschiedenen Materialien (Parkett, Steinboden, Beton, Gras usw.) auf Ihren Fusssohlen.
- Essen Sie eine Nachspeise langsam und mit vollem Bewusstsein, mit allen Sinnen. Wie riecht sie? Wie schmeckt sie? Riechen oder schmecken Sie die einzelnen Zutaten? Lassen Sie die Nachspeise auf der Zunge langsam zergehen.
- Machen Sie einen sogenannten Bodyscan. Dafür spüren Sie ganz bewusst nach, wie sich Ihr Körper anfühlt. Beginnen Sie bei einem Fuss und gehen langsam

von unten nach oben – ein Körperteil nach dem anderen. Wie fühlt sich Ihr Körper an? Spüren Sie irgendwo Anspannungen? Wenn ja, verweilen Sie ein bisschen an diesem Ort und atmen Sie dorthin.

- Wenden Sie sich bewusst und physisch einem Körperteil zu. Massieren Sie z. B. mit dem rechten Daumen für mindestens zwei Minuten die Innenfläche der linken Hand.
- Machen Sie eine Atemübung. Ganz einfach: atmen Sie bewusst. Beobachten Sie Ihren Atem, ohne ihn zu etwas zu zwingen. Er wird automatisch tiefer und länger werden. Eine etwas komplexere Atemübung, die ich aber speziell wirksam finde, ist folgende: Stehen Sie aufrecht hin. Lassen Sie die Arme locker hängen. Schliessen Sie die Augen. Nehmen Sie zuerst ein paar ganz tiefe Atemzüge in Ihrem Rhythmus in den Bauch hinein – wenn Sie sich dies nicht gewohnt sind, können Sie sich am Anfang eine Hand auf den Bauch legen, damit Sie spüren, ob sich die Bauchdecke hebt und senkt. Nach einigen Atemzügen beginnen Sie mit folgender Übung: atmen Sie tief ein, indem Sie den Atem tief aus der Erde durch die linke Fusssohle holen und entlang der linken Körperhälfte bis zum Kopf führen. Dann atmen Sie entlang der rechten Körperhälfte aus – bis in die Fusssohle und von dort aus tief in die Erde hinein. Dann atmen Sie wieder tief ein, indem Sie den Atem tief aus der Erde durch die rechte Fusssohle holen und entlang der rechten Körperhälfte bis zum Kopf führen. Dann wieder entlang der linken Körperhälfte in die Fusssohle tief in die Erde hinein ausatmen. Dann machen Sie dies für mindestens zwei Minuten (idealerweise länger) hin und her. Meiner Erfahrung nach hilft die Konzentration auf die Hin-und-Her-Bewegung, dass man mit den Gedanken gar nicht oder weniger oft abschweift. Dadurch, dass man tief in die Erde einatmet, wird Energie vom Kopf in die Füsse gezogen, was Sie erdet. Viele weitere Atemübungen finden Sie im Internet.
- Meditieren Sie. Für Anfänger ist es üblicherweise schwierig, sich hinzusetzen und an nichts zu denken. Einfacher sind geführte Meditationen. Sie finden unzählige davon im Internet. Suchen Sie sich eine Stimme und eine Musik aus, die Sie persönlich ansprechen. Oder nutzen Sie die hilfreichen Kurz-Meditationen (drei bis zehn Minuten) von Meditations-Apps wie z. B. Headspace, Calm oder 7Mind.

7.2 Stopp dem Kopfkino

Viele Menschen wälzen ständig Probleme, seien es ganz alltägliche oder schwerwiegende. Sie können deshalb das Hier und Jetzt gar nicht oder viel zu wenig geniessen. Oft hält sie ihr negatives Kopfkino mit Endlosschlaufe sogar nachts wach, häufig verbunden mit dem Ausmalen von Worst-Case-Szenarien, die nicht viel mit der Wirklichkeit zu tun haben. Sie können nicht einschlafen oder wachen mitten in der Nacht auf und beginnen zu grübeln. Das Gedanken-Karussell ist in Gang gekommen, ohne dass man eine Lösung findet. Man verliert sich in seinen Selbstzweifeln und Ängsten oder studiert an Projekt-Problemen oder ähnlichem herum. Deshalb macht Grübeln passiv und zieht Ihnen Energie ab.

Es gibt zwei Arten von Grübeln: 1) man ist rückwärtsgerichtet und bereut etwas, das man getan oder eben nicht getan hat, oder fragt sich, wieso zum Beispiel eine Krankheit oder eine Entlassung gerade einem selbst oder seine Liebsten getroffen hat. 2) man befindet sich mit seinen Gedanken in der Zukunft und macht sich Sorgen oder hat Angst, dass etwas Schlimmes eintreten könnte. Das Problem bei beiden Arten von Kopfkino ist, dass ein einziger grüblerischer Gedanke üblicherweise weitere weckt. Die amerikanische Psychologin Susan Nolen-Hoeksema nannte dies den „Hefeteig-Effekt" des Grübelns". Was hilft Ihnen, um aus diesem Teufelskreis herauszufinden?

Die deutschen Psychologen Doris Wolf und Rolf Merkle empfehlen, sich bei einem Gedanken-Karussell folgende zwei Fragen zu stellen:

1. Entspricht der Gedanke den Tatsachen?
2. Hilft mir der Gedanke, mich so zu fühlen, wie ich möchte?

Dies hilft Ihnen, einerseits zu rationalisieren und andererseits zu realisieren, ob Ihnen Ihre Gedanken gut tun oder nicht – und entsprechend zu handeln.

Meine 10 besten Praxis-Tipps zum Stoppen des Gedanken-Karussells

- Grübeln hat keinen Nutzen, wenn es zu keinem Handeln führt. Zudem zieht es Ihnen viel Energie ab. Handeln Sie also, falls Sie etwas Konkretes tun können, um die Situation zu verbessern oder Ihre Ängste abzubauen. Wechseln Sie also vom „warum?" zum „was und wie?". Wenn sich die Situation auf die Vergangenheit bezieht, gibt es nichts anderes, als sie zu akzeptieren. Etwas, das geschehen ist, können Sie nicht mehr rückgängig machen. Lenken Sie Ihre Energie auf etwas, bei dem Sie etwas tun können.
- Reden Sie über Ihre negativen Gedanken. So können Sie sie besser strukturieren und unter Kontrolle bringen. Ausserdem nimmt Ihr Gegenüber eine andere Perspektive ein und hat vielleicht eine Idee, die Sie noch nicht hatten.
- Schreiben Sie Ihre Ängste auf, so konkret und detailreich wie möglich. Dadurch werden sie rationaler und weniger bedrohlich.
- Hilfreich sind folgende Fragen an sich selbst:
- Was könnte schlimmstenfalls passieren? Und wie wahrscheinlich ist, dass dieses Worst-Case-Szenario auch effektiv eintritt?
- Wie sieht die Situation in einer Woche resp. in einem Jahr aus? Ist sie dann immer noch so schlimm?
  Die wenigsten Worst-Case-Szenarien treten effektiv ein.
- Erlauben Sie sich Grübelzeit, aber zeitlich beschränkt (z. B. 10 Min.). Stellen Sie dafür einen Wecker. Wenn die Zeit abgelaufen ist, wenden Sie sich positiven Dingen zu. Wenn untertags negative Gedanken auftauchen, notieren Sie sie für später, wenn Sie Grübelzeit haben.
- Wenn Sie aus dem Gedanken-Karussell nicht herauskommen, stellen Sie sich vor Ihrem inneren Auge ein farbiges Stopp-Schild vor und wenden sich

dann einem positiven Gedanken zu. Oder Sie sagen ganz laut „Stopp" und verstärken diese Aussage noch mit einer körperlichen Geste, z. B. mit dem Ballen der Faust oder dem Stampfen auf den Boden.

- Stellen Sie vor, wie Sie an einem breiten Fluss sitzen. Der Strom zieht ruhig an Ihnen vorbei. Beobachten Sie Ihre Gedanken und Gefühle. Falls ein quälender Gedanke auftaucht, platzieren Sie ihn vor Ihrem inneren Auge auf einem Blatt am Ufer, legen dieses ins Wasser und lassen es wegtreiben, während Sie es beobachten. (aus „Psychologie heute", 03/2020)
- Wechseln Sie die Perspektive und schauen auf sich und die Situation wie aus einem Helikopter – also von weit oben. Beobachten Sie sich aus diesem Abstand. Was ist dabei anders? Beschreiben Sie die Situation, indem Sie über sich in der dritten Person reden (also „er/sie hat..."). Das gibt Ihnen Distanz zu Ihren Gefühlen und Gedanken.
- Räumen Sie physisch Ihre Wohnung oder Ihr Haus auf. Idealerweise misten Sie dabei auch gleich noch aus. Dies hat einen beruhigenden und klärenden Effekt auf Sie.
- Wenn Sie nachts grübelnd wach liegen, stehen Sie auf und notieren Ihre Gedanken oder Dinge, die Sie nicht vergessen dürfen. Das Gehirn hat durch das Notieren den Eindruck, dass die Dinge schon erledigt sind, und ist dadurch beruhigt, wodurch Sie eher wieder einschlafen können. Die meisten Tipps von oben lassen sich auch auf das Nacht-Grübeln anwenden.

7.3 Weniger ist manchmal mehr

Der englische Prinz Charles wartet schon mehr als sechs Jahrzehnte darauf, den englischen Thron zu übernehmen. Und wir? Schon nur fünf Minuten auf den Bus zu warten, macht viele Menschen ganz kribbelig. Wir sind so stark darauf konditioniert, immer aktiv zu sein, dass wir nicht wissen, wie wir mit einer aufkommenden Langeweile umgehen sollen. Dabei braucht unser Gehirn zwischendurch Phasen des Nichts-Tuns, um kreativ und längerfristig produktiv zu sein. In diesem Kapitel werde ich Ihnen erklären, wieso Langeweile uns mehr Energie, Klarheit und neue Ideen bringt.

Wahrscheinlich geht es Ihnen gleich wie den meisten anderen Menschen auch: kaum haben wir einmal ein paar Minuten nichts zu tun und müssen warten, wissen wir mit unserer Zeit nichts Besseres anzufangen, als unser Smartphone zu zücken, irgendjemandem eine meist nicht so wichtige Message zu schicken oder ziellos herumzusurfen. Viele Menschen halten Langeweile gar nicht mehr aus und füllen sie mit sogenannten „Reflex-aktionen" wie dem Griff zum Handy. Dies sind Automatismen, deren wir uns häufig gar nicht bewusst sind.

Von morgens bis abends durchgetaktet

Wenn sie im Stau stehen, nerven sich die meisten Menschen sehr – sie empfinden es als eine unproduktive Zeit, welche viel langsamer vorübergeht (hat man den Eindruck). Unser Zeitalter ist geprägt von Nonstop-Aktivitäten, dem Nützlichkeits-Prinzip und dem Drang nach Dauer-Optimierung. Nutzen wir unsere Zeit möglichst effizient und effektiv, alles andere ist Zeitverschwendung! Wir hetzen von Meeting zu Meeting und am Abend ins Fitnesscenter, treffen Freunde oder erledigen zuhause noch einiges. Gegen Sport und soziale Kontakte gibt es nichts einzuwenden, aber gegen eine voll durchgetaktete Agenda schon. Denn diese führt zu Stress.

Wir haben immer das Gefühl, dass wir etwas zu tun haben, dass etwas erledigt werden muss. Kennen Sie den Begriff „the rushing woman's syndrom" der australischen Autorin Libby Weaver? Nicht nur wir Frauen, sondern auch viele Männer sprinten durchs Leben: Meetings und andere Termine von morgens früh bis abends spät und an den Wochenenden möglichst viele Leute treffen, Dinge erledigen und Unternehmungen machen. Unzählige To-do-Listen, Apps, die uns auffordern, dieses und jenes für unsere Gesundheit zu tun usw. Kein Wunder, fühlen sich immer mehr Leute gestresst durch diesen konstanten „on"-Modus, diese Überstimulierung und die Aufforderung, aktiv zu sein.

Langeweile ist „super food" für unser Gehirn

Wann hatten Sie das letzte Mal ein ganzes Wochenende lang nichts vor, nichts verplant – sind einfach Ihren Impulsen gefolgt und haben spontan gemacht, worauf Sie gerade Lust hatten? Oder haben sogar einmal GAR NICHTS gemacht? Eventuell können Sie sich gar nicht mehr daran erinnern. Dies ist schade. Denn Nichtstun macht den Kopf frei für Neues. Weniger Aktivitäten führen erwiesenermassen zu einem grösseren Ideenreichtum, da wir dann unserem Gehirn einmal erlauben, zu denken, was es denken will, ohne in Schemata gezwängt zu werden – mit der Folge, dass wir kreativer und innovativer werden. Der Grund dafür ist, dass beim Tagträumen dieselben Gehirn-Regionen aktiviert werden, die für die Vorstellungskraft und die Kreativität zuständig sind.

Aus einem weiteren Grund braucht unser Gehirn zwischendurch einmal eine Pause. Wissenschafter der McGill University in Kanada haben herausgefunden, dass der Blutdruck sinkt und das Gehirn sich erholt und sich für spätere Anforderungen rüstet, wenn man einmal nichts tut. Wissenschaftler der University of Michigan haben festgestellt, dass Probanden, die vor einem Test eine Pause hatten, in der sie alleine waren, ein besseres Resultat erzielten als ihre Kollegen, die vor der Prüfung in ein Gespräch verwickelt wurden. Um längerfristig leistungsfähig zu bleiben, brauchen wir also zwischendurch einmal Musse und Langeweile. Diese wirken sich zudem positiv auf die Schlafqualität und die emotionale Stabilität aus.

Nichts zu tun macht uns unruhig

Wieso haben wir ein grosses Problem mit dem Nichts-Tun? Die meisten Menschen definieren sich über ihre Leistung. Und wenn einmal keine Anforderungen an sie gestellt werden, fühlen sie sich unwohl dabei und reagieren mit innerer Unruhe, die Hyperaktivität auslöst. Hinzu kommt, dass wir in einer Multi-Options-Gesellschaft leben und immer das Optimum finden wollen. Dieses dauernde Evaluieren und Entscheiden müssen bereitet uns Stress. Als dritter Punkt spielt unsere Bezogenheit auf mobile Geräte eine wichtige Rolle. Sie macht es uns leicht, uns zu beschäftigen resp. abzulenken (mehr zu diesem Thema im nächsten Kapitel).

Versuchen Sie doch wieder einmal, gegen Ihren inneren Widerstand GAR NICHTS zu tun, Leere zuzulassen und zu schauen, was passiert. Am Anfang wird es vielleicht unangenehm sein, da Sie es nicht gewohnt sind. Aber bleiben Sie dran, und die Entspannung wird kommen. Wie Sie dies lernen können, zeige ich Ihnen mit meinen 10 besten Praxis-Tipps.

Meine 10 besten Praxis-Tipps für mehr Musse und Langeweile:

- Verplanen Sie nicht alle Abende und Wochenenden, sondern lassen Sie bewusst Löcher in Ihrer Agenda, um dann z. B. an einem Sonntagmorgen aufzuwachen und sich bewusst zu werden: Ist das Wetter schön, oder regnet es? Worauf habe ich Lust heute? Eher eine Outdoor-Aktivität mit der Familie oder Freunden oder doch lieber ein Buch-Tag im bequemen Sessel? Wenn Sie alles verplant haben, realisieren Sie gar nicht mehr, was Ihnen am Tag X gut tun würde.
- Setzen Sie sich auf Ihren Balkon oder in Ihren Garten und beobachten die Natur: hören Sie den Vögeln zu, riechen Sie den Duft der Blumen und Bäume, spüren Sie das Gras in Ihren Fingern usw. Den gleichen Effekt können Sie bei einem Spaziergang erreichen, bei dem Sie nur im Moment sind, also mit allen Sinnen die Natur beobachten.
- Gehen Sie an Orte, die zur Musse einladen, z. B. in den Wald, auf einen Berg, in ein Museum usw.

- Tun Sie Dinge, die Ihr inneres Kind wieder aufleben lassen: malen, singen, tanzen, rumblödeln usw. Dann vergessen Sie jegliches Zeitgefühl und sind im Moment. Und versuchen Sie ja nicht, sich von Ihrem inneren Kritiker davon abhalten zu lassen („dies ist doch kindisch!").
- Nehmen Sie täglich ein paar Minuten Zeit nur für sich. Dies lässt sich bestimmt einrichten. Machen Sie genau das, worauf Sie Lust haben – ohne jegliches Pflichtgefühl.
- Machen Sie einmal etwas ohne ein bestimmtes Ziel, z. B. einfach darauf los spazieren oder Musik hören. Nehmen Sie sich immer wieder Zeit, in der Sie gar nichts leisten müssen.
- Beschäftigen Sie sich mit den Händen: mit etwas Handwerklichem, Gartenarbeit, Handarbeit, Basteln, Kochen usw.
- Freuen Sie sich an Kleinigkeiten und seien Sie dankbar für alles Gute, das Sie in Ihrem Leben haben (mehr dazu im Abschn. 4.1.).
- Vermeiden Sie Multi-Tasking resp. das schnelle Switchen vom einen zum anderen. Machen Sie eines nach dem anderen (single tasking).
- Bewerten Sie bewusst Wartezeiten positiv, z. B. „der Stau entschleunigt mich" oder „nichts zu tun, tut mir auch mal gut".

Wer bin ich und wie viele?

Zum Schluss dieses Subkapitels zum Thema „weniger ist manchmal mehr" machen wir nun noch eine Bewusstseins-Übung zum Thema „meine Rollen". Wir alle haben in unserem Leben sehr viele verschiedene Rollen – seien es Altersrollen, Berufsrollen, Rangrollen, soziale Rollen usw. Einige davon sind Rollen, die wir uns selbst ausgesucht haben, andere wurden uns „zugewiesen".

Wir haben Haupt- und Nebenrollen – solche, die wir mit vollem Enthusiasmus leben, andere mehr aus Pflichtgefühl. Es ist unmöglich, alle Rollen gleichzeitig gut auszufüllen. Aber trotzdem haben wir häufig ein schlechtes Gewissen, wenn wir dies nicht tun, und versuchen, doch alles perfekt zu machen. Dies geht dann häufig auf Kosten von einem selbst.

Mit manchen Rollen sind auch mit unguten Stereotypen oder überzogenen Erwartungen verbunden, wie man diese auszufüllen hat. Andere Rollen geben einem eine soziale Orientierung (z. B. der weisse Arztkittel). Wiederum andere Rollen sind geprägt von den Gruppenzielen und -regeln, die mit diesen Rollen verbunden sind. Wenn man diese Rollenerwartungen nicht erfüllt, riskiert man Sanktionen. Rollen haben also grossen Einfluss darauf, wie wir unser Leben leben.

Übung: Meine Rollen

Ich lade Sie dazu ein, sich bewusst zu werden, welche Rollen Sie haben und wie Sie sie leben. Vermutlich haben Sie mehr Rollen, als Sie denken. Erstellen Sie Ihre Rollenliste mit folgenden Unterscheidungen:

- Ihre zugewiesenen Rollen, z. B. Frau/Mann, Tochter, Bruder, Nationalität usw.
- Ihre selbst ausgesuchten Rollen, z. B. Ehemann, Mutter, Freund, Dorfbewohnerin, Projektleiter, Club-Präsidentin usw.
- Ihre Rollen aufgrund Ihrer Persönlichkeit resp. der Art und Weise, wie Sie Dinge angehen, z. B. Menschen- und Tierliebhaber, sich Kümmernde, Familien-Organisatorin usw.

Anschliessend beantworten Sie für sich folgende Fragen:

- Welches sind Ihre wichtigsten Rollen und warum? Tun Ihnen diese persönlich gut?
- Wie füllen Sie diese aus? Mit Begeisterung, Pflichtgefühl, sich aufopfernd oder auch für sich schauend?
- Welche Rollen erfüllen Sie mit grosser Befriedigung, Freude usw.? Wie können Sie diese Rollen noch stärker leben? Wie können Sie diese positiven Gefühle auch auf andere Rollen übertragen, indem Sie sie anders leben?
- Welche Rollen haben Sie nur aus Pflichtgefühl und würden sie in einem freien Leben nicht ausüben wollen? Gäbe es Möglichkeiten, diese zurückzufahren oder ganz abzulegen? Was hindert Sie daran, dies zu tun, und wie können Sie diese Hindernisse überwinden?
- Gibt es Rollen, die Sie übermässig vereinnahmen? Wie könnten Sie sich hier besser abgrenzen?
- Welche Rollen gehören eher der Vergangenheit an oder funktionieren nicht mehr gut, aus welchen sind Sie herausgewachsen, (z. B. aufgrund veränderter Lebensumstände)? Wie können Sie diese Rollen ablegen?
- In welchen Rollen gibt es Konflikte oder Disharmonien? Wie können Sie diese auflösen oder mit mehr Gelassenheit akzeptieren? Oder: wie können Sie sich von diesen Rollen verabschieden oder ihnen weniger Gewicht geben?
- Welche Rollen möchten Sie künftig stärker leben? Oder gibt es sogar Rollen, die Sie noch nicht leben, die aber Ihrer Persönlichkeit entsprechen und Ihnen gut tun würden? Was hindert Sie daran, diese Rollen stärker oder neu zu leben? Was braucht es, um diese Hindernissen zu überwinden?

Was hat diese Übung bei Ihnen ausgelöst? Vielleicht mehr Bewusstsein, wie Sie Ihr Leben leben wollen? Änderungswünsche? Eine Fokussierung auf die wirklich wichtigen Rollen in Ihrem Leben? Zufriedenheit mit dem, was Sie haben? Horchen Sie in sich hinein, und machen Sie sich an die Umsetzung.

7.4   Umgang mit dem Digital Overload

In den letzten Jahren haben sich unser Kommunikationsverhalten und unsere Mediennutzung grundlegend geändert. Das Handy ist unser ständiger Begleiter geworden, faktisch zu unserem „significant other" (früher für den Lebenspartner reserviert). Denn wir berühren im Durchschnitt unser Smartphone über 2500 Mal am Tag.

Die digitale Kommunikation, die dauernde Erreichbarkeit – sie haben ihr Gutes: sie fordern uns aufgrund der hohen Kadenz neuer Nachrichten und Informationen immer wieder heraus, Entscheidungen zu treffen, was wichtig ist, was wir priorisieren und auf was wir fokussieren wollen. Und sie machen uns zeitlich und örtlich flexibler. Wir können arbeiten, wo und wann wir wollen. Sie erlauben uns, auch in virtuellen Teams an Projekten zu arbeiten und so Wissen zu bündeln und schnell zu einer Lösung zu kommen. Auch im Privaten bringen sie Vorteile: wir können uns ganz spontan irgendwo verabreden, kurzfristig eine Reise buchen und vieles mehr.

2,5 Stunden Handykonsum pro Tag
Aber Fakt ist, dass sehr viele Leute nicht mit diesen Vorteilen umgehen können, sondern eine starke Abhängigkeit von allem Digitalem entwickeln, was ihnen Energie abzieht und ihre Fähigkeit, zu fokussieren, mindert. So sehen 80 % der Smartphone-Besitzer in der Schweiz spätestens 15 Min. nach dem Aufwachen nach, ob sie neue Nachrichten erhalten haben. Und 60 % der Smartphone-Benutzer checken berufliche Mails, bis sie ins Bett gehen. Schweizer blicken durchschnittlich etwa 250 Mal pro Tag auf ihr Handy – meistens, ohne etwas Neues zu erfahren –, und Smartphone-Benutzer checken im Durchschnitt 14 Mal täglich Facebook.

Eine Studie der Universität Bonn bei 60'000 Smartphone-Benutzern hat herausgefunden, dass sich der Durchschnittsnutzer pro Tag etwa 2,5 h mit seinem Handy abgibt, die Jungen noch deutlich mehr. Die Social-Media-Studie 2020 der Agentur Xeit hat ergeben: 62 % der Schweizer verbringen pro Tag mindestens eine Stunde mit Social Media, 16 Prozentpunkte mehr als noch im Vorjahr. Alle 18 Min. unterbrechen wir die Tätigkeit, mit der wir gerade beschäftigt sind, um uns mit dem Smartphone abzugeben.

Nur 19 % aller Österreicher geben an, potenziell eine Woche oder länger auf ihr Handy verzichten zu können – jedoch mehr als die Hälfte auf Sex. Und 42 % würden lieber auf ihren Geschmackssinn verzichten als auf einen Internetzugang. Eine Studie aus dem Jahr 2019 fand heraus, dass lediglich

22 % aller Deutschen während ihrer Freizeit das Smartphone länger als 60 Min. aus der Hand legten, bei den 18- bis 29-Jährigen waren es sogar nur 7 %.

Internetkonsum kann Ihre Gesundheit gefährden

Wie schon in der Einführung zu diesem Kapitel erwähnt, sind wir viel weniger effizient, wenn wir uns dauernd unterbrechen lassen, und kommen dadurch auch nicht mehr in einen Flow. Aber nicht nur das: medizinische Studien des Stanford Calming Technology Lab haben nachgewiesen, dass simple Internetrecherchen dazu führen, dass man oberflächlicher atmet oder sogar ganz den Atem anhält. Dies heisst, Ihr Gehirn erhält weniger Sauerstoff und ist deshalb weniger leistungsfähig.

Mit den entsprechenden Konsequenzen: die deutsche Studie „Digitalisierung der Gesellschaft 2014" hat ergeben, dass 35 % der Befragten finden, dass die Digitalisierung starke Auswirkungen auf ihre persönliche Gesundheit hat. Dies erstaunt nicht. Denn sieben von zehn Befragten gaben an, ihre Smartphones auch nachts eingeschaltet zu lassen. 24 h online pro Tag – dies kann nicht gesund sein. Ich vermute, dass eine neuere Untersuchung zu diesem Thema noch höheren Zahlen hervorbringen würde.

Süchtig nach unseren Smartphones

Fakt ist: wir sind heute regelrecht süchtig nach unseren Smartphones. Sogar ein eigenes Wort für das zwanghafte Überprüfen des Bildschirms bei gleichzeitiger Vernachlässigung unseres sozialen Umfelds wurde kreiert: „phubbing". Wir lassen uns dauernd ablenken von den Pieps-Tönen von Mails, SMS oder WhatsApp. Anitra Eggler, eine frühere Internetpionierin und heutige „Digital-Therapeutin", bringt es auf den Punkt: „Reflex anstatt Reflexion ist das Lebensmotto des Homo Digitalis". Dabei nehmen wir uns gar nicht mehr die Zeit, über etwas nachzudenken, sondern haben das Gefühl, gleich antworten zu müssen.

Wieso sind wir so abhängig von unseren digitalen Geräten und lassen uns dauernd ablenken? Dies hängt mit der Funktionsweise unseres Gehirns und unserer Hormone zusammen. Wenn wir eine Neuigkeit sehen oder einer unserer Posts auf einem Social-Media-Kanal geliked wird, dann wird Dopamin ausgeschüttet, das Glückshormon. Das Problem beim Dopamin ist, dass wir immer mehr davon brauchen, um uns gut zu fühlen. Dies macht uns abhängig. Sehr viele Menschen sind heute so süchtig nach ihren digitalen Geräten, dass sogleich das Stresshormon Cortisol ausgeschüttet wird, sobald sie das Handy weglegen.

Viele Apps sind auch so programmiert, dass sie abhängig machen. Sie enthalten ein Belohnungssystem, wenn wir sie oft brauchen. Mit der Konsequenz, dass wir überreizt, erschöpft und mit der Zeit immer gestresster werden. Haben Sie gewusst, dass Bill Gates seinen drei Kindern erst ein Smartphone erlaubt hat, als sie 14 Jahre alt waren?

Gegentrend Digital Detox
Zu jedem Trend entsteht über Zeit ein Gegentrend. In den USA kam vor einiger Zeit die Idee von „Digital Detox Camps" auf, in denen Süchtige lernen, wie es sich anfühlt, wieder einmal im Offline-Modus zu sein: dass man dadurch besser entspannen, auftanken und wieder kreativ sein kann. Sogar Apple schickt ihre Leute in digitale Diätkurse, um ihre Innovationskraft anzukurbeln. Seit einiger Zeit gibt es solche Angebote auch im deutschsprachigen Raum.

Es tut jedem gut, sich zwischendurch in digitaler Entwöhnung zu üben. Aber für den sinnvollen Umgang mit allem Digitalem im Alltag ist vor allem entscheidend, sich immer wieder bewusst zu machen, wie das eigene Nutzungsverhalten aussieht.

Übung: Mein Verhältnis zu meinen mobilen Geräten

Beobachten Sie bewusst Ihr Verhalten zu Ihrem Smartphone, indem Sie sich folgende Fragen dazu stellen:

- Wie lange bin ich pro Tag am Handy? In diesem Zusammenhang können Ihnen Apps helfen, z. B. die App Offtime oder die App Rescue Time, die messen, wie viel Zeit man mit den verschiedenen Anwendungen verbringt. Die meisten Menschen unterschätzen dies nämlich.
- Mit welchen Anwendungen verbringen Sie am meisten Zeit? Internet, WhatsApp, Facebook, Snapchat, Kalender usw.
- Suchen Sie gezielt nach Informationen, oder surfen Sie ziellos herum? Wie ist das Verhältnis der beiden?
- Wo befindet sich Ihr Smartphone, wenn Sie am Arbeiten sind respektive wenn Sie nach Hause kommen?
- Liegt Ihr Smartphone auf dem Tisch, wenn Sie sich mit jemandem in einem Lokal treffen, oder ist es in Ihrer Tasche versorgt?
- Wie fühlt es sich für Sie an, an einem Wochenende einmal einen Tag ohne Handy unterwegs zu sein?

Nun fällen Sie bewusste Entscheide, wie viel Bedeutung Sie der digitalen Kommunikation versus der persönlichen Kommunikation beimessen möchten.

Meine 10 besten Praxis-Tipps für einen gesunden Umgang mit dem Digital Overload

- Schützen Sie sich mit allen technischen Möglichkeiten. Schalten Sie alle tönenden Benachrichtigungen aus, im Smartphone und im Laptop – das gleiche gilt für alle visuellen Hinweise, dass Sie eine Mitteilung erhalten haben (Desktop auf Ihrem Smartphone, Mailhinweise in Ihrem Outlook). Denn Studien haben gezeigt, dass man es höchstens zwei Minuten aushält, NICHT nachzuschauen, wenn man realisiert hat, dass eine Nachricht eingetroffen ist.
- Beim Arbeiten oder zuhause haben Sie Ihr Handy idealerweise ausser Sichtweite. Denn wenn wir es sehen, checken wir es auch, obwohl wir keine tönenden oder visuellen Reminders erhalten haben. Ein Handy in Sichtweite lenkt also ab.
- Führen Sie „Mailöffnungszeiten" ein (nach Anitra Eggler). Öffnen Sie ihr Postfach nur dreimal täglich und arbeiten dann konzentriert Ihre Mails ab. Dann sind Sie zwischendurch weniger abgelenkt.
- Schauen Sie in Ihren Pausen nicht aufs Smartphone. Untersuchungen haben gezeigt, dass der Effekt sonst der gleiche ist, wie wenn Sie gar keine Pause machen würden.
- Überlegen Sie, ob jedes Mail wirklich notwendig ist und an wie viele Leute es geschickt werden muss. Würden Sie es an gleich viele Personen senden, wenn Sie wie früher einen physischen Brief unterschreiben, diesen in ein Couvert stecken, eine Marke darauf kleben und es zum Briefkasten bringen müssten?
- Schauen Sie an Sitzungen nicht auf das Smartphone. Abgesehen davon, dass es unhöflich ist, kann sich das Gehirn auch nur auf eine Sache aufs Mal fokussieren. Sie kriegen also bei gleichzeitigem Handykonsum und dem Versuch, der Sitzung zu folgen, beides nicht richtig mit.
- Stellen Sie beim Dinner mit der Familie oder beim Bier mit Freunden das Handy auf lautlos oder ganz ab und widmen sich der persönlichen Kommunikation.
- Sorgen Sie dafür, dass Sie abends eine online-freie Zeit haben, bevor Sie schlafen gehen. Man schläft besser, wenn man nicht mit einem Digital Overload ins Bett sinkt. Und warten Sie bis nach dem Frühstück, bevor Sie Ihre Nachrichten anschauen.
- Machen Sie kleinere und grössere digitalen Entgiftungen. Z. B. lassen Sie an einem Wochenendtag Ihr Smartphone einmal zuhause, wenn Sie es aus logistischen Gründen nicht brauchen. Idealerweise checken Sie in den Ferien keine beruflichen Mails, damit Sie richtig abschalten können. Wenn Ihnen dies nicht möglich ist, beschränken Sie den beruflichen Laptop- und Smartphone-Gebrauch im Urlaub auf eine Stunde täglich, z. B. je eine halbe Stunde am Morgen und am Abend.
- Schauen Sie beim Pendeln im Zug aus dem Fenster anstatt auf Ihr Handy, oder beobachten Sie andere Menschen.

» Fazit

Unser Leben bietet uns sehr viele, ja, fast unbegrenzte Möglichkeiten, uns abzulenken. Wenn wir jedoch unseren „Affengeist" zu viel wandern und uns dauernd von unseren digitalen Geräten verführen lassen, verlieren wir die Fähigkeit, uns während einer bestimmten Zeit einer einzigen Sache zu widmen, also uns zu konzentrieren. Dies hat grosse negative Auswirkungen auf unsere Effizienz und unsere Arbeitsqualität – und mittelfristig auch auf unsere Zufriedenheit. Schon der chinesische Philosoph Laotse hatte im 6. Jahrhundert gesagt. „Das Aussortieren alles Unwesentlichen ist der Kern aller Lebensweisheit."

Seien Sie wieder einmal im Moment. Halten Sie Langeweile aus. Legen Sie Ihre mobilen Geräte für eine gewisse Zeit beiseite. Ihr Geist und Ihr Körper werden es Ihnen danken – mit mehr Zufriedenheit, Gelassenheit und einer besseren Konzentration, also insgesamt einer höheren Leistungsfähigkeit. Deshalb teile ich die Meinung von Cal Newport, US-Professor für Computerwissenschaften: „Fokus ist der neue Intelligenzquotient".

Weiterführende Literatur

Alber M. (2017): *Digitale Erschöpfung – wie wir die Kontrolle über unser Leben wiedergewinnen.* München: Hanser.
De Botton A. (2017): *Die Freuden der Langeweile.* Berlin: Fischer.

Eggler A. (2018): *Mail halten! Die beste Selbstverteidigung gegen Handy-Terror, E-Mail-Wahnsinn & digitale Dauerablenkung.* Wien: like publishing.

Nolen-Hoeksema S. (2004): *Women who think too much: how to break free of overthinking and reclaim your life.* New York: Holt.

Perlow L.A. (2012). *Sleeping with your smartphone – how to break the 24/7 habit and change the way you work.* Boston: Harvard Business Review Press.

Schwab B.L. (2018). *Das Anti-Grübel-Buch – Gedankenzähmen für Einsteiger.* Norderstedt: Books on Demand.

Seiwert L. (2010): *Simplify your time – einfach Zeit haben.* Frankfurt: Campus.

Tolle E. (2000): *Jetzt! Die Kraft der Gegenwart.* Bielefeld: Kamphausen.

Weaver L. (2012). *The rushing woman's syndrome – the impact of a never ending to-do list on your health.* Auckland: Little Green Frog.

Zack D. (2015). *Die Multitasking-Falle – warum wir nicht alles gleichzeitig können.* Offenbach: GABAL

8

Keine Leistung ohne Regeneration

Alle Unternehmen stehen unter einem grossen Leistungs- und Effizienz-steigerungs-Druck, der sich durch die Corona-Krise noch weiter ver-stärkt hat. Für die Mitarbeitenden und Führungskräfte bedeutet dies, dass von ihnen überdurchschnittliche Leistungen und ein grosses Engagement erwartet werden, damit die Firmen erfolgreich bleiben. Doch ein zu grosses Engagement kann längerfristig auch zu einer tieferen Arbeitsqualität und -quantität führen. Wenn man zu viel arbeitet und sich zu wenig erholt, wird man unkonzentriert, macht mehr Fehler, kann weniger leisten und wird ver-mutlich auch gereizt – mit negativen Auswirkungen auf das ganze Team. Mit der Zeit nehmen Absenzen und auch Ausfälle zu.

Regelmässig mehr als 55 h pro Woche zu arbeiten – dies zeigen diverse Untersuchungen –, wirkt sich negativ auf Ihre Gesundheit und Ihre Leistungsfähigkeit aus. Ihre Produktivität nimmt ab, und das Risiko, ernst-haft zu erkranken (z. B. an Herzkrankheiten oder einer Depression), steigt deutlich an. Von zu viel Arbeit profitiert also keiner – weder Sie persönlich noch Ihr Arbeitgeber.

Sie müssen sich also in Ihrer Freizeit bewusst erholen und auch Ihren Arbeitsalltag so gestalten, dass Sie während des Tages leistungsfähig bleiben. Welche Bestandteile eine ideale Regeneration hat, zeige ich Ihnen in diesem Kapitel: Schlaf, Pausen, Entspannung, Bewegung, Ernährung und Humor.

C. Kraaz, *Nachhaltig leistungsfähig bleiben,* https://doi.org/10.1007/978-3-662-62864-5_8

Übung: Energie-Räuber und -Spender

Zu Beginn dieses Kapitels machen wir wieder eine Bewusstseins-Übung. Bitte notieren Sie, welches Ihre stärksten Energie-Spender und Ihre grössten Energie-Räuber sind – sowohl beruflich als auch privat. Dann überlegen Sie sich, wie Sie Ihre Energie-Spender noch stärker (d.h. auch regelmässiger, z. B. Sport) in Ihr Leben integrieren können. Bezüglich der Energie-Räuber gilt es, sich klar zu werden, wie Sie sie idealerweise eliminieren oder wenigstens minimieren können. Manchmal gilt es auch, gewisse Energie-Räuber, denen Sie nicht ausweichen können (z. B. Personen in Ihrem Arbeitsumfeld), zu akzeptieren und nicht mehr in einen inneren Widerstand gegen sie zu gehen – sich also durch eine andere innere Haltung vor ihrem toxischen Einfluss wenigstens teilweise zu schützen. So wird Ihnen weniger Energie abgezogen.

8.1   Unterbewerteter Schlaf

Dieses Kapitel ist einem Thema gewidmet, welches sehr stark unterschätzt wird: dem Schlaf. Dies obwohl ein Grossteil aller Menschen Probleme mit dem Schlaf haben – seien es Einschlaf- oder Durchschlaf-Schwierigkeiten, und zwar in zunehmendem Masse. Die deutsche Krankenkasse DAK hat in ihrem Gesundheitsreport aus dem Jahr 2017 festgestellt, dass im Zeitraum von 2010 bis 2017 Schlafstörungen bei Berufstätigen zwischen 35 und 65 Jahren um 66 % angestiegen sind. Rund 80 % aller befragten Arbeitnehmenden erzählten von Schlafstörungen.

Die durchschnittliche Schlafdauer ist in den letzten zwanzig Jahren um rund eine Stunde zurückgegangen. Viele Top-Manager brüsten sich damit, wie wenig Schlaf sie brauchen. So schläft Ex-Credit Suisse-CEO Brady Dougan nur vier bis fünf Stunden pro Nacht. Und Apple-CEO Tim Cook beginnt seinen Tag bereits um 3.45 h. Schon Napoleon, der selbst nur rund vier Stunden pro Nacht schlief, meinte, dass nur Dummköpfe und Kranke mehr Schlaf bräuchten.

Dass dies falsch ist, realisierte Arianna Huffington, Mitbegründerin und Chefredakteurin der „Huffington Post" und laut „Time Magazine" eine der 100 einflussreichsten Personen der Welt, auf eine drastische Art: „Am Morgen des 6. April 2007 fand ich mich in einer Blutlache auf dem Fußboden meines Arbeitszimmers wieder. Im Fallen war ich mit dem Kopf gegen die Schreibtischkante geschlagen, hatte mich am Auge verletzt und mir das Jochbein gebrochen."

Huffington erlitt einen Zusammenbruch, der ihr zu denken gab. Denn schnell fanden die Ärzte heraus, dass kein organisches Problem den Zusammenbruch verursacht hatte: „Mein Kollaps war das Ergebnis von

Erschöpfung und Schlafmangel", schreibt sie in ihrem lesenswerten Buch „Die Neuerfindung des Erfolgs". Mangelnder Schlaf kann also sehr starke negative Folgen für Ihre Gesundheit und Ihre Leistungsfähigkeit haben.

Schlafen macht schlau und leistungsfähig
Wieso ist denn Schlaf so wichtig für den Menschen? Schlafen heisst nicht, inaktiv zu sein. Zwar werden Herzschlag, Blutdruck und Körpertemperatur heruntergefahren, aber der Organismus ist hochaktiv. Wir verbrauchen im Schlaf gleich viel Energie wie im Wachzustand, einfach für andere Aktivitäten. Das Gehirn verarbeitet, was am Tag geschehen ist, und baut schädliche Abfallprodukte – Schlacken als Folge Ihres täglichen Stresses – ab. Ihr Gehirn räumt also in der Nacht auf und macht sauber. Der Tiefschlaf reguliert ausserdem das Stresshormon Cortisol nach unten, ist also sehr wichtig gegen Stress.

Zudem werden aufgrund des tiefen Cortisol-Niveaus im Tiefschlaf Daten vom Kurz- ins Langzeitgedächtnis verlagert, und es werden neue Verbindungen zwischen den Hirnzellen erstellt, was uns ermöglicht, Zusammenhänge zu erkennen und analytisch und ganzheitlich zu denken. Dies erleichtert das Lernen, man schöpft mentale Kraft und ist konzentrierter. Im Tiefschlaf sind ausserdem Leber und Niere hoch aktiv: sie bauen Giftstoffe ab und wandeln Nährstoffe aus der Nahrung um.

Zudem wirken im Tiefschlaf die Wachstumshormone. Sie reparieren Zellen, und der Muskelaufbau und das Knochenwachstum werden gefördert. Ausserdem arbeitet auch das Immunsystem mit voller Kraft. Es werden im Schlaf besonders viele Botenstoffe ausgeschüttet, welche die Immunabwehr stärken. Schlafen macht also schlau und sowohl mental als auch physisch leistungsfähig.

Schlafmanko macht betrunken
Welche konkreten negativen Auswirkungen hat denn ein chronisches Schlafmanko auf die Psyche und den Körper:

- Schon nach einer Woche mit zu wenig Schlaf verhält man sich so, wie wenn man ein Promille Alkohol im Blut hätte. Grund: da die Schlackenstoffe im Gehirn nicht genügend abgebaut werden, kann man weniger gut Informationen verarbeiten und ist weniger konzentriert. Die Problemlösungsfähigkeit und die Kreativität werden stark beeinträchtigt.
- Man ist emotional weniger stabil und deshalb weniger gelassen. Die Gereiztheit steigt, wie Sie sicher selbst schon erfahren haben, wenn Sie einmal nicht gut geschlafen haben.

- Die Klinik für Neurologie der Universität Zürich und eine amerikanische Studie haben zudem festgestellt, dass bei chronischem Schlafmangel systematisch höhere Risiken in Kauf genommen werden – nicht gerade ideal im Geschäftsleben. Ausserdem handelt man unethischer.
- Die verminderte Funktionsfähigkeit der Immunabwehr führt zu mehr Infekten.
- Ein chronisches Schlafmanko kann ernsthafte Gesundheitsfolgen haben wie etwa einen Herzinfarkt, einen Hirnschlag oder Diabetes.
- Was weniger bekannt ist: Schlaflosigkeit macht auch fettleibig, weil man mehr isst und weniger verbrennt, da der Stoffwechsel sich verlangsamt. Ausserdem geht die Muskelmasse zurück.
- Schätzungen gehen davon aus, dass bei 20 % der schweren Verkehrs-unfälle Übermüdung eine entscheidende Rolle spielt.
- Und wer weniger als sechs Stunden pro Nacht schläft, hat ein deutlich höheres Burnout-Risiko.

Trotzdem schlafen wir tendenziell zu wenig. Schätzungen gehen davon aus, dass Schlafmangel die Schweizer Volkswirtschaft fünf bis acht Mrd. CHF kostet, Deutschland über 50 Mrd. EUR und die USA sogar über 400 Mrd. USD. Denn in den USA schläft etwa die Hälfte der Bevölkerung weniger als 7 h, rund die Hälfte der CEOs der grossen Firmen sogar weniger als 6 h.

Es gibt aber in den letzten Jahren auch einen Gegentrend bezüg-lich Schlafdauer. Bekannte Persönlichkeiten setzen sich für eine höhere Gewichtung des Schlafs ein – abgesehen von Arianna Huffington auch Jeff Bezos, Warren Buffet, Sheryl Sandberg und Bill Gates.

Übung: Mein Schlafbedürfnis herausfinden

Das Schlafbedürfnis ist individuell und kann nicht beeinflusst werden, denn es ist genetisch bedingt. Die meisten Leute brauchen zwischen sieben und acht Stunden Schlaf pro Nacht. Wie viel dies bei Ihnen ist, können Sie in Ihren Ferien (mindestens eine Woche, idealerweise mehr) herausfinden. Stellen Sie den Wecker nicht und führen jeden Morgen Protokoll, nach wie vielen Stunden Sie sich wie fühlen (man kann auch zu viel schlafen). Damit eruieren Sie Ihre ideale Schlafdauer.

Dann versuchen Sie, immer etwa diese gleiche Anzahl Stunden zu schlafen. Wer am Wochenende kompensiert, verwirrt den Körper. Denn bei regel-mässigen Schlafstunden steigen der Hormonlevel, die Körpertemperatur und der Blutdruck etwa eine Stunde vor dem Aufwachen an. Sie fühlen sich also beim Aufwachen fitter, wenn Sie immer gleich lange schlafen. Gesund bleibt man also, indem man so lange schläft, bis man sich ausreichend erholt fühlt.

Meine 10 besten Praxis-Tipps für einen wohltuenden Schlaf:

- Trinken Sie am Nachmittag entweder weniger Kaffee oder idealerweise gar keinen mehr. Koffein bleibt sehr lange im Blut. Wenn Sie um die Mittagszeit einen Kaffee trinken, ist zur Schlafenszeit immer noch rund 50 % des Koffeins wirksam.
- Alkohol hilft einem zwar beim Einschlafen, aber führt zu mehr Wachzuständen in der zweiten Nachthälfte.
- Verzichten Sie aufs Rauchen. Da Nikotin ein Stimulans ist, sind Raucher beim Aufwachen vier Mal müder als Nichtraucher.
- Essen Sie abends spätestens zwei Stunden vor dem Zubettgehen nichts mehr. Und essen Sie schwerverdauliche Nahrungsmittel wie Salate, Obst oder Fleisch noch früher.
- Bewegung untertags hilft Ihrem Schlaf. Aber Ihre Sportaktivitäten sollten nicht abends zu spät stattfinden, da sie anregen.
- Fahren Sie abends herunter, indem Sie eine online-freie Zeit haben vor dem Schlafengehen sowie eine Entspannungsmethode, die Sie beruhigt – konkrete Ideen dazu finden Sie im Abschn. 8.3.
- Verwenden Sie keine elektronischen Geräte im Bett. Studien haben gezeigt, dass man dann später einschläft, der REM-Schlaf weniger ausgeprägt ist und man tiefere Werte des Schlafhormons Melatonin aufweist. Die Entwicklung des Melatonins wird durch das blaue Licht der Geräte gehemmt. Ihr Gehirn hat den Eindruck, es sei immer noch hell. Deshalb sind Smartphones ohne Blaulichtfilter auch als Wecker auf dem Nachttisch schlecht für Ihren Schlaf. Denn das Blaulicht dringt auch durch Ihre geschlossenen Augenlider zu Ihrer Netzhaut vor. Denjenigen unter Ihnen, die geschäftliche Mails auf Ihrem Handy haben, kommuniziert Ihr Unterbewusstsein zudem, dass Sie auch in der Nacht am Arbeiten sind. Dies macht Ihren Schlaf weniger erholsam.
- Schlafpillen machen abhängig und bringen die Schlafzyklen durcheinander. Dadurch können die schädlichen Abfallprodukte nicht genügend abgebaut werden. Natürliche Mittel wie Baldrian, Hopfen usw. stellen kein Problem dar.
- In Ihrem Schlafzimmer sollte es idealerweise 16 bis 18 Grad kalt sein.
- Die Schlummertaste des Weckers zu drücken, macht Sie schlapper. Denn dann werden Sie nach ein paar Minuten ein zweites Mal aus dem Schlaf geholt. Stehen Sie nach dem Klingeln sofort auf.

8.2 Pausen erhalten leistungsfähig

Wir leben in einer Leistungs-Gesellschaft, in der Ruhepausen einen schlechten Ruf haben. Die heutige Arbeitswelt funktioniert wie der Spitzensport: immer sind Höchstleistungen gefordert, der Druck ist immens. Spitzensportler haben der Wirtschaft jedoch etwas voraus. Sie machen alles für ihren Erfolg, sind sich aber gleichzeitig immer bewusst: ich kann nur Höchstleistungen erbringen, wenn mein Körper sich immer wieder erholen kann. Das Muskelwachstum erfolgt nämlich in den Ruhe- und

Erholungsphasen. Wenn ein Top-Sportler zu viel trainiert, nimmt seine Leistungsfähigkeit ab, oder er wird verletzungsanfällig.

Genau das Gleiche gilt für die Wirtschaft. Wir brauchen die grosse Pause in der Nacht – den Schlaf, den wir soeben behandelt haben –, Abende, Wochenenden und Ferien, um uns zu regenerieren und nachher wieder produktiv sein zu können. Und wir benötigen mehrere Mikropausen untertags. Denn unser Körper und unser Gehirn sind nicht dafür gemacht, acht bis zehn Stunden am Stück durchzuarbeiten.

Ohne Pausen werden wir „verletzungsanfällig"
Was sind die Folgen, wenn wir uns keine Pausen leisten wollen? Wir werden ebenfalls „verletzungsanfällig". Unsere Denk- und Konzentrationsfähigkeit lässt nach, da mit der Zeit die Durchblutung unseres zentralen Nervensystems im Gehirn abnimmt. Wir werden unkreativ und können nicht mehr klar und logisch denken, wodurch wir möglicherweise unbedachte Entscheide fällen. Zudem reagieren wir irrational und vielleicht sogar aggressiv. Fazit: ohne Pausen sind wir weniger belastbar.

Freie Abende und Wochenenden sowie Ferien sind also eine Voraussetzung, um längerfristig gesund und leistungsfähig zu bleiben. So zeigen Studien, dass Leute, die kaum in den Urlaub fahren, eher einen Herzinfarkt erleiden. Aber schon alleine sich mit künftigen Ferien auseinanderzusetzen, sie zu planen, tut gut und entspannt.

Andere Studien zeigen, dass die Jobzufriedenheit grösser ist, wenn man immer wieder mal kürzere oder längere Pausen vom Arbeitsalltag macht. Und das Gehirn profitiert, wenn Sie sich diese Arbeits-Abstinenzen gönnen. Dann kann es sich mit den Themen beschäftigen, die es will, wodurch erst Kreativität entstehen kann. Zudem fördert Tagträumen die Konzentration und macht Sie weniger impulsiv.

Viele kleine Pausen lohnen sich
Wir brauchen also immer wieder grössere Pausen, aber wir brauchen auch während des Arbeitens kleine Auszeiten. Viele Menschen denken, sie können während der Arbeitszeit keine Pausen machen, da sie sonst mit ihren Aufgaben nicht fertig werden oder andere denken könnten, sie seien faul. Aber da liegen sie falsch. Denn unser Körper funktioniert nach dem BRAC-Prinzip: „Basic Rest Activity Cycle". Nathaniel Kleitmann, der Begründer der Schlafforschung, hat herausgefunden, dass das Gehirn verschiedene Konzentrationsphasen durchläuft. Spätestens nach 90 bis 100 Min. werden

wir unweigerlich müde. Unsere Aufmerksamkeit und Konzentration lassen nach.

Was wir also untertags brauchen, um den ganzen Tag leistungsfähig zu bleiben, sind über Mittag mindestens eine halbe Stunde Pause und dazwischen immer wieder sogenannte Mikropausen (zwischen ein paar Sekunden bis ein paar Minuten). Mikropausen sind sehr wichtig, da die Erholung in den ersten paar Minuten am grössten ist.

Meine 10 besten Praxis-Tipps für die Ausgestaltung Ihrer Mikropausen

- Atmen Sie immer wieder einmal tief durch, bis in den Bauch hinein. Denn unter Druck atmen wir flacher und oberflächlicher, wodurch weniger Sauerstoff in unseren Körper (also auch unser Gehirn) gelangt. Ausserdem beruhigt tiefes Atmen Ihr Zentralnervensystem. Am besten nehmen Sie diese tiefen Atemzüge bei einem kurzen Spaziergang an der frischen Luft oder am offenen Fenster.
- Schliessen Sie die Augen und denken intensiv an einen schönen Moment in ihrem Leben (z. B. Ferien-Erinnerungen) oder an liebe Menschen. Dies reicht schon, um ihr Nervensystem herunterzufahren und einen Neustart zu machen.
- Nützen Sie zwischendurch andere Sinne, z. B. indem Sie an Ihrem Kaffee oder Tee riechen oder Ihr Brötchen oder Ihren Pausenapfel bewusst und langsam kauen.
- Entspannen Sie Ihre Augen, indem Sie eine andere Sehdistanz einnehmen: anstatt zum Computer z. B. zum Fenster hinausschauen. Oder reiben Sie die Handflächen aneinander, bis sie warm sind. Dann halten Sie Ihre gewölbten Hände über Ihre geöffneten Augen. Durch die Dunkelheit entspannen sie sich.
- Wenn ihr Gehirn zu warm ist, werden Ihre Aufmerksamkeit und Ihr Gedächtnis schlechter. Was hier hilft, ist zu gähnen. Denn dies senkt die Temperatur im Gehirn.
- Bewegen Sie sich kurz. Konkrete Tipps dazu erhalten Sie im übernächsten Subkapitel zum Thema Bewegung.
- Trinken Sie immer wieder einen Schluck Wasser. Unser Körper besteht zu einem grossen Teil aus Wasser. Und wenn man nur 2 % seines Wasserhaushaltes verliert (z. B. durch Schwitzen), hat dies einen negativen Effekt auf die Konzentrationsfähigkeit.
- Nutzen Sie die Pausen, um sich wirklich zu regenerieren, nicht um noch hektisch Mails abzuarbeiten oder Social Media zu checken. Denn sonst regenerieren Sie nicht.
- Schalten Sie mögliche Störquellen (z. B. Telefon) während Ihrer Mikropausen aus.
- Wechseln Sie die Art der Arbeiten, die Sie machen, und bauen zwischendurch Routinearbeiten ein, die Sie nicht gross fordern.

8.3   Wann haben Sie zum letzten Mal entspannt?

Meditation, Yoga, progressive Muskelrelaxation, autogenes Training – Entspannungsmethoden sind im Trend. Dies nicht ohne Grund. Unser hektisches Alltagsleben führt dazu, dass wir angespannt und zunehmend gestresst sind. Dabei ist wichtig zu wissen: es gibt zwei Arten, Stress abzubauen: 1) an den Stressauslösern zu arbeiten (siehe dazu den Abschn. 2.2. „Mein ganz persönlicher Stress") und 2) den angestauten Stress wieder abzubauen. Eine sehr gute Möglichkeit, letzteres zu tun, ist, sich regelmässig zu entspannen. Idealerweise haben Sie eine Ihnen persönlich entsprechende Entspannungsmethode, die Ihren Körper und Ihren Geist herunterfährt.

Doch häufig haben wir das Problem: woher Zeit nehmen für die Entspannung? Jeden Tag eine halbe Stunde meditieren wäre sehr gesund, aber wenn wir uns zu viel vornehmen, geben wir eher auf und scheitern. Deshalb gebe ich Ihnen heute in meinen Praxis-Tipps Ideen für kurze, aber wirksame Entspannungs-Momente.

Meine 10 besten Praxis-Ideen für kurze Entspannungs-Momente:

- *Atemübungen:* Entweder Sie machen die im Abschn. 7.1. vorgestellte Atemübung, oder Sie atmen einfach nur tief in den Bauch ein und aus. Besonders entspannend ist es, wenn Sie länger ausatmen (z. B. auf acht zählend) als einatmen (z. B. auf vier zählend). Denn dies beruhigt Ihr Nervensystem.
- *Schöne Momente hervorholen* (siehe auch vorheriges Kapitel zum Thema Pause): Schliessen Sie die Augen und denken Sie an etwas Schönes, z. B. an Ihre Familie oder Ihren Partner, Ihren letzten Urlaub, an einen sonnigen Tag am See usw. Und zwar mit allen Sinnen! Dies entspannt das Nervensystem und schüttet Glückshormone aus.
- *Musik hören oder musizieren:* Rhythmus und Melodie beeinflussen nicht nur die Atmung und den Puls, sondern auch Nerven und Drüsen.
- *Singen:* Ob laut oder leise: beim Singen wird der Botenstoff Oxytocin ausgeschüttet, was Glücksgefühle erzeugt. Die Atmung wird tiefer und der Organismus besser durchblutet.
- *Augenentspannung:* Reiben Sie die beiden Handflächen fest aneinander, bis sie warm sind. Dann halten Sie sie auf Ihre geschlossenen Augen. Oder schliessen Sie die Augen, bedecken Sie sie mit einem dunklen Tuch und stellen sich vor, Sie würden schwarzen Samt betrachten.
- *Strömen:* Legen Sie die linke Hand auf den Bauchnabel und berühren Sie mit dem Zeigefinger der rechten Hand die Mitte oberhalb Ihrer Lippen und mit dem Mittelfinger die Mitte unterhalb Ihrer Lippen. Beide Punkte mit leichtem Druck massieren. Handwechsel. Anschliessend die rechte Hand auf das Steissbein legen und die linke Hand auf den Bauchnabel. Beide Stellen massieren, anschliessend Handwechsel.

- *Sonne tanken:* Die UV-Strahlen helfen unserem Körper, Vitamin D zu erzeugen. Vitamin D wird nicht umsonst als das „natürliche Antidepressivum" bezeichnet.
- *Warmes Bad:* Ein wohliges warmes Bad (evtl. noch mit angenehm duftenden Essenzen) ist eine Wohltat für verspannte Muskeln, aber auch für einen angespannten Geist. Und dann gleich ab ins Bett! Wenn man keine Badewanne hat, geht auch ein Fussbad.
- *Körperkontakt:* Wenn Sie Körperkontakt mit Ihnen nahen Menschen haben, beruhigt Sie dies. Beim Kuscheln und bei Umarmungen wird das Hormon Oxytocin freigesetzt. Denselben Effekt erzielen Sie, wenn Sie ein Haustier streicheln.
- *Bewegung:* Bewegen Sie sich, möglichst an der frischen Luft. Dazu mehr gleich im nächsten Subkapitel. Dort finden Sie auch Entspannungs-Übungen durch Bewegung bei akutem Stress.

8.4   Bewegung: gut für den Körper und die Psyche

In der Steinzeit war der Stress für unsere Vorfahren gross. Jederzeit konnte ein Säbelzahntiger auftauchen und Todesgefahr bedeuten. Die Stress-Reaktion war „fight or flight" – kämpfen oder fliehen. In beiden Fällen handelt es sich um Bewegung. Dadurch wurden die durch die Stressreaktion ausgeschütteten Hormone – insbesondere das Cortisol – wieder abgebaut. Puls, Herzschlag und Blutdruck beruhigten sich nach dem Kampf oder der Flucht. Die Muskeln konnten sich entspannen, und der Körper regenerierte sich wieder. Dies ist wichtig, damit der Stresspegel nicht immer weiter ansteigt und sich chronische Krankheiten entwickeln können.

Und heute? Wir bewegen uns deutlich weniger als unsere Vorfahren aus der Steinzeit. Viele Menschen sind zu Couch Potatoes geworden. Denn auf den ersten Blick scheint es viel entspannender zu sein, sich nach einem anstrengenden Arbeitstag aufs Sofa zu legen, anstatt sich nochmals anzustrengen. Dies täuscht jedoch. Zwar fährt der Körper auch auf der Couch Atmung, Blutdruck und Herzschlag herunter. Doch die Muskulatur steht noch unter Spannung, und die zuvor ausgeschütteten Stresshormone zirkulieren weiterhin im Körper. Was hilft, ist eben Bewegung. Durch sie wird Cortisol gespalten und dadurch viel schneller und stärker abgebaut als durch Beine hochlagern und Nichtstun.

Glückshormone dank Bewegung

Und es gibt einen zweiten positiven Effekt, wenn man nicht auf der faulen Haut liegt: durch Bewegung werden nämlich die Hormone Endorphin und Serotonin produziert, welche die Stresshormone neutralisieren und gleichzeitig ein Glücksgefühl auslösen. Die Ausdauersportler kennen dieses Flow-Gefühl, das durch eine mässige, nicht übertriebene Anstrengung von idealerweise 30 bis 60 Min. (vorzugsweise zwei bis drei Mal pro Woche) ausgelöst wird. Man ist nach der körperlichen Betätigung nicht nur entspannt, sondern auch richtig beschwingt. Sport ist also im doppelten Sinne gut gegen Stress.

Wichtig dabei ist, dass der Sport auch Spass macht. Kreieren Sie sich nicht noch weiteren Leistungsdruck und setzen sich zu hohe Ziele, sondern gehen das Ganze spielerisch an, z. B. indem Sie beim Joggen nicht ein fixes Ziel anpeilen oder immer auf die Uhr schauen. Und balancieren Sie im Wald einmal über die Baumstämme. Dadurch wird der Körper ganzheitlich gefordert, ohne dass eine messbare Leistung erbracht wird.

Apropos Wald: Bewegung im Freien ist besonders gesund. Denn dann wird – wie im letzten Subkapitel erwähnt – Vitamin D produziert, und die Farbe Grün und die frische Luft wirken ebenfalls stressabbauend. Ausserdem löst die Bewegung an der frischen Luft die Produktion von Serotonin aus, was zu Schmerzlinderung, Entspannung und Zufriedenheit führt. Bereits fünf Minuten in einem grünen Umfeld haben nachweislich einen positiven Effekt auf unsere Psyche, wie eine Studie an der University of Essex nachgewiesen hat.

Welches sind die wichtigsten positiven Auswirkungen von genügend Bewegung auf Ihren Körper und Ihre Leistungsfähigkeit:

- *Weniger Verspannungen und Rückenschmerzen:* Diese werden vor allem durch einseitige Belastungen und zu wenig Mobilisation verursacht.
- *Ankurbelung des Herz-Kreislauf-Systems:* Dadurch sinkt das Risiko für diesbezügliche Krankheiten, da die Blutgefässe elastischer werden.
- *Vorbeugung gegen Übergewicht:* Bewegung kurbelt den Stoffwechsel an, wodurch mehr Kalorien verbraucht werden.
- *Bessere Konzentration:* Das Gehirn wird bei Bewegung stärker durchblutet und kann mehr Sauerstoff aufnehmen. Es werden ausserdem – wie erwähnt – Glückshormone ausgeschüttet.
- *Höhere Leistungsfähigkeit:* Fittere Mitarbeitende fallen weniger aus. Weil sie zudem zufriedener und motivierter sind, sind sie engagierter.

Sport ist nicht jedermanns Sache. Aber wir alle können im Alltag mehr Bewegung einbauen, ohne dass dies viel Zeit kostet, aber dafür uns viele Schmerzen und Krankheiten erspart.

Meine 10 besten Praxis-Tipps für mehr Bewegung im Alltag

- Mobilisieren Sie Ihre Wirbelsäule, indem Sie sich nach links und rechts drehen. Noch besser ist es (falls dies an Ihrem Arbeitsplatz möglich ist), wenn man sich auf den Boden legt, den einen Arm über die andere Schulter zieht und das andere Knie in die andere Richtung – dann wechseln.
- Bei langer Schreibtischarbeit ist es wichtig, zwischendurch aufzustehen und sich richtig in die Höhe zu strecken und zu dehnen. Dies löst Verspannungen, lindert die Folgen falscher Belastungen, verbessert die Durchblutung und gibt Energie. Danach fühlt man sich weniger steif und ausgelaugt. Ausserdem haben Studien gezeigt, dass fünf Minuten ausgiebiges Strecken bis zu eine Stunde Schlaf ersetzen kann.
- Eine spezielle Art von Dehnung ist das Stirnrunzeln. Runzeln Sie die Stirn so stark wie möglich und ziehen dann die Augenbrauen möglichst weit nach oben. Dies entspannt die Stirn.
- Um Ihren Nacken zu entspannen, stellen Sie sich locker hin, ziehen die Schultern so weit wie möglich nach oben und lassen sie dann wieder fallen. Wiederholen Sie diese Bewegung 10 bis 15 Mal.
- Stehen Sie auf und holen einen Kaffee in der Küche oder gehen auf die Toilette. Oder laufen Sie ein paar Treppenstufen rauf und runter. Bewegung regt die Durchblutung an, auch im Gehirn. Experten raten, nach der „40-15-5"-Methode zu arbeiten: 40 Min. dynamisch (also nicht immer in der gleichen Position) sitzen, 15 Min. stehen (z. B. beim Telefonieren) und 5 Min. gezielt bewegen.
- Richten Sie Ihren Arbeitsplatz dynamisch ein, so dass Sie häufig Ihre Position verändern müssen. Z. B. die Trinkflasche weg vom Tisch, sodass Sie sich jedes Mal bewegen müssen, wenn Sie trinken wollen. Oder den Papierkorb so platzieren, dass Sie aufstehen müssen, wenn Sie etwas entsorgen wollen.
- Bei akutem Stress machen Sie die Schüttelübung: aufrecht stehen, Knie leicht gebeugt, Kopf, Arm, Hände und Beine leicht schütteln, tief durch die Nase einatmen und die Luft mit einem S-Laut wieder herauslassen (drei bis vier Minuten).
- Durch Treten an Ort und Stelle werden Sie tiefer und ruhiger atmen. Stellen Sie sich dafür ohne Schuhe hin und am besten auf etwas Weiches. Lassen Sie die Arme seitlich locker herabhängen, und treten Sie in einem angenehmen Rhythmus gleichmässig auf der Stelle.
- Ein kurzer zügiger Spaziergang über Mittag gibt Ihnen einen klareren Kopf und regt die Verdauung an. Er steigert Ihre Konzentration und Produktivität.
- Sport vor der Arbeit bringt Ihren Kreislauf in Schwung, wodurch Sie sich frischer fühlen. Bewegung am Abend löst die untertags in den Muskeln aufgebaute Verspannung.

8.5   Ernährung als mentales Kraftfutter

Unser Gehirn macht nur etwa 2 % unseres Körpergewichts aus, verbraucht aber rund 20 % unserer Energie – umso wichtiger, dass wir ihm regelmässig die Energie zuführen, die es braucht. Einen wichtigen Beitrag hierzu leistet eine gesunde Ernährungsweise. Denn essen ist mehr als eine körperliche Notwendigkeit. Abgesehen davon, dass eine gesunde Ernährung Krankheiten vorbeugen kann, steigert sie auch Ihre geistige Leistungsfähigkeit. Insbesondere Ihre Konzentrations- und Lernfähigkeit können durch die richtige Auswahl an Nährstoffen, Vitaminen und Spurenelementen verbessert werden. Dadurch sinkt auch Ihr Stresslevel.

Welches sind die wichtigsten Bausteine, die Ihr Gehirn braucht, um nachhaltig leistungsfähig zu bleiben:

- *Wasser:* Wasser ist an allen Stoffwechselaktivitäten beteiligt und verbessert die Durchblutung und somit auch die Sauerstoffversorgung Ihres Gehirns. Da Ihr Gehirn zu drei Vierteln aus Wasser besteht, ist es umso wichtiger, dass Sie es dauernd mit frischem Wasser versorgen. Es kann als Schmiermittel des Gehirns bezeichnet werden.
- *Kohlenhydrate:* Wenn Sie Ihr Gehirn anstrengen, verbraucht es als erstes Kohlenhydrate. Damit es also genügend Energie hat, braucht Ihr Gehirn entsprechend Nachschub. Ausserdem führen Kohlenhydrate zu einer Ausschüttung von Serotonin, das Ihre Stimmung hebt und Stress vorbeugt – und damit auch Ihre kognitiven Fähigkeiten verbessert. Entscheidend sind komplexe Kohlenhydrate (siehe Praxis-Tipps weiter unten), da einfache Kohlenhydrate Ihren Blutzuckerspiegel zu stark und schnell anheben und wieder sinken lassen.
- *Fisch:* Fettreiche Fische enthalten viele Omega-3-Fettsäuren, welche Ihr Herz und Ihre Gefässe vor Verkalkung schützen. Ausserdem können Sie dank Omega-3-Fettsäuren besser Probleme lösen und effektiver lernen.
- *Früchte und Gemüse:* Sie haben einen hohen Vitamin- und Mineralstoff-Gehalt. Studien haben gezeigt, dass Obst und Gemüse zu einer besseren Denkfähigkeit und Gedächtnisleistung führen. Probanden, die täglich drei Tassen Obst und sechs Tassen Gemüse zu sich nahmen, hatten ein um 34 % geringeres Risiko für eine schlechte Gehirnleistung – verglichen mit denjenigen, die nur zwei Tassen Gemüse und eine halbe Tasse Obst aßen. Grünes Gemüse enthält zudem viel Eisen.
- *Eier:* Eier haben ebenfalls gesättigte Fettsäuren. Diese steigern das Erinnerungsvermögen und verbessern die Gedächtnisleistung. Zudem

ist Eiweiss (aus verschiedenen Quellen, z. B. auch Milchprodukte, Soja, Hülsenfrüchte usw.) gut für das Nervensystem.

- *Vitamine und Mineralstoffe:* Magnesium sowie die Vitamine B1 und B2 sind wichtig für Ihr Nervensystem. Ausserdem profitiert Ihr Gehirn von Vitamin C, Calcium, Eisen (versorgt das Gehirn mit Sauerstoff), Jod und Zink.

Meine 10 besten Praxis-Tipps für eine gute Gehirn-Nahrung:

- *Trinken, trinken, trinken:* Trinken Sie zwei bis drei Liter Wasser oder Tee – speziell gut sind Grüntee oder Ingwertee (auch Ingwerwasser). Ingwer enthält sehr viel Eisen, Magnesium, Kalzium, Kalium, Natrium, Phosphor, Vitamin C sowie die Vitamin B1 und B2.
- *Zitrusfrüchte:* Sie enthalten viel Vitamin C, was Ihren Stress reduziert und Ihr Immunsystem stärkt.
- *Bananen:* Sie sind eine Magnesiumbombe, also gut für Ihr Nervensystem. Zudem enthalten sie sehr viel Tryptophan – eine Aminosäure, die entscheidend ist für die Produktion des Glückshormons Serotonin.
- *Avocados:* Besonders wertvoll für die geistige Leistung sind Avocados. Sie haben einen hohen Gehalt an einfach ungesättigten Fettsäuren, welche die Durchblutung des Gehirns fördern, und enthalten viele Vitamine, Folsäure, Kalium, Magnesium und Lecithin. Letzteres hilft, die Konzentration zu steigern.
- *Blaubeeren:* Sie steigern die Denkfähigkeit und die Leistung Ihres Gehirns und verbessern dadurch Ihr Erinnerungsvermögen und Ihre kognitiven Funktionen.
- *Nüsse:* Sie sind reich an B-Vitaminen sowie Magnesium (beide wichtig gegen Stress) und sind ideale Omega-3-Lieferanten. Sie versorgen Ihr Gehirn mit Energie. Walnüsse beugen Konzentrationsschwäche vor und lindern Nervosität. Cashewnüsse wirken stresshemmend und positiv regulierend auf den Eiweiss- und Kohlenhydrat-Stoffwechsel.
- *Joghurt:* Wie Bananen ist Joghurt eine Magnesiumbombe und deshalb wichtig für Ihr Nervensystem und Ihren Kreislauf. Zudem ist es ein Proteinlieferant.
- *Vollkornprodukte und Hülsenfrüchte:* Kohlenhydrate sorgen – wie erwähnt – für die notwendige Energie im Gehirn. Entscheidend ist, dass sie komplex sind und so keinen negativen Effekt auf Ihren Blutzuckerspiegel haben. Komplexe Kohlenhydrate sind u.a.: Vollkornprodukte, Hülsenfrüchte, dunkler Reis, Süsswasserkartoffeln und Quinoa.
- *Haferflocken:* Sie enthalten viele Proteine und Aminosäuren, die eine positive Wirkung auf das Gehirn haben, sowie u.a. ungesättigte Fettsäuren, Vitamin B1/B3/B6, Folsäure, Kalzium, Kalium, Selen, Phosphor und Magnesium.
- *Fettige Fische:* z. B. Lachs, Makrele, Hering oder Thunfisch, da sie viel Omega 3 aufweisen.

8.6   Leichtigkeit dank Humor

Wie sagte schon Immanuel Kant, deutscher Philosoph der Aufklärung: „Drei Dinge helfen, die Mühseligkeiten des Lebens zu tragen: die Hoffnung, der Schlaf und das Lachen." Wenn man guter Laune ist, lacht man viel. Aber auch umgekehrt: lachen führt zu einer guten Laune. Lachen tut uns gut: psychisch und körperlich. Es hat sehr positive körperliche und psychische Auswirkungen auf den Menschen, und in viel mehr Bereichen, als wir denken. Was sind denn nun die wichtigsten körperlichen Auswirkungen:

- Wenn wir lachen, nimmt unsere Lunge sehr viel Luft auf. Dies erhöht die Sauerstoffzufuhr im ganzen Körper, was die Konzentrationsfähigkeit und die Durchblutung verbessert.
- Lachen aktiviert das gesamte Herz-Kreislauf-System. Zuerst beschleunigt es den Herzschlag. Danach verlangsamt sich der Herzrhythmus wieder, was zu einer Entspannung führt und den Blutdruck senkt. Es gibt sogar eine Studie, die sagt, dass Menschen, die oft und gerne lachen, 50 % weniger herzinfarkt-gefährdet sind.
- Lachen regt die Verdauung an, indem es den Stoffwechsel ankurbelt.
- Lachen wirkt sich positiv auf das Immunsystem aus, da es die Widerstandsfähigkeit erhöht.
- Lachen führt dazu, dass weniger von den Stresshormonen Adrenalin und Cortisol ausgeschüttet werden. Gleichzeitig kurbelt es die Produktion von vielen „positiven" Hormonen an: Dopamin (Motivations- und Aktivhormon), Endorphine (steigern die Leistungsfähigkeit), Serotonin (schafft Wohlbefinden und Zuversicht) und das Beziehungs-Hormon Oxytocin.
- Lachen reduziert das Schmerzempfinden. Deshalb haben ja die Spitalclowns eine so grosse positive Wirkung auf die kranken Kinder. Groucho Marx von den Marx Brothers sagte einmal: „Ein Clown ist wie Aspirin, er wirkt nur zweimal so schnell." Und dies erst noch ohne negative Nebenwirkungen!
- Beim Lachen werden von Kopf bis Fuss gegen 300 Muskeln beansprucht, alleine im Gesicht deren 17, viele auch durch die Atmung. Nachgewiesenermassen hat Lachen aufgrund der intensiven Beanspruchung der vielen Muskeln den gleichen Effekt wie eine halbe Stunde Joggen.

Humor und Traurigkeit gehen nicht zusammen
Die wichtigsten psychischen und mentalen Auswirkungen des Lachens sind:

- Wenn man lacht, kann man nicht gleichzeitig verärgert oder traurig sein. Humor schafft einen inneren Abstand zu den eigenen Problemen. Dadurch ergeben sich neue Perspektiven und Auswege. Und positivere Menschen handeln erfahrungsgemäss klüger und weitsichtiger als unglückliche. Das heisst, Lachen steigert das Wohlbefinden und die Leistungsfähigkeit.
- Lachen wirkt sich positiv auf das Stressempfinden aus, weil es freudige Emotionen auslöst und gleichzeitig Verärgerung und Ängstlichkeit reduziert.
- Beim Lachen verbinden sich die linke Hirnhälfte (verantwortlich für Sprache, Logik und analytisches Denken) und die rechte Hirnhälfte (steuert die Intuition, Kreativität und Gefühle). Sie denken dadurch ganzheitlicher.
- Gemeinsames Lachen wirkt sich positiv auf Beziehungen aus (privat und beruflich). Denn es löst Hemmungen sowie verdrängte Gefühle und verbindet Menschen.
- In einem Konflikt hat Humor eine deeskalierende Wirkung, wenn er mit dem notwendigen Einfühlungsvermögen (also nicht zynisch oder sarkastisch) angewendet wird.
- Lachende Menschen werden attraktiver wahrgenommen als solche mit ernster Miene. Lachen macht sympathisch.

Kinder lachen 200 bis 400 Mal am Tag – wir Erwachsene durchschnittlich nur 15 Mal. Und vor 50 Jahren wurde drei Mal mehr gelacht als heute. Höchste Zeit, dass wir unsere Lach-Kadenz wieder erhöhen! Denn lachen macht uns gesünder, glücklicher und entspannter. Ein paar Anregungen dazu finden Sie in meinen Praxis-Tipps.

> **Meine 10 besten Praxis-Tipps für mehr Humor im Alltag**
>
> - Lesen Sie Witze und humorvolle Bücher, oder spielen Sie lustige Gesellschaftsspiele.
> - Schauen Sie humoristische Videos (z. B. Komiker) oder lustige Serien.
> - Bringen Sie jemanden zum Lachen. Dies hat auch einen positiven Effekt auf Sie. Denn Lachen ist ansteckend.
> - Treffen Sie sich so oft wie möglich mit gut gelaunten Menschen, und vermeiden Sie Jammerer und Nörgler.
> - Lachen Sie über sich selbst, z. B. in einem peinlichen Moment. Dies entspannt Sie und die Situation.

- Speichern Sie das Lachen Ihrer Kinder auf Ihrem Smartphone und schauen es immer wieder einmal an.
- Stimmen Sie sich am Morgen positiv auf den Tag ein. Lächeln Sie den Tag an.
- Das Gehirn kann nicht unterscheiden zwischen echtem und künstlichem Lachen und schüttet die Glückshormone auch aus, wenn Sie sich einen Bleistift zwischen die Lippen klemmen und so die Mundwinkel nach oben zeigen. Gemäss einer Studie hat diese Methode bei klinisch Depressiven dazu geführt, dass sie weniger Medikamente einnehmen mussten.
- Beginnen Sie eine Rede oder eine Präsentation mit einer lustigen Begebenheit oder einer Pointe. Dies entspannt Sie und die Zuhörer.
- Nehmen Sie sich die Aussage des Komikers Charlie Chaplin zu Herzen: „Jeder Tag, an dem du nicht lächelst, ist ein verlorener Tag."

» Fazit

Unser Leben ist geprägt von Gegensätzen und von Polen, die sich gegenseitig bedingen: Ebbe und Flut, Norden und Süden, die anziehenden und abstossenden Pole eines Magneten, Yin und Yang usw. Genauso kann man sagen: keine Belastung ohne Entlastung. Oder anders gesagt: wir müssen uns immer wieder erholen, um leistungsfähig zu bleiben. Sonst werden unsere Batterien leer und geben ihren Geist auf – bis zu einem Burnout.

Erholung ist ein Prozess, in dem unsere körperlichen Funktionen in ihren Ausgangszustand zurückversetzt werden. Es findet also eine Art Neustart statt, und gleichzeitig wird Cortisol, das Stresshormon, abgebaut. Danach sind wir wieder aufnahme- und leistungsfähig. Wir brauchen also abwechslungsweise aktive und regenerative Phasen. Ganz nach dem Motto „work smart, not hard!".

Entscheidend beim Thema Regeneration ist das Bewusstsein – sei es für eine gesunde und ausgewogene Nahrung, für genügend

Bewegung, für kleinere und grössere Pausen, regelmässige Entspannung oder zwischendurch immer wieder Leichtigkeit durch Humor. Gestalten Sie Ihre Erholung bewusst, aber ohne sich dabei unter Druck zu setzen. Erholung ist eine gute Investition in Ihren Körper und Ihren Geist. Durch genügende und regelmässige Regeneration werden Sie Ihre Leistungsfähigkeit deutlich steigern können – und zwar nachhaltig.

Weiterführende Literatur

Benedict C. (2019): *Schlaf ist die beste Medizin: Schlau, schlank und gesund über Nacht – Schlafexperte Dr. Christian Benedict erklärt, wie es geht!* Berlin: Eden Books.

Burford-Mason a. (2020): *Was das Gehirn essen will – mentale Power durch richtige Ernährung.* Stuttgart: Klett-Cotta.

Fessler N. (2020): *Rasant entspannt – die besten Minuten-Übungen gegen Alltagsstress.* Stuttgart: Trias.

Fuchs R. und Gerber M. (2018): *Handbuch Stressregulation und Sport.* Berlin: Springer.

Heidenberger B. (2020): *Zeitblüten – Wege zu persönlichen Wohlfühlmomenten.* Freiburg i.Br.: Herder.

Huffington A. (2014): *Die Neuerfindung des Erfolgs: Weisheit, Staunen, Grosszügigkeit – was uns wirklich weiter bringt.* München: Riemann.

Rusch C. (2007): *Lachen Sie sich gesund!* München: mvg.

Scharnhorst J. (2017): *Pausen machen munter – Kraft tanken am Arbeitsplatz.* Freiburg i.Br.: Haufe.

Walker M. (2018): *Das große Buch vom Schlaf – die enorme Bedeutung des Schlafs. Beste Vorbeugung gegen Alzheimer, Krebs, Herzinfarkt und vieles mehr.* München: Goldmann.

9

Die Kraft der gesunden Führung

Die Kap. 2 bis 8 waren dem Thema gewidmet, wie jeder Einzelne eigenverantwortlich seine Leistungsfähigkeit sicherstellen oder erhöhen kann. Ein anderer starker Einflussfaktor – im Positiven wie auch im Negativen – ist die Qualität der Führung. Sie hat erwiesenermassen einen grossen Einfluss auf die Zufriedenheit und die Produktivität der Mitarbeitenden.

In Produktionsbetrieben ist allen klar, dass die Maschinen regelmässig gewartet werden müssen. Darin investieren die Unternehmen auch hohe Geldbeträge. Die wichtigste «Maschine» ist jedoch der Mensch. Achten Sie als Führungskraft oder als Unternehmer genügend darauf, dass Ihr wichtigstes Kapital funktionsfähig bleibt? Und was fördert die Leistungsfähigkeit der Mitarbeitenden? Wenn Sie diese Überlegungen nicht anstellen und Ihren Gedanken nicht Handlungen folgen lassen, wird diese Unterlassung Sie im wahrsten Sinne des Wortes teuer zu stehen kommen. Sie führt zu höheren Fehlzeiten, tieferer Motivation, dadurch zu einer sinkenden Produktivität und weniger Unternehmensgewinn. Das Wohlbefinden Ihrer Angestellten (physisch, mental und sozial) steht in einem direkten Zusammenhang mit dem finanziellen Firmenerfolg.

Kranke und demotivierte Mitarbeitende kosten
Booz & Company haben schon 2011 in einer Studie festgestellt, dass kranke Arbeitnehmende die deutsche Volkswirtschaft jährlich rund 225 Mrd. EUR kosten, was rund 9 % des Bruttoinlandprodukts ausmacht. Noch teurer kommen Firmen jedoch diejenigen Mitarbeitenden zu stehen, die aufgrund

C. Kraaz, *Nachhaltig leistungsfähig bleiben,* https://doi.org/10.1007/978-3-662-62864-5_9

von Demotivation und Frustration einen kleineren Arbeitseinsatz leisten, weniger effizient und effektiv sind oder mehr Fehler machen.

Auf die Leistungsfähigkeit haben Führungskräfte einen eminent grossen Einfluss. Die TOP JOB-Trendstudie von 2013 in Zusammenarbeit mit der Universität St. Gallen hat herausgefunden, dass gesunde Führung das Wohlbefinden der Mitarbeitenden um 30 %, das Engagement um 19 % und die Unternehmensleistung um 15 % steigert. Gleichzeitig reduziert eine gesunde Führung die Kündigungsabsicht um 75 %, destruktives Engagement um 63 % und Resignation um 52 %.

Eine gute Führungskultur ist also kein „nice to have", sondern ein entscheidender Faktor für den Erfolg eines Unternehmens: ohne gesunde Führung kein gesundes Unternehmen. Vorgesetzte nehmen erwiesenermassen die Krankenstände an ihren neuen Arbeitsort mit, und die Dauer von psychischen Krankheiten hängt stark vom Führungsverhalten der Vorgesetzten ab. Dies zeigt, dass Gesundheit Chefsache sein und immer höchste Priorität haben muss. Meiner Erfahrung nach wird schädigendes Führungsverhalten in Unternehmen noch zu wenig angesprochen und unterbunden. Hier liegt noch viel Potenzial brach.

Was heisst „gesunde Führung"?
Bei vielen Unternehmen ist seit längerem das Bewusstsein vorhanden, dass auch sie etwas zur physischen Gesundheit ihrer Angestellten beitragen können (z. B. Sport- und Ernährungsangebot). Doch künftig müsste der psychischen Gesundheit noch mehr Gewicht beigemessen werden. Denn die Anzahl psychischer Krankheiten wächst seit vielen Jahren. Heute sind sie der dritthäufigste Grund für Ausfälle – mit einem entsprechenden Einfluss auf die Fehlzeiten und die Produktivität.

Führungskräfte sind meistens fachlich sehr gut ausgebildet, aber unterschätzen zum Teil die menschliche Komponente oder wissen zu wenig Bescheid über die Psyche des Menschen. Wie müssen Sie führen, damit Sie zufriedene und produktive Mitarbeitende haben? Welche Aspekte darauf einen Einfluss haben, möchte ich Ihnen in diesem Kapitel näher bringen.

9.1   Die Führungskraft ist immer Vorbild

Als Führungskraft haben Sie einen grossen Hebel hinsichtlich des Verhaltens Ihrer Mitarbeitenden: Ihr eigenes Verhalten! Es beeinflusst Ihre Angestellten viel mehr, als Sie sich vielleicht bewusst sind. Ihre

Mitarbeitenden beobachten, was Sie den ganzen Tag lang tun (oder lassen), wie Sie Menschen behandeln und wie Sie mit Fehlern, Herausforderungen und Rückschlägen umgehen, aber auch wie viel Sie arbeiten, ob Sie noch ein Leben neben der Arbeit haben und vieles mehr. Bewertet werden auch Ihre Stimmungen und Ihr Stressempfinden. Sie befinden sich also dauernd im Schaufenster.

Erwiesenermassen haben all die eben erwähnten Faktoren einen starken Einfluss darauf, wie sich Ihre Mitarbeitenden selbst verhalten, wie motiviert und produktiv sie sind. Eine Führungskraft ist also immer Vorbild – in positiver oder negativer Hinsicht. Damit Sie dieses grosse Potenzial nützen können, braucht es zuerst einmal ein Bewusstsein über Ihr eigenes Verhalten und Ihr physisches sowie psychisches Wohlbefinden – wie ich auch die Selbstreflektion in Kap. 2 als „sine qua non" für eine nachhaltige Leistungsfähigkeit jedes Einzelnen bezeichnet habe.

Ihnen muss es gut gehen

Als erstes müssen Sie also darauf achten, dass es Ihnen selbst gut geht. Sonst kann es Ihren Mitarbeitenden auch nicht gut gehen. Wie Sie mit Ihrer eigenen Energie (physisch und psychisch) haushalten, hat einen Einfluss darauf, wie Ihre Mitarbeitenden dies handhaben. Wenn Sie sich zwischendurch eine kleine Pause gönnen, über Mittag Sport treiben oder abends auch einmal früher gehen, werden sich Ihre Mitarbeitenden dies auch getrauen – und sich so genügend erholen, um längerfristig leistungsfähig bleiben zu können.

Vorgesetzte, die besser zu sich selbst schauen, zeigen auch mehr Verantwortungsbewusstsein für die Gesundheit Ihrer Mitarbeitenden. Entscheidend bei Ihrem eigenen Verhalten im Unternehmen ist, dass es nicht aufgesetzt, sondern authentisch ist. Nur dann haben Sie eine grosse Glaubwürdigkeit. Sie müssen Werte wie Respekt, Ehrlichkeit, Transparenz und Gerechtigkeit vorleben. Ein Vorbild wirkt viel stärker als jede Vorschrift.

Meine 10 besten Praxis-Tipps für ein vorbildhaftes Verhalten als Führungskraft

- Stärken Sie Ihre eigene physische Gesundheit, z. B. indem Sie für eine gesunde Ernährung sowie genügend Schlaf, Entspannung und Bewegung sorgen. Und sorgen Sie für Ihre psychische Gesundheit, indem Sie an Ihren Verhaltensmustern und Denkmustern arbeiten sowie zeigen, dass es ein Zeichen von Stärke ist, wenn man Unterstützung holt, nicht eines von Schwäche.

- Lassen Sie Ihre Mitarbeitenden wissen, dass Erholung (Freizeit, aber auch Pausen im Alltag) wichtig ist.
- Investieren Sie in gesundheitsfördernde Massnahmen. Sie haben erwiesenermassen einen „return on investment" von bis zu 1:5. Idealerweise beteiligen Sie sich dann auch aktiv an solchen Massnahmen, um ihre Wichtigkeit zu betonen.
- Schicken Sie abends oder am Wochenende keine Mails an Ihre Mitarbeitenden, damit sie nicht den Eindruck haben, dass sie diese in ihrer Freizeit beantworten müssten. Auch unausgesprochene oder von den Mitarbeitenden hineininterpretierte Erwartungen setzen diese unter Druck.
- Seien Sie konsequent und berechenbar. Ihre Mitarbeitenden müssen wissen, woran sie sind und woran Sie sie messen. Als Führungskraft sind Sie idealerweise wie ein Leuchtturm, der Orientierung gibt, insbesondere in Krisenzeiten.
- Zeigen Sie, dass auch Sie nicht perfekt sind; geben Sie Fehler zu und kennen Sie Ihre Grenzen. Nur dadurch kann eine positive Fehlerkultur entstehen, welche die Basis für Innovation und Kreativität ist.
- Delegieren Sie und schenken Sie damit Vertrauen. Dies motiviert Ihre Angestellten.
- Achten Sie auf Ihre Mimik, Ihre Gestik und Ihren Tonfall. Denn Menschen interpretieren viel in non-verbale Zeichen ihres Gegenübers hinein. Strahlen Sie das aus, was Sie wollen?
- Leben Sie die Basis-Werte Ihres Unternehmens im Alltag vor. Ein Leitbild, das nicht gelebt wird, hat keine Wirkung, ja kann sogar schaden, wenn es nur hohle Worte enthält. Also: „walk the talk!".
- Pflegen Sie eine auf ein Miteinander ausgerichtete Teamkultur. Zusammen erreicht man mehr. Dies bedeutet z. B., dass Sie sich in einer Krisensituation auch nicht zu schade sind, selbst Hand anzupacken.

9.2   Kommunikation, Kommunikation, Kommunikation

Führung ist zu einem absoluten Grossteil Kommunikation. Wenn Sie Feedback geben, ein Mitarbeitergespräch führen, einen Konflikt schlichten, ein Projekt besprechen oder ein Team-Mitglied an der Kaffeemaschine treffen – Sie kommunizieren nonstop, verbal und non-verbal. Sie geben regelmässig Informationen weiter, die es Ihren Mitarbeitenden ermöglichen, ihren Job überhaupt richtig zu machen. Und wenn Sie eine persönliche Beziehung zu Ihrem Team pflegen und sich auch für die Menschen hinter den Funktionen interessieren, fühlen sich die Mitarbeitenden wahrgenommen und wertgeschätzt (mehr zum Thema „Anerkennung" im Abschn. 9.3.).

Wenn Sie klar, regelmässig, respektvoll und auf ein Miteinander ausgerichtet kommunizieren, schaffen Sie Sicherheit – gemäss der Maslowschen Pyramide nach den existentiellen physiologischen Bedürfnissen (Essen, Trinken, Schlaf, Sexualität) das Wichtigste, was der Mensch braucht, damit er überlebt und es ihm gut geht. Sicherheit und Vertrauen schaffen auch ein Gefühl der Zugehörigkeit und der Verbundenheit mit dem Team und Ihnen als Führungskraft.

Motivation durch inspirierende Kommunikation
Am meisten Wirkung erzielen Sie, wenn Sie zudem inspirierend kommunizieren und damit Ihre Angestellten motivieren können. Wenn Menschen den Sinn in ihrer Arbeit sehen, wissen, wo die Reise hingehen soll, und überzeugt sind von ihrem Leader, sind sie viel engagierter und eher bereit, die Extra-Meile zu gehen – liefern also bessere Arbeit ab. Wenn Sie jedoch unregelmässig und zurückhaltend kommunizieren, entstehen oft Missverständnisse und daraus Konflikte. Ihre Mitarbeitenden haben weniger Vertrauen zu Ihnen, sind Ihnen gegenüber also weniger offen.

Meine 10 besten Praxis-Tipps für eine wirkungsvolle Führungs-Kommunikationen

- Basis einer wirkungsvollen Führungs-Kommunikation ist, dass man sich zuvor überlegt: was, wem (Einzelnen oder Gruppen), wann und wie – und je nach Thema oder Wichtigkeit der Nachricht auch noch: wo? Man sollte also Kommunikation entsprechend dieser Kriterien vorab gut durchdenken.
- Kommunizieren Sie rechtzeitig und umfassend, also vielleicht auch schon dann, wenn Sie noch nicht alles wissen – und deklarieren Sie dies. Sonst entstehen Gerüchte und Missverständnisse, oder es werden wegen fehlender Informationen falsche Entscheidungen getroffen.
- Kommunizieren Sie transparent und wahrheitsgetreu. Sie müssen berechenbar sein für Ihre Mitarbeitenden, damit sie Ihnen vertrauen.
- Sprechen Sie nicht nur den Verstand Ihrer Mitarbeitenden an, sondern auch ihre Gefühle. Sie erreichen damit eine stärkere Identifikation mit den Zielen Ihres Unternehmens und mit Ihnen als Person.
- Kommunizieren Sie vertrauensvoll und auf Augenhöhe mit Ihren Mitarbeitenden. Dann erreichen Sie sie auf verschiedenen Ebenen. Hören Sie aktiv zu (z. B. mit vorgebeugter Haltung und ab und zu Kopfnicken), und stellen Sie Fragen. Dies zeugt von Interesse, und Sie erhalten erst noch zusätzliche Informationen.
- Wählen Sie Ihre Worte mit Bedacht. Wenn sie einmal ausgesprochen sind, kann man sie nicht wieder zurücknehmen.
- Verwenden Sie keine Floskeln. Sonst haben Ihre Leute den Eindruck, Sie hätten kein echtes Interesse an ihnen.

- Vermeiden Sie Sätze, die beginnen mit „immer ist…", „niemand von euch hat je…" usw. Allgemeine Schuldzuweisungen bringen nichts. Sie bringen höchstens Ihre Mitarbeitenden gegen sich auf.
- Wenn Konflikte schwelen, kosten diese die Beteiligten viel Energie, die sie zum Arbeiten bräuchten. Gehen Sie diese nicht ausgesprochenen Differenzen also proaktiv an, um sie möglichst bald aus der Welt zu schaffen.
- Wenn Sie für verschiedene Arten der Kommunikation Regeln aufgestellt haben (z. B. für eine Meeting-Struktur oder welche Kommunikationsmittel wann eingesetzt werden), halten Sie sich selbst immer genau daran. Sonst werden es Ihre Mitarbeitenden auch nicht tun.

9.3   Der Mensch braucht Anerkennung

„Wenn ich nicht kritisiere, dann ist schon gut." Dieses Nicht-Kommunizieren ist meines Erachtens der grösste Fehler, den man als Führungskraft machen kann. Wenn Sie nichts sagen, werden die meisten Mitarbeitenden den Eindruck gewinnen, dass sie etwas falsch gemacht haben. Denn jeder, wirklich jeder Mensch braucht Anerkennung und tendiert dazu, Stillschweigen als Kritik zu interpretieren. Er will wahrgenommen werden und das Gefühl haben, dass seine Existenz für andere Menschen wertvoll ist – sei es als gute Freundin oder als produktiver Angestellter in einem Unternehmen. Wenn Menschen ignoriert werden, fühlen sie sich unnütz und werden physisch und/oder psychisch krank. Anerkennung zu zeigen, ist also für Führungskräfte zentral.

Anerkennung unterteilt sich in die zwei Bereiche Lob und Wertschätzung. Lob geben Sie für eine konkrete Leistung, z. B. für einen Projekterfolg. Idealerweise äussern Sie ein Lob zeitnah zur geleisteten Arbeit, mit einer Begründung und – ganz wichtig – indem Sie Gefühle zeigen. Wertschätzung gilt dem Menschen als Ganzes, ist also noch wirksamer. Wenn Sie einem Menschen ein Lob aussprechen, wird das Erfolgshormon Dopamin ausgeschüttet – und beim Zeigen von Wertschätzung das Vertrauenshormon Oxytocin, wie bei einem Baby, das gestillt wird. Schon der US-Schriftsteller Mark Twain sagte: „Ich kann zwei Monate von einem netten Kompliment leben."

Keine Kuschelhaltung
Beim Thema Anerkennung geht es jedoch nicht um eine Kuschelhaltung. Auch ein offenes Feedback oder eine konstruktive Kritik zeigen dem Betroffenen, dass Sie ihm Aufmerksamkeit schenken, er Ihnen also nicht

gleichgültig ist. Dies steigert sein Engagement und seine Performance. Ein vergleichsweise kleiner Aufwand zeigt also eine beachtliche Wirkung.

Meine 10 besten Praxis-Ideen, wie Sie Ihren Mitarbeitenden Anerkennung geben können:

- Geben Sie Ihren Leuten einen Vertrauensvorschuss, trauen Sie ihnen etwas zu. Dann wollen sie Ihnen zeigen, dass Sie sich auf sie verlassen können.
- Seien Sie ansprechbar, wenn Probleme auftauchen, und verbringen Sie Zeit mit Ihren Mitarbeitenden, sind also nicht von morgens früh bis abends spät in Meetings.
- Verwenden Sie für das Zeigen von Anerkennung nicht einfach nur schöne Worte. Ohne die entsprechende innere Haltung sind sie wertlos, ja, können sogar kontraproduktiv wirken.
- Lassen Sie Ihre Mitarbeitenden sich einbringen, indem Sie sie nach Ihrer Meinung oder sogar um ihren Rat fragen und sie auffordern, Ihnen zu widersprechen, wenn sie gute Argumente haben.
- Wenn Sie ein Gespräch mit einem oder mehreren Mitarbeitenden führen, schenken Sie Ihnen Ihre volle Aufmerksamkeit (also z. B. ohne Handy-Ablenkung).
- Feiern Sie grosse und kleinere Erfolge. Dies motiviert Ihr Team, noch mehr erreichen zu wollen. Schon allein ein „Dankeschön" hat eine grosse Wirkung.
- Überlegen Sie sich, was der einzelne Mitarbeitende am meisten schätzt: lobende Worte vor dem ganzen Team, einen Auftritt vor der Geschäftsleitung, einen finanziellen Zuschuss, eine nette Karte usw. Jeder Mensch ist anders und hat unterschiedliche Bedürfnisse.
- Vergessen Sie die unauffälligen, problemlosen, vielleicht introvertierten Mitarbeitenden nicht. Auch Sie brauchen Anerkennung, auch wenn es gegen aussen vielleicht nicht ersichtlich ist.
- Zeigen Sie Interesse an der Person hinter der Funktion, indem Sie nach persönlichen Belangen fragen, z. B. nach dem Gesundheitszustand des kranken Partners, wie der Urlaub war usw. Sie zeigen damit, dass dieser Mensch Ihnen wichtig ist.
- Tun Sie so einfache Dinge wie z. B. die Person anlächeln, eine einladende Geste machen oder den Mitarbeitenden beim Namen nennen. Auch kleine Dinge zeigen Wirkung.

9.4 Wie stärke ich meine Mitarbeitenden?

Meine langjährige Erfahrung als Führungskraft sowie Coach und Trainerin hat mir gezeigt: sehr viele Menschen (unabhängig von der Hierarchie) haben ein tiefes Selbstwertgefühl – auch solche, denen man es auf den ersten Blick nicht anmerkt. Sie haben den Eindruck, sie genügen den eigenen und fremden Anforderungen nicht, und trauen sich deshalb wenig zu. Solche

Mitarbeitende können Sie unterstützen, ihr volles Potenzial auszuleben, indem Sie sie im Alltag durch einen bewussten Umgang stärken. Davon profitieren Sie dann auch selbst, denn diese Leute werden besser arbeiten und so einen grösseren Beitrag zum Unternehmenserfolg leisten.

Das alt bewährte Motto gilt in der Führung immer noch: „fördern und fordern". Trauen Sie ihren Leuten etwas zu, befähigen Sie sie, und kümmern Sie sich um sie – ganz individuell, entsprechend ihrer Bedürfnisse. Denn Ihre Mitarbeitenden haben nicht nur verschiedene Funktionen inne, sondern sie sind auch als Persönlichkeiten unterschiedlich – und müssen dementsprechend individuell behandelt werden.

Mitarbeitende sind Ihre höchste Priorität
Vielleicht denken Sie nun: „Woher die Zeit nehmen für eine solch aufwendige Betreuung meines Teams? Ich habe ja schon so viel zu tun." Meine Meinung: Ihre oberste Priorität sollten Ihre Mitarbeitenden sein. Denn ohne sie können Sie gar nicht erfolgreich sein. Ihre wichtigste Aufgabe ist es, dafür zu sorgen, dass Ihre Mitarbeitenden ihre optimale Leistung abrufen können. Dafür braucht es im Alltag eine Reduzierung ihres Stresses und ein achtsamer Umgang mit ihnen.

Meine 10 besten Praxis-Tipps für die Stärkung Ihrer Mitarbeitenden

- Stärken Sie das Selbstwertgefühl Ihrer Mitarbeitenden, indem Sie sie loben, ihnen vermitteln, dass Sie ihnen viel zutrauen, ihnen ein spannendes Projekt mit Geschäftsleitungs-Exponierung geben usw. In einem Mitarbeitergespräch können Sie z. B. fragen: „Was ginge uns verloren, wenn Sie uns verlassen würden?". Damit richten Sie deren Fokus auf die Stärken und weg von den Schwächen.
- Schenken Sie Ihren Leuten Aufmerksamkeit (mehr dazu im vorherigen Subkapitel) und stellen ihnen stärkende Fragen wie z. B. „Was läuft gerade gut bei Ihnen?" oder „Welche Fortschritte haben Sie in den letzten Wochen beim Projekt X erzielt?".
- Wenn Schwierigkeiten auftauchen, erhöhen Sie nicht den Druck – dies würde zu Stress führen und damit die Leistung mindern –, sondern bieten Sie Ihre Unterstützung an.
- Geben Sie Ihren Leuten interessante und abwechslungsreiche Arbeiten, die sie jedoch nicht überfordern. So können sie Schritt auf Schritt an ihren Aufgaben wachsen.
- Setzen Sie sie entsprechend ihrer Stärken und auch ihres Potenzials am richtigen Ort ein – ein Aspekt, der schon mit der Rekrutierung beginnt.
- Geben Sie Ihrem Team Handlungs- und Entscheidungsspielräume, also einen hohen Selbstbestimmungsgrad. Geben Sie ihnen das Ziel vor, lassen sie aber entscheiden, auf welchem Weg sie dieses Ziel erreichen wollen. Leitplanken braucht es, aber zu eng gesteckte schwächen Ihr Personal.

- Entwickeln Sie Ihre Angestellten – nicht nur fachlich, sondern auch hinsichtlich ihrer Persönlichkeit, z. B. im Umgang mit Konflikten oder Rückschlägen.
- Ermutigen Sie Ihre Mitarbeitenden, Neues auszuprobieren, auch wenn sie dabei scheitern könnten. Sie lernen durch Fehler und erweitern damit ihre Komfortzone.
- Machen Sie klare Aussagen, begründen Sie Ihre Entscheidungen, und kommunizieren Sie transparent. Damit geben Sie Ihrem Personal Sicherheit.
- Behandeln Sie alle Mitarbeitenden gleich. Wenn Sie Lieblinge in Ihrem Team haben, schwächen Sie die anderen.

9.5 Effiziente Prozesse vermeiden Reibungsverluste

Sie mögen sich vielleicht fragen, wieso es in einem Kapitel zum Thema „gesunde Führung", das grösstenteils dem „menschlichen" Teil der Mitarbeiter-Führung gewidmet ist, einen Teil zur Prozess-Qualität gibt. In meinen Coachings und Workshops zeigt sich immer wieder, dass ineffiziente Prozesse, unscharfe Kompetenz-Aufteilungen und zu wenig klare Ziele für die Mitarbeitenden grosse Effizienz-Räuber darstellen – viel stärker, als sich die Vorgesetzten dessen bewusst sind.

Solche 1) Ineffizienzen und 2) Ineffektivitäten kosten Unternehmen viel Geld, weil unnötig Zeit verloren geht (1), das Ziel unter Umständen nicht oder ungenügend erreicht wird (2) und die Mitarbeitenden weniger motiviert sind (1 und 2). Ausserdem kann es sogar so weit kommen, dass der Kundenservice und die Produktqualität leiden.

Eine höhere Priorität auf den Prozessen führt also auf verschiedenen Ebenen zu Optimierungen, nicht nur auf der Sachebene. Je grösser ein Unternehmen ist, desto stärker ist hier der Effekt. Als Führungskraft ist es Ihre Kernaufgabe, Hindernisse, die Ihre Mitarbeitenden von einem effizienten und effektiven Arbeiten abhalten, zu beseitigen und produktive Arbeitsbedingungen zu schaffen.

Meine 10 besten Praxis-Tipps für effiziente Prozesse:

- Holen Sie Verbesserungsvorschläge von Ihren Mitarbeitenden ein. Sie sind näher am Geschehen als Sie selbst und können Ihnen deshalb sehr praxisorientierte und effektive Tipps geben. Ausserdem hat dies einen motivierenden Aspekt, da sich die Leute dann einbezogen und wertgeschätzt fühlen.

- Standardisieren und dokumentieren Sie möglichst viele Prozesse. Das amerikanische Marktforschungsinstitut Gartner stellte in einer Untersuchung fest, dass alleine das Dokumentieren von Prozessen eine 15-%ige Effizienzsteigerung mit sich bringt. Denn Ihre Angestellten müssen sich die Informationen nicht immer wieder von neuem suchen oder machen nicht einfach das, was sie denken, dass Sinn macht.
- Sind alle Arbeitsaufteilungen, Kompetenzen und Entscheidungsabläufe klar definiert und allen betroffenen Mitarbeitenden kommuniziert? Wenn nicht, führt dies zu Missverständnissen oder verlangsamten Entscheidungsprozessen.
- Klären Sie ab, welche Fehler häufig passieren und wieso. Dann nehmen Sie Anpassungen vor.
- Untersuchen Sie, welche internen Prozesse (z. B. zu viel Kontrolle oder unnötige Bürokratie) die Kundenprozesse behindern.
- Überprüfen Sie regelmässig alle Projekte, Abläufe usw. Vielleicht haben sich unterdessen Prioritäten verschoben, oder die Kundenbedürfnisse haben sich verändert. Flexibilität, kombiniert mit einer gründlichen Vorgehensweise vor dem Entscheid, sind hier sehr wichtig.
- Ein grosser Zeit- und Energiefresser sind schlecht gemanagte Schnittstellen (innerhalb des Bereichs oder mit anderen internen oder externen Stakeholders). Überprüfen Sie also, bei welchen Schnittstellen es Probleme gibt und welche reibungslos funktionieren, und eruieren Sie die jeweiligen Ursachen. Gründe für Schwierigkeiten können u.a. zwischenmenschliche Konflikte oder auch Leerzeiten in der Übergabe von einer zur anderen Person sein, wenn zu viele verschiedene Personen für Teilprozesse zuständig sind.
- Sorgen Sie dafür, dass Ihre IT reibungslos läuft, also Ihre Mitarbeitenden nicht zu häufig faktisch arbeitslos sind, weil ihre Geräte oder einzelne Anwendungen nicht funktionieren.
- Überlegen Sie sich: wenn Sie sich auf 20 % der wichtigsten Handlungen fokussieren müssten, was wäre denn anders zu tun und was zu unterlassen?
- Verbessern Sie Ihre Selbstführung hinsichtlich Organisation, Fokus, Informationsfluss (richtige Informationen zeitnah an die richtigen Leute), Berechenbarkeit usw. – evtl. auch indem Sie Feedback von Ihren Mitarbeitenden oder Kollegen einholen. Von einer Verbesserung Ihrer Selbstführung profitieren auch Ihre Mitarbeitenden. Denn wenn Sie in diesem Bereich nicht optimal arbeiten, potenzieren sich Ihre Ineffizienzen durch ihren Effekt auf Ihre Angestellten.

9.6   Belastung versus Entlastung

Selbstverständlich fordern Sie als Vorgesetzter von Ihren Mitarbeitenden einen hohen Einsatz. Aber ein zu hohes Engagement kann zu einer tieferen Produktivität führen. Studien zeigen: wer über einen längeren Zeitraum mehr als 55 h pro Woche arbeitet, wird weniger leistungsfähig. Als

Führungskraft müssen Sie also dafür sorgen, dass Ihre Mitarbeitenden die richtige Balance zwischen Belastung – die meisten Menschen wollen gefordert werden – und Entlastung finden, dass sie sich also auch genügend erholen können, um den Business-Marathon absolvieren zu können.

Denn nicht nur Burnout-Fälle kosten Unternehmen sehr viel Geld. Noch schwerer fallen die Mitarbeitenden ins Gewicht, die aus verschiedenen Gründen übermässig belastet sind und dadurch weniger leisten können – quantitativ und/oder qualitativ. Wie Sie dies schaffen, zeigen Ihnen meine 10 besten Praxis-Tipps zum Thema Belastung versus Entlastung weiter unten.

Die drei Burnout-Phasen

Wenn es um einen effektiven Burnout oder seine Vorstufen geht, stelle ich in der Praxis fest, dass viele Führungskräfte noch zu wenig darüber wissen. Burnout ist ein schleichender Prozess, wobei dann der effektive Zusammenbruch sehr schnell erfolgen kann. Meine Erfahrung zeigt: häufig wird dieser Zusammenbruch durch eine akute Krise ausgelöst, z. B. eine Entlassung, eine private Trennung usw. Das Kartenhaus, welches vorher schon nicht stabil war, fällt zusammen. Als Führungskraft ist es deshalb wichtig, dass Sie Bescheid wissen über die wichtigsten Burnout-Früherkennungsmerkmale, damit Ihre Alarmglocken rechtzeitig läuten.

Ein Burnout hat grob drei Phasen: 1) Aktivität und Aggression, 2) Flucht und Rückzug, 3) Isolation und Passivität. Dies sind ihre wichtigsten Merkmale:

1) Aktivität und Aggression:

- Extremes Leistungsstreben, um besonders hohe Erwartungen zu erfüllen; alles selbst unter Kontrolle haben wollen
- Überarbeitung und Vernachlässigung eigener Bedürfnisse
- Reduktion der sozialen Kontakte mit Umdeutung von Werten (z. B. Bedeutung von Freunden)
- Zunehmende Intoleranz und Reizbarkeit
- Trotz Erschöpfung weiterrennen
- Alarmzeichen: wenn Erholung am Abend, am Wochenende oder in den Ferien nicht mehr möglich ist und der Mitarbeitende innerlich nicht mehr zur Ruhe kommt
- Umfeld nimmt Veränderungen oft früher wahr als der Betroffene

2) Flucht und Rückzug:

- Abbau der Leistungsfähigkeit, der Motivation und der Kreativität, Dienst nach Vorschrift
- Reduziertes Engagement für Kunden usw.
- Empathie verringert sich stark
- Distanz zu anderen und zu sich – scheinbare Ruhe, Depersonalisierung: mechanistisch funktionieren, der Mitarbeitende fühlt sich innerlich leer
- Verstärkte körperliche Reaktionen

3) Isolation und Rückzug:

- Allgemeines Desinteresse und Lähmung, Kick muss immer stärker werden, damit der Mitarbeitende etwas empfindet
- Versuch, innere Leere mit Überreaktionen zu kompensieren (z. B. Suchtmittel)
- Depression mit Symptomen wie absolute Gleichgültigkeit, Hoffnungslosigkeit, Erschöpfung und Perspektivlosigkeit, evtl. Suizidgefahr
- Akute Gefahr eines mentalen und physischen Zusammenbruchs
- Oft anerkennen Betroffene erst in dieser Phase, dass sie Hilfe brauchen
- Wenn Hilfe erst in dieser Phase angenommen wird, braucht es meistens eine mehrmonatige Behandlung, und nur ca. 50 % der Betroffenen werden wieder voll arbeitsfähig

Früh das Gespräch suchen
Wenn Sie feststellen, dass ein Mitarbeitender sich hinsichtlich Arbeitsqualität, Zuverlässigkeit, sozialem Verhalten, Engagement, körperlicher Symptome usw. anders verhält als früher, beobachten Sie diese Veränderungen und notieren Sie Beispiele. Suchen Sie bald das offene Gespräch mit dem Mitarbeitenden, auch wenn Ihnen ein solches unangenehm ist. Je früher man damit beginnt, die oben beschriebenen Phasen zu unterbrechen, desto schneller genest der Betroffene und wird wieder voll leistungsfähig.

Beginnen Sie ein solches Gespräch, indem Sie sich nach seinem Befinden erkundigen. Wenn er kein Bewusstsein für seine Veränderungen zeigt, erläutern Sie anschliessend ohne Vorwürfe Ihre Beobachtungen anhand von konkreten Beispielen. Ein offenes Gespräch kann vieles in Gang bringen. Idealerweise erkennt der Mitarbeitende den Handlungsbedarf dann selbst. In diesem Fall entwickeln Sie gemeinsam unterstützende Massnahmen und legen fest, wann Sie sich wieder treffen, um mögliche Fortschritte oder weitere Massnahmen zu diskutieren. Anschliessend notieren Sie sich, was besprochen und abgemacht wurde.

Beide Seiten müssen wollen
Ein solches Gespräch sollte geprägt sein von Wertschätzung und der Bereitschaft, als Führungskraft ihren Beitrag zur Verbesserung der Situation zu leisten. Gleichzeitig müssen Sie Ihre Erwartungen offen und klar kommunizieren. Damit dieser Ansatz funktioniert, braucht es eine Einsicht des Mitarbeitenden und seine Bereitschaft, seine Eigenverantwortung wahrzunehmen.

Leider gibt es immer wieder Fälle, bei denen der Betroffene negiert, ein Problem zu haben, und alles von sich weist. Grund einer solchen Verleugnung ist meistens, dass diese Menschen verzweifelt sind und sich existenziell bedroht fühlen, weil sie den Eindruck haben, nicht mehr zu genügen. In einem solchen Fall hilft die Kombination von Unterstützung und verstärktem Druck, z. B. indem Sie auf das Erreichen von klaren Verbesserungen beharren und mit der Zeit auch Konsequenzen androhen. Bei manchen Menschen nützt auch dies leider nichts. Erst wenn sie einen kompletten physischen und psychischen Zusammenbruch erleiden, begreifen sie, dass es so nicht weitergehen kann. Dann braucht die Person medizinische und psychologische Betreuung, sei es ambulant oder in einer Klinik. Dies können Sie nicht in allen, aber in vielen Fällen verhindern helfen.

Meine 10 besten Praxis-Tipps für eine Balance zwischen Belastung und Entlastung Ihrer Mitarbeitenden

- Überprüfen Sie, ob Ihre Mitarbeitenden am richtigen Ort sind, d.h., ob sie in ihrem Job ihre fachlichen und sozialen Kompetenzen auch optimal einsetzen können. Dann kommt kein täglicher Grundstress auf, der dadurch entsteht, dass Menschen den Eindruck erhalten, dass sie nicht genügten. Idealerweise beginnt dieser Check wie erwähnt schon bei der Rekrutierung.
- Sorgen Sie dafür, dass Ihre Mitarbeitenden genügend Zeit zur Erholung haben. Denn nur so bleiben sie nachhaltig leistungsfähig. Dazu gehört auch, dass sie ihren Urlaub beziehen.
- Wenn ein Projekt ein überdurchschnittliches Engagement verlangt, machen Sie den betroffenen Mitarbeitenden klar, dass dies für eine beschränkte Zeit ist. Danach müssen sich die Leute wieder regenerieren können.
- Sorgen Sie dafür, dass das Thema Stress und Burnout in Ihrem Unternehmen nicht tabuisiert wird, und bilden Sie Ihre Mitarbeitenden in Stress-Prävention aus. Die zeitliche und finanzielle Investition lohnt sich für Ihre Mitarbeitenden, aber auch für Sie (wie erwähnt: Return on Investment von bis zu 1:5). Idealerweise werden in Ihrer Firma auch die Führungskräfte darin

ausgebildet, wie sie ihren eigenen Stress reduzieren, was sie dazu beitragen können, um den Stress ihrer Mitarbeitenden abzubauen, und wie sie mit bereits stark belasteten Personen umgehen sollen.

- Schaffen Sie eine offene, konstruktive Arbeitsatmosphäre, bei der man respektvoll miteinander umgeht und Fehler eingestehen kann. Unter diesen Umständen öffnen sich Ihre Mitarbeitenden eher, wenn sie ein Problem haben.
- Seien Sie nahe dran an Ihren Mitarbeitenden, damit Sie feststellen, wenn es Veränderungen gibt (Beispiele dazu siehe die drei Burnout-Phasen oben).
- Gehen Sie bezüglich Burnout-Prävention und Mitarbeitenden, die potenziell auf dem Weg zum Burnout sind, nach folgendem Motto vor: vorleben – hinschauen – ansprechen – handeln.
- Definieren Sie innerbetriebliche Ansprechpersonen für Mitarbeitende, die nicht mehr weiter wissen, oder stellen Sie ein externes Coaching- oder anderes Beratungs-Angebot bereit. Informieren Sie Ihre Angestellten darüber.
- Geben Sie Ihren eigenen Druck nicht ungefiltert an Ihr Team weiter. Selbstverständlich sind Sie auch nur ein Mensch und haben Stressphasen, aber Sie müssen eine Art und Weise finden – sei es alleine oder zusammen mit einem Experten –, damit umzugehen, ohne dass Ihre Mitarbeitenden dies „abbekommen".
- Wenn ein Mitarbeitender nach einer Burnout-Auszeit zurückkehrt, bereiten Sie die Wiedereingliederung mit dem Betroffenen, Experten (HR oder Externen) und dem Rest des Teams gut vor. Der Einstieg soll sanft sein und das Arbeitspensum langsam gesteigert werden. Idealerweise wird die Person von einem Coach oder Psychiater dabei begleitet, um potenziell auftauchende Schwierigkeiten zu reflektieren und dadurch abzufedern.

» Fazit

Unternehmen haben eine gesetzliche Fürsorgepflicht für ihre Mitarbeitenden, aber es ist auch in ihrem ureigenen Interesse, dass diese gesund, motiviert und leistungsfähig bleiben oder werden. Ihr Erfolg als Führungskraft hängt davon ab, wie erfolgreich Ihre Mitarbeitenden sind. Schaffen Sie deshalb ideale Rahmenbedingungen, damit Ihre Mitarbeitenden gerne mit und unter Ihnen arbeiten und ihr Potenzial entfalten können. Führen Sie inspirierend und motivierend und zeigen Ihren Leuten auf, wohin die Reise geht und welches ihr Anteil dabei ist. Es gilt also, nicht nur den Verstand anzusprechen, sondern auch die Gefühlsebene.

Seien Sie ein Vorbild bezüglich Erholung, respektvollem Umgang, transparenter Kommunikation und Anregung zum Mitdenken. Zeigen Sie, dass Sie auch nur ein Mensch sind: auch Sie machen ab und zu Fehler. Stärken Sie die Stärken Ihrer Mitarbeitenden. Sie werden es Ihnen mit einer höheren Motivation und einer gesteigerten Effizienz und Effektivität danken.

Und optimieren Sie Ihre internen Prozesse und alle Schnittstellen, damit Ihre Mitarbeitenden nicht unnötig Zeit und Energie und dadurch Motivation verlieren. Sie verfügen also über Schalthebel auf verschiedenen Ebenen. Nützen Sie sie, und spielen Sie auf der ganzen Führungs-Klaviatur. Ich bin überzeugt, dass Ihnen so Führung auch grossen Spass machen und Ihnen viel Befriedigung geben wird.

Weiterführende Literatur

Fessler R. und Guldenschuh-Fessler B. (2013): *Gesunde Führung: mehr Erfolg durch Mitarbeiter-Orientierung*. Norderstedt: Books on Demand.

Knieps F. und Pfaff H. (Hrsg.) (2019): *Psychische Gesundheit und Arbeit – Zahlen, Daten und Fakten mit Gastbeiträgen aus Wissenschaft, Politik und Praxis*. Berlin: Medizinisch Wissenschaftliche Verlagsgesellschaft.

Matyssek A.K. (2009): *Führung und Gesundheit – ein Ratgeber zur Förderung der psychosozialen Gesundheit im Betrieb*. Norderstedt: Books on Demand.

Von der Linde B. und von der Heyde A. (2010): *Psychologie für Führungskräfte*. Freiburg i.Br.: Haufe.

10

Roland Diggelmann, CEO Smith + Nephew: „Führung beginnt mit Kultur"

Entscheidend für die Leistungsfähigkeit eines Unternehmens und seiner Mitarbeitenden sei die richtige Führung, und diese beginne mit der Kultur, sagt Roland Diggelmann, CEO des englischen Medizinaltechnik-Unternehmens Smith + Nephew und ex-Konzernleitungsmitglied von Roche. Seiner Ansicht nach ist der Einzelne vor allem dann leistungsfähig, wenn er das, was er tut, gerne macht und einen Sinn darin sieht. Energie-Räuber sind für Diggelmann Bürokratie, Ineffizienz und Administration. Auftanken kann er vor allem beim Sport. Zudem hat er die Fähigkeit, sehr gut abzuschalten, nach vorne zu schauen und sich auf das zu konzentrieren, was er verändern kann.

Auf jedem Unternehmen lastet ein großer Druck, produktiv und leistungsfähig zu sein. Doch wenn man die Zitrone zu stark auspresst, sinkt die Leistungsfähigkeit. Wie gelingt Ihnen dieser Spagat bei Smith + Nephew?

Ich bin überzeugt, das Entscheidende ist, dass man die richtige Kultur hat. Führung beginnt mit Kultur. Wir haben seit meinem Amtsantritt im März 2018 – zuerst als Verwaltungsrat, seit November 2019 als CEO – sehr viel Wert darauf gelegt, die Kultur neu zu definieren, sie in den Vordergrund zu stellen. Wir haben drei Säulen unserer Kultur definiert: „collaboration" (Zusammenarbeit), „care" (sich kümmern) und „courage" (Mut) – aufgrund der drei Cs für alle einfach zu merken. Wir sind ein Unternehmen, das sehr gut funktioniert über „care". Unsere Mitarbeitenden wollen etwas Gutes kreieren für die Menschen. Aus diesem Grund arbeiten sie ja im Gesundheitswesen. Sie sehen also einen grossen Sinn in dem, was sie täglich tun.

Die Zusammenarbeit und Kommunikation innerhalb der einzelnen Bereiche funktioniert sehr gut. Aber aufgrund der grossen Umstrukturierungen, die wir hinter uns haben, muss die Schnittstellen-Kommunikation zwischen den Bereichen noch verbessert werden. Am dritten Wert, dem Thema Mut, müssen wir noch stark arbeiten. In der Vergangenheit haben wir im Vergleich zum Markt schlechter abgeschnitten. Deshalb waren die Mitarbeitenden gewohnt, Kosten zu sparen und ja keine Fehler zu machen. Und wenn man einen Fehler machte, wurde man bestraft. Das hiess: wenn es schlecht lief, gab man es sicher nicht zu. Wir hatten also keine Mut-Kultur, aber nun arbeiten wir sehr aktiv an diesem Thema.

Um auf die von Ihnen angesprochene Zitrone zurückzukommen, glaube ich nicht, dass sie ausgepresst ist. Es geht darum, mehr Agilität mit mehr Effizienz zu kombinieren, damit wir das Richtige machen und nicht in den alten Prozessen, den Strukturen und der Organisation zu verhaftet sind.

Meine Erfahrung mit Kunden, die agil arbeiten, zeigt, dass dieses Thema teilweise auch zusätzlichen Stress mit sich bringt. Was heisst agil arbeiten im Alltag? Wer entscheidet? usw. Wie sind hier Ihre Erfahrungen?

Ich glaube, man muss es einfach wirklich leben und auch konsequent sein. Und Agilität heisst für mich vor allem auch delegieren, die Mitarbeitenden zu befähigen und ihnen Verantwortung zu geben. Die Leute sollen ihre Entscheidungen fällen, wo sie die Kompetenz haben. Delegieren heisst für mich als Chef, auch zu akzeptieren, wenn jemand anders entscheidet, als ich entschieden hätte, und die entsprechenden Konsequenzen zu tragen.

Welchen Einfluss hat diese neue Kultur auf die Leistungsfähigkeit Ihrer Mitarbeitenden?

Ich bin überzeugt, dass das Allerwichtigste ist, dass man einen Arbeitsplatz hat, an den man gerne hingeht, bei dem man auch den Sinn sieht, sich wohlfühlt, sich ausdrücken und einbringen kann, bei dem man nicht Angst haben muss, dass man etwas Falsches macht und dann gleich entlassen wird. Dies fördert nicht nur die Leistungsbereitschaft, sondern eben auch die Arbeitsqualität. Unser Geschäft basiert ja auf geplanten operativen Eingriffen. In der Corona-Zeit wurden diese alle entweder verschoben oder untersagt. Wir hatten im April 2020 einen um 47 % tieferen Umsatz als im Vorjahr, was nie da gewesen und auch unvorhersehbar und dramatisch war.

Bewusst haben wir relativ früh unseren Mitarbeitenden kommuniziert, dass wir jetzt wirklich unsere Kultur weiterleben wollen. Unsere Botschaft war: „Wir machen keine Entlassungen aufgrund von Covid-19, auch keine Kurzarbeit, da wir nicht abhängig werden wollten von behördlichen Auflagen." Aber dies braucht selbstverständlich Opfer von allen. Wir müssen die Kosten stark herunterfahren, aber nicht bei den Mitarbeitenden, sondern bei allen Aktivitäten. Die Reaktion der Mitarbeitenden war fantastisch. Es wird Solidarität gelebt. Ob das am Ende zum Erfolg führt, werden wir sehen. Aber ich bin überzeugt, dass es der richtige Weg ist. In dieser herausfordernden Zeiten leben wir nach den Prinzipien unserer Kultur.

Trotzdem haben Sie Druck von aussen, dem Finanzmarkt usw. Sie müssen ja liefern. Was sind da die grössten Herausforderungen für die Mitarbeitenden? Mit was kämpfen die Leute am meisten?

Ich glaube, am meisten kämpfen die Leute mit der Unsicherheit. Niemand weiss, wohin diese Krise noch führt. Und da ist es wichtig, dass das Unternehmen klare Leitplanken setzt: das sind unsere Entscheidungen. So weit gehen wir und nicht weiter. Wir wollen transparent informieren, nach innen wie nach aussen.

Selbstverständlich wissen auch wir nicht, wohin es genau führt. Die Erholung ist sichtbar, aber sie ist noch zu wenig stark. Der Druck von aussen ist vorhanden, die Unsicherheit sehr gross. Das macht die Entscheidungen schwierig. Umso wichtiger ist es, dass wir innerhalb der Organisation diese Kultur und diesen Zusammenhalt haben.

Was sind für Sie als CEO persönlich die grössten Herausforderungen in der Corona-Phase?

Man muss trotz der Unsicherheit Entscheidungen treffen und den Mitarbeitenden eine Richtung vorgeben. Und diese Entscheidungen haben immer Konsequenzen. Wenn wir sagen, wir entlassen niemanden und machen auch keine Kurzarbeit, weil wir überzeugt sind, dass wir alle brauchen, wenn wir wieder aus dieser Krise herauskommen, können wir selbstverständlich auch nicht andere Anspruchsgruppen benachteiligen. Die Frage hat sich gestellt: die Dividende zahlen, nicht zahlen oder aufschieben. Für uns war klar: wir zahlen sie. Dies hatte dann wieder ein Einfluss auf Liquidität und Cash-Flow. Das muss man alles in einen Kontext bringen.

Wir hatten eine gute Ausgangslage vor dieser Krise und hoffen nun, dass uns diese gute Basis durch die Krise bringt. Ich glaube fest daran.

Die grösste Herausforderung als CEO ist sicherlich, alle Interessen unter einen Hut zu bringen und allen möglichst gerecht zu werden: der breiten Öffentlichkeit, den Aktionären, den Mitarbeitenden und auch dem Verwaltungsrat.

Hat die Corona-Krise für Sie als CEO und persönlich auch positive Seiten?

Kurzfristig, so schlimm die Lage auch ist, haben wir selbstverständlich auch wieder realisiert, dass wir privilegiert sind. Wir besitzen ein Haus, und ich kann mich in mein Büro zurückziehen und arbeiten. Dies ist nicht bei allen der Fall. Der andere Vorteil ist, dass die Krise wie ein Katalysator wirkt, dass man jetzt Sachen an die Hand nehmen kann. Man hat eine Rechtfertigung, um Dinge grundlegend zu hinterfragen und zu verändern. Gewisse Trends, die vorher da waren, werden jetzt verstärkt oder beschleunigt. Als Beispiele kann ich hier die Digitalisierung und das „remote working" nennen. Wir haben jetzt auch alle gelernt, dass vieles möglich ist, was wir vorher nicht für möglich gehalten hatten. Plötzlich konnten wir alle von zu Hause aus arbeiten. Es bedeutete einen riesigen Aufwand, aber die Infrastruktur funktionierte.

Kommen wir zurück zur Leistungsfähigkeit. Was soll Ihrer Ansicht nach jeder Einzelne tun, damit er leistungsfähig bleibt? Was erwarten Sie von Ihren Mitarbeitenden?

Es beginnt meines Erachtens mit einer Eigenreflexion. Was verstehe ich unter meiner Aufgabe? Was ist meine Verantwortung? Wie will ich dem gerecht werden? Und wie kann ich meine beste Leistung abrufen? Man kann das auch mit Sport vergleichen – auch hier muss ich auf einen Zeitpunkt hin ein Leistung abrufen können, mich darauf vorbereiten und trainieren. Ausserdem geht es um das Thema: welche Rahmenbedingungen gibt die Firma vor, und wie kann ich mich entfalten? Und das dritte ist sicherlich nicht nur die physischen Rahmenbedingungen, sondern auch die kulturellen.

Und selbstverständlich erwarte ich vom Management die Leistungsbereitschaft und auch die Fähigkeit, auch einen Schritt zurückzutreten, das ganze holistisch anzuschauen, d.h. nicht nur aus der Sicht unserer Funktionen, sondern aus gesamtunternehmerischer Perspektive. Was braucht es genau in der aktuellen Situation? In einer Krise benötigen wir zum Beispiel eine ganz andere Energie und eine ganz andere Leistungsbereitschaft, als wenn es sehr gut läuft. Man lernt am meisten, wenn es nicht gut läuft.

Das Businessleben ist ja kein Sprint, sondern ein Marathon. Sie arbeiten selbst sehr viel. Wie schaffen Sie es, trotz der langen Stunden bei Energie zu bleiben?

Das Wichtigste ist, dass man gerne tut, was man tut. Und das mache ich, und daraus ziehe ich meine Motivation. Ich bin jemand, der schnell und gut abschalten kann. Aber im Grundsatz mache ich meinen Job einfach sehr gerne und sehe auch sehr viel Sinn darin. Ich habe eine hohe Identifikation mit der Firma, mit den Produkten. Was wir machen – Medizinaltechnik –, hat einen höheren Sinn. Deshalb macht es einfach richtig Spass. Und auch wenn es mal nicht Spass macht, überwiegt die Freude, und das hilft.

Was machen Sie denn konkret, um zu entspannen?

Nichts Dramatisches. Ich pflege keine speziellen Hobbys, sondern habe eine gute Balance für mich gefunden. Ich kann keinem Verein beitreten, da ich viel unterwegs bin. Aber ich mache sehr gerne Sport. Schon nach einer Stunde Sport geht es mir gut. Im Winter gehe ich gerne skifahren. Da ich viel auf Reisen bin, gehe ich ins Fitnesscenter im Hotel, weil ich so zeitlich flexibel bin. Ansonsten habe gehe in mein lokales Fitnesscenter, mache mit einem Privattrainer Kickboxen oder ein ausgiebiges Cross-Fit-Training. Was mir auch Energie gibt, ist, wenn ich reise und im Austausch mit Leuten bin. Das hilft selbstverständlich in meinem Job. Wenn man gerne reist, ist es keine grosse Last, auch wenn die Reisen nicht immer nur Spass machen. Ich geniesse aber auch die ruhigen Zeiten mit meiner Frau oder ein Glas Wein mit Freunden am Abend.

Was sind Ihre grössten Energie-Räuber?

Bürokratie, Ineffizienz und Administration. Wenn Sachen politisiert werden, wenn man das Gefühl hat, man kommt nicht vorwärts, weil die Interessen nicht gleichgeschaltet sind. Das sind die Sachen, die mich richtig ärgern.

Wie gehen Sie damit um?

Ich fokussiere mich dann auf das, was ich wirklich beeinflussen kann. Es hat keinen Wert, sich aufzureiben, wenn man Sachen eh nicht verändern kann. Ich versuche, Konflikte zu vermeiden, indem ich die Leute möglichst früh zu überzeugen versuche und – wenn es in die falsche Richtung geht – das früh anzusprechen. Immer geht das selbstverständlich nicht.

Welches war Ihr schwierigster Moment in Ihrem bisherigen Geschäfts-leben? Wie haben Sie diese Krise gemeistert? Und was haben Sie daraus gelernt?

Die grösste Herausforderung in meinem bisherigen Geschäftsleben war sicherlich, als 36-Jähriger nach Japan zu gehen, als General Manager die Führung einer Firma zu übernehmen, die gerade eine Akquisition gemacht hatte – in einem japanischen Umfeld, wo eigentlich niemand integrieren möchte, schon gar nicht etwas verändern. Ich kam von der Firma, die akquiriert worden war. Ich war neu in Japan, und wir waren nur zwei Ausländer im ganzen Team. Alle anderen waren japanische Männer, die mindestens zehn Jahre älter waren als ich.

Da lernt man selbstverständlich sehr viel, weil niemand auf einen gewartet hat. Es ist eine ganz andere Kultur. Man lernt, Menschen zu ver-trauen und vor allem den Richtigen zu vertrauen mit allen Fehlern. Man lernt, Entscheidungen zu treffen, weil man dahin gesandt wurde, um etwas zu verändern. Sonst hätten sie sich für einen Lokalen entschieden. Und man lernt auch am Ende, sich selbst zu vertrauen. Irgendwann kommt man zum Punkt, an dem man sich sagt: jetzt musst du etwas tun. Das ist deine Verantwortung. Du kannst das! Es gab viele Momente, in denen ich nach Hause kam – und zwar nach vielen, vielen Stunden in Japan – und mich fragte: kommt das gut? Oder wie macht man das am besten? Und auch: wenn dies jetzt nicht funktioniert, werde ich gleich wieder abberufen? Das hat mich gelehrt: wenn es ganz schlimm wird, geht es schon irgendwie, und ich kann das! Es hat mir Selbstbewusstsein gegeben, zu erfahren, wie man zum Erfolg kommt.

In Japan kann man nicht vor die Leute stehen und sagen, das machen wir jetzt. Man muss versuchen, einen Konsens zu finden. Aber gleichzeitig darf man nicht im Konsens untergehen und muss lernen, wie man mit wem umgeht, um am Ende das Ziel gemeinsam zu erreichen. Selbstverständ-lich macht man klassische Fehler, von denen man nachher lernt – so kleine

Sachen, die mir immer in Erinnerung geblieben sind, z. B.: wer am besten Englisch kann, ist nicht unbedingt der Beste. Man darf auch nicht den Versuch belohnen, sondern man muss auch den Erfolg bringen. Wenn sich alle viele Mühe geben, reicht das noch nicht.

Sind Sie ein Mensch, der sehr stark im Moment lebt?

Ich versuche, den Moment zu geniessen. Aber alleine die Verantwortung und die Rolle als Ganzes führt dazu, dass man es weniger macht als gewünscht und es nicht auslebt. Man versucht immer, sich auch mittel- und langfristig zu orientieren.

Sie sind also nicht ein Typ, der rückwärts schaut und bereut?

Das macht nur Sinn, wenn man aus Fehlern Erkenntnisse zieht. Aber richtig bereuen – so unter dem Motto „hätte ich doch…" – das mache ich nicht. Ich habe viele Fehler gemacht. Viele Sachen hätte ich besser machen können. Aber jetzt zu sagen: das hätte ich anders machen sollen: nein. Ich denke nicht in solchen Kategorien, weil es nicht zu verändern ist.

Wann ist für Sie ein richtig guter Tag?

Wenn man etwas Gutes gemacht hat und man erkennt, dass es ein richtig guter Entscheid war, der zum Erfolg geführt hat. Dies kann im geschäftlichen Zusammenhang sein, wenn man einen Erfolg als Team feiert, z. B. einen grossen Kunden gewonnen hat, oder man einen wichtigen Auftritt gut gemacht hat. Oder wenn man sieht, dass Menschen, bei denen man ein gewisses Risiko eingegangen ist, Erfolg haben. Dies bedeutet mir viel. Vielleicht war die Person noch nicht bereit, aber sie hatte das Potenzial. Und plötzlich sieht man, dass es funktioniert.

Privat verbringe ich gerne Zeit am Strand, trinke mit Freunden am Abend ein Glas Wein und treibe Sport. Dort hat man vermutlich die reinsten und rohesten Emotionen, z. B. wenn eine Mannschaft, die man unterstützt, in letzter Minute den Sieg holt. Diese Emotionen gibt es nur im Sport. Da kann in letzter Sekunde ein Spiel entschieden werden. So würde ich mich riesig freuen, wenn z. B. Roger Federer nochmals Wimbledon gewinnen oder wenn mein Fussball-Team YB Bern wieder Meister würde!

Was ist für Sie ein Misserfolg? Und wie gehen Sie damit um, wenn etwas nicht klappt?

Zuerst ärgert man sich und fragt sich, ob man etwas hätte anders machen können. Man muss die Situation dann analysieren und daraus die Lehren ziehen. Wichtig ist, das Bewusstsein zu haben, dass ich alles gemacht habe, um an diesem Tag oder für diese Aufgabe das Beste herauszuholen. Es hat trotzdem nicht gereicht – und dann versuchen, zu verstehen wieso. Meistens kann man schon etwas daraus lernen.

Sie haben vorher von der Kultur-Säule „Mut" gesprochen. Vielleicht kennen Sie den Spruch des IBM-Gründers Tom Watson: „Wenn Sie erfolgreich sein wollen, verdoppeln Sie Ihre Misserfolgsrate." Wie gehen Sie damit um, wenn die Leute effektiv Fehler machen?

Ich glaube, man muss diese Fehlerkultur schaffen. Dabei muss sich man aber auch klar werden, welche Fehler wir machen können oder wollen. Wiederholungsfehler sollten nicht passieren. In unserer Branche stehen Sorgfalt, Qualität und Ehrlichkeit an oberster Stelle. Da die Patienten unsere Implantate in sich tragen, haben wir eine grosse Verantwortung. Aber ohne Misserfolge gibt es keine Innovationen. Es ist deshalb sehr wichtig, eine Innovationskultur entsprechend fördern. Da gehören Misserfolge dazu. Ein Spruch, der mir sehr gut gefällt, ist: „fail fast!". Also zu versuchen, einen Misserfolg schnell zu realisieren und dann schnell zu korrigieren, damit man eben aus dem Gelernten wieder etwas Neues entwickeln kann. Das finde ich sehr spannend.

Dies muss jede Branche und jedes Unternehmen für sich definieren. Wenn man z. B. Apps entwickelt, kann man Fehler schnell korrigieren. Bei uns dauert es länger. Entscheidend ist: ich muss Fehler machen können, aber ich muss den Mut haben, zuzugeben, dass es in die Hose gegangen ist. Und die Firma als Ganzes muss dann entsprechend auch richtig reagieren: wir nehmen es zur Kenntnis, und es ist ok, aber jetzt geht's weiter. Wenn die zwei Sachen nicht zusammenspielen und der erste Misserfolg bestraft wird, wird keiner mehr den Mut haben hinzustehen. Diese Kultur zu etablieren und längerfristig zu leben, ist schwierig.

Mein früherer Chef, der CEO von Roche, hat dies sehr gut gemacht. Per Definition ist ja in der Biotechnologie nur eine von tausend Entwicklungen am Markt erfolgreich. Und wenn man die anderen 999 abstrafen würde, hätte man keine Mitarbeitenden mehr. Man muss den Leuten die Freiräume und auch den Stolz geben, dass sie einen Fehler machen dürfen.

Wenn jemand sechs Jahre an einem Molekül gearbeitet hat und in der letzten klinischen Phase zeigt es nicht die gewünschte Wirkung, muss dieser Mensch ja trotzdem mit Stolz sagen können: ich habe alles versucht. Ich habe versucht, die Grenzen im Positiven auszuloten, und es hat nicht geklappt. Man will ja dann nicht, dass diese Person nach Hause geht und zu ihrer Familie sagt, dass alle sechs Jahre umsonst waren.

Also auch Wertschätzung zu geben, wenn der wirtschaftliche Erfolg nicht da war?

Wenn man sagt: wir haben als Kollektiv daran geglaubt, und es hat nicht funktioniert, ist das etwas Anderes als: wir haben einfach dumme Fehler gemacht, die unverzeihlich sind. Die gibt es auch. So haben wir z. B. einen grossen Launch vorbereitet, und das Produkt war bereit, aber wir hatten die chirurgischen Instrumente dafür nicht. Also konnten wir nicht launchen. Da muss man sich fragen, wie das passieren konnte, wo die Fehler gemacht wurden und wie man sie ausmerzen kann.

Das Wirtschaftsleben hat eine Konstante, nämlich die Veränderung. Was sind Ihrer Erfahrung nach die Voraussetzungen, dass Menschen konstruktiv mit Veränderungen umgehen und sie nützen können?

Es braucht den Willen, etwas zu bewegen, etwas Positives zu kreieren. Neugierde, die Fähigkeit, eben auch mal Fehler zu machen. Zudem muss man versuchen, den Leuten die Angst zu nehmen vor den Veränderungen. Das heisst, man muss sie entkoppeln von der einzelnen Person, weil die erste Frage immer ist: was verändert sich für mich? Und wenn es für mich etwas Negatives ist, dann ist das Ganze negativ. Dies ist ja menschlich, und man muss versuchen, dies entsprechend zu verändern. Dies ist schwierig, gerade jetzt auch in der Corona-Zeit. Ein Hauptgrund, weswegen sich die Leute nicht verändern wollen, ist die Angst, etwas zu verlieren. Und je besser es einem geht, desto mehr Angst hat man, etwas zu verlieren, und sieht nicht die Chance, etwas zu gewinnen. Dann leidet entsprechend auch die Risiko- resp. die Veränderungsbereitschaft.

Was ist in diesem Zusammenhang die Rolle der Führungskräfte?

Als Führungskraft sollte man vorangehen und eine Richtung vorzeigen. Und zweitens sollte man den Leuten Freiraum lassen, sich zu entfalten. Zudem muss man dafür sorgen, dass die Veränderungen auch breit abgestützt sind, dass die Leute von den Veränderungen überzeugt sind. Dazu gehört auch, die richtigen Teams zusammenzubringen, damit ihre Zusammenstellung möglichst divers ist. Ich zähle dabei nicht die Anzahl Männlein und Weiblein oder Anzahl weiss und schwarz, sondern die Teams sollten möglichst divers im Denken sein. Man kann als Beispiel hier auch wieder den Fussball herbeiziehen. Man hat elf Leute auf dem Feld, aber die elf Besten werden nicht gewinnen. Es gewinnen diejenigen, die als Team am besten zusammenarbeiten.

Was ist die Rolle der Führungskräfte gegenüber ihren Mitarbeitern im Zusammenhang mit der Leistungsfähigkeit? Was können sie dazu beitragen? Können sie auch schaden?

Schaden tut man sicherlich, wenn man den Leuten ihre Autonomie wegnimmt und sagt: „Du machst das jetzt so". Es kommt dabei selbstverständlich immer auf den Job und auf die Aufgabe darauf an, aber ein positives Umfeld kreieren, wo sich die Leute einbringen, selber entscheiden können, wo man die Leute stärkt und auch entsprechend unterstützt. Und dann auch fair und ehrlich sein in der Bewertung der Arbeit, das Resultat bewerten, nicht die Anzahl Stunden, die man eingesetzt hat. In einer Servicegesellschaft ist dies einfacher als z. B. in der Medizinaltechnik.

Es gibt bei uns immer noch viele Jobs, bei denen die Leute an der Maschine stehen und Protokolle haben, wie sie etwas machen müssen. Dies muss tagtäglich gleich ausgeführt und dokumentiert werden. Da muss man andere Wege finden, also über das Arbeitsumfeld, den Arbeitsplatz und was man sonst für die Mitarbeitenden tut. Investiert man in die Mitarbeitenden, dass sie vielleicht vorwärts kommen, dass sie sich weiterbilden können? Bieten wir den Mitarbeitenden ein modernes Umfeld, eine gute Gesundheitsversorgung und genügend Ferien? Aber wenn die Arbeit hoch repetitiv ist, wird es schwierig. Dies muss man anerkennen.

Haben Sie Erfahrungen bezüglich kultureller Unterschiede der Leistungsfähigkeit? In Asien arbeitet man sehr viele Stunden. In europäischen Ländern gibt es Restriktionen bezüglich der Anzahl Stunden. Gibt es aber auch einen kulturellen Mindset?

Man denkt ab und zu in diesen Stereotypen, aber vieles davon ist schon wahr. Die Leistungsbereitschaft in Asien ist wesentlich grösser. Die Asiaten wollen vorankommen. Sie sind bereit, sich zu engagieren. Zum Teil sind sie extrem ambitioniert. Und das kippt dann wieder ins andere Extrem.

In Europa hat man sicherlich die Tendenz, mehr für sich zu schauen und weniger für die Gemeinschaft. Das heisst auch, dass man arbeitet, weil es für einen selbst gut ist. Die starke Identifikation mit der Firma ist weniger ausgeprägt. Es geht uns in Europa gut, und dadurch sind auch viele Zusatz-leistungen institutionalisiert. So haben wir mehr Urlaub und grundsätzlich positivere Rahmenbedingungen.

Wo gibt es im Geschäftsleben die grössten Reibungsverluste? Und was kann man tun, um diese zu eliminieren oder mindestens zu minimieren?

Die grössten Reibungsverluste entstehen per Definition zwischen den Menschen, wenn man nicht miteinander arbeiten kann oder will. Es gibt sicherlich auch organisatorische Reibungsverluste, wenn die Organisations-einheiten nicht miteinander verknüpft sind oder man zu wenig kommuniziert. Wenn mein Ziel in der Logistik ist, eine möglichst gute Inventar-Position per Ende Jahr zu haben, dann erhalte ich einen Bonus für das tiefste Inventar. Im Januar hat das Sales-Team dann aber nichts zu ver-kaufen. In solch einem Fall hätten wir etwas falsch gemacht. Man muss die Ziele verbinden und die Ziele auch erklären, die Zusammenhänge aufzeigen.

Kommunikation ist trotz der vielen Möglichkeiten immer noch eines der Hauptprobleme. Was kommt am anderen Ende an, was wird verstanden? Es gibt viele Missverständnisse, und zum Teil auch keine Bereitschaft, die Sachen anzugehen. Es gibt auch viele Reibungsverluste im Kontakt von Unternehmen mit der Gesellschaft – sei dies dem Gesetzgeber, den Regulatoren oder der Politik im Allgemeinen.

Was macht Smith + Nephew, um ihre Mitarbeitenden leistungsfähig zu erhalten? Bieten Sie Sportmöglichkeiten, Massagen oder auch Programme im mentalen Bereich?

Wir machen ein bisschen von allem – auch wieder stark regional unter-schiedlich, je nachdem, wie ausgeprägt gewisse Trends in den Regionen sind. Wir versuchen, ein möglichst modernes Arbeitsumfeld zu schaffen, z. B. Fitnesscenter und andere Angebote. In den Ländern, in denen die Mit-arbeitenden über die Firma krankenversichert sind, versuchen wir, die best-möglichen Bedingungen zu erhalten. Wir haben aber auch Angebote zu Themen wie „Diversity & Inclusion" oder „Frauen in der Führung" sowie Anlaufstellen zum Thema mentale Gesundheit. Bei letzterem muss man vor-sichtig sein, da sich die Mitarbeitenden nicht in einer Gruppe exponieren wollen. Es gibt in diesem Zusammenhang viele Tabus.

Wir versuchen zudem, den Mitarbeitenden möglichst die gleichen Chancen zu geben, indem wir transparent sind, kommunizieren, was wir erwarten, aber auch, was wir bieten. Aber wie schon erwähnt, haben wir keinen weltweiten Standard. In China ist das Bedürfnis der Mitarbeitenden ein anderes als in den USA.

Über den Interviewpartner
Roland Diggelmann (Jahrgang 1967) ist seit November 2019 CEO des englischen Medizinaltechnik-Unternehmens Smith + Nephew. Davor war der Schweizer langjähriger CEO von Roche Diagnostics und Konzern-leitungs-Mitglied von Roche. Ausserdem hatte er verschiedene Führungs-funktionen bei Sulzer Medica und Zimmer inne. Roland Diggelmann studierte Betriebswirtschaftslehre an der Universität Bern.

Smith + Nephew mit Sitz in London ist ein börsenkotierter Medizinal-technik-Konzern mit circa 17'500 Mitarbeitenden in über 100 Ländern und einem Umsatz von USD 5,1 Mrd. (2019). Die Schwerpunkte ihrer Tätigkeit liegen in der Orthopädie, Sportmedizin, Traumatologie sowie in der Wund-Behandlung. Gegründet wurde Smith + Nephew vor rund 160 Jahren.

11

Martin Scholl, CEO Zürcher Kantonalbank: „Dauernde Umstrukturierungen verunsichern die Mitarbeitenden"

Martin Scholl, Vorsitzender der Generaldirektion der Zürcher Kantonalbank, ist überzeugt, dass eine auf Nachhaltigkeit ausgerichtete Unternehmenskultur entscheidend für den Geschäftserfolg ist. Die Mitarbeitenden fühlen sich sicherer und identifizieren sich stärker mit dem Unternehmen, da sie sich nicht konstant um ihre Arbeitsplätze sorgen müssten. Er plädiert auch dafür, dass alle Mitarbeitenden noch andere Standbeine als das Arbeiten haben. Er gibt schon seinen Lernenden den Rat, dass sie alle ihre Interessen unter einen Hut bringen sollten. Seine Eigenverantwortung wahrzunehmen und sich selbst immer treu zu bleiben, ist dabei für Scholl entscheidend.

Auf jedem Unternehmen lastet ein grosser Druck, möglichst produktiv und leistungsfähig zu sein. Doch wenn man die Zitrone zu stark auspresst, sinkt die Leistungsfähigkeit. Wie gelingt dieser Spagat bei der Zürcher Kantonalbank?

Letztendlich ist es eine Frage unserer Positionierung als Arbeitgeber. Wir legen grossen Wert darauf, dass unsere Mitarbeitenden nicht einfach nur Angestellte sind, sondern sich mit dem Unternehmen identifizieren, die Strategie kennen und dadurch auch wissen, welchen Beitrag sie zum Unternehmenserfolg leisten können und wollen. Deshalb wird bei uns Eigenverantwortung gross geschrieben.

Es gibt Phasen, in denen man die Extrameile gehen muss und die Zitrone etwas mehr ausgepresst wird als zu anderen Zeiten. Aber weil die

© Der/die Autor(en), exklusiv lizenziert durch Springer-Verlag GmbH, DE, ein Teil von Springer Nature 2021
C. Kraaz, *Nachhaltig leistungsfähig bleiben*, https://doi.org/10.1007/978-3-662-62864-5_11

Identifikation mit dem Unternehmen sehr gross ist und die Mitarbeitenden hinter der Kultur stehen, ist dies kein grosses Thema bei uns. Wir diskutieren bewusst auch schon früh mit unseren sehr jungen Mitarbeitenden, welches ihr Beitrag zur Erhaltung ihrer Leistungsfähigkeit ist und welches unserer ist.

Ausserdem haben unsere Mitarbeitenden in der Corona-Phase realisiert, dass es ein Privileg ist, für die Zürcher Kantonalbank zu arbeiten. Deshalb sind sie auch bereit, zwischendurch ohne Druck die Extrameile zu gehen.

Sprechen Sie damit das Thema Sicherheit im Vergleich zum Rest des Marktes an, oder wie man mit den Mitarbeitenden umgeht? Was machen Sie anders?

Wir sind sehr, sehr langfristig orientiert, und zwar nicht nur im Denken, sondern auch im Handeln. Wir haben in diesem Zusammenhang den Vorteil, dass wir nicht dem Quartalsdruck ausgeliefert sind. Alles, was wir tun, tun wir mit einer langfristigen Optik. Diese Kultur führt zu einer hohen Kontinuität. Ausserdem herrscht bei uns kein solch grosser Konkurrenzdruck, dass unsere Mitarbeitenden Angst haben müssten vor ihren Kollegen. Und auch die Mitglieder der Geschäftsleitung müssen sich nicht vor einem guten Stellvertreter fürchten. Dies gibt allen Angestellten eine gewisse Sicherheit.

Sicherheit gibt unseren Mitarbeitenden auch unser grosser wirtschaftlicher Erfolg. Die Bank verdient gut, was auch bedeutet, dass die Mitarbeitenden gut verdienen. Von ihrem Umfeld wissen die Mitarbeitenden, dass dies keine Selbstverständlichkeit ist. Dies ist auch eine Motivation für sie.

Sie haben die Eigenverantwortung der Mitarbeitenden angesprochen. Was erwarten Sie konkret von ihnen? Was sollen sie tun, um längerfristig leistungsfähig bleiben zu können?

Ich gebe Ihnen ein Beispiel. Ich begrüsse jeweils nach den Sommerferien unsere rund 100 neuen Lernenden persönlich. Unter anderem gebe ich ihnen dann jeweils folgende Botschaft mit auf den Weg: Es ist ihr Leben. Sie sind alt genug, um es selber zu gestalten. Wir investieren viel darin, sie erfolgreich durch die drei oder vier Jahre der Lehre zu bringen. Aber sie selbst sind verantwortlich für ihr Leben. Selbstverständlich muss das Ziel sein, dass sie diese Jahre erfolgreich absolvieren, dass sie auch lernen durchzubeissen. Aber es ist auch wichtig, dass es ihnen gelingt, in dieser Zeit alles unter einen Hut zu bringen.

Es geht nicht darum, nur die Lehrabschlussprüfung zu bestehen. Es geht auch darum, z. B. so lange wie möglich auch Sport zu treiben, oder ein anderes Hobby, und den Freundeskreis zu pflegen – was auch immer den Leuten wichtig ist. Sie müssen lernen, alle Dinge, die ihnen viel bedeuten, unter einen Hut zu bringen. Sie sollen sich bewusst werden, dass es wertvoll ist, verschiedene Standbeine im Leben zu haben, und sie sollen die Fähigkeit erwerben, diese miteinander zu vereinbaren. Doch am Ende liegt die Verantwortung dafür bei ihnen. Wir sind wir nicht verantwortlich für den Body-Mass-Index unserer Mitarbeitenden und Führungskräfte.

Als Firma bieten Sie Ihren Mitarbeitenden und Führungskräften auch Unterstützung an. Was trägt die Zürcher Kantonalbank konkret dazu bei, damit ihr Personal leistungsfähig und gesund bleiben kann?

Es gibt eine Vielzahl von Programmen und Unterstützungsmassnahmen, in denen persönliche Gesundheit und Gesundheit am Arbeitsplatz ein Thema sind. Dies reicht von einem Sport- und Entspannungsangebot über Ergonomie-Massnahmen bis zu Seminaren, die die Prävention und das Erkennen von Belastungssymptomen zum Ziel haben. Wenn Mitarbeitende in starke Belastungssituationen geraten, haben sie zudem das Anrecht, kostenlos fünf Stunden externe und diskrete Beratung in Anspruch zu nehmen.

Führungskräfte bilden wir ebenfalls darin aus, sie auf Früherkennungssymptome zu sensibilisieren, da ja nicht alle Mitarbeitenden Schwierigkeiten von sich aus ansprechen – dies obwohl wir eine Kultur haben, bei denen solche Themen gefahrlos aufgebracht werden können. Für ihre persönliche Weiterentwicklung und, um selbst einen guten Umgang mit eigenen Belastung zu lernen, können die Führungskräfte auf einen Pool von externen Coaches zugreifen. Wenn es zu Belastungssituationen kommt, sind wir als Arbeitgeber grosszügig und tun vieles, um den Leuten zu helfen, wieder auf die Beine zu kommen.

Hat die Anzahl der Burnout-Fälle bei der Zürcher Kantonalbank in den letzten Jahren zugenommen?

Burnout ist ja offiziell keine Krankheit, weshalb wir keine separaten Statistiken dazu führen. Die Anzahl unserer Absenzentage ist in den letzten Jahren jedoch insgesamt stabil geblieben – die Langzeit-Absenzen ebenfalls. Psychische und physische Leiden machen je etwa 50 % davon aus.

Hat die Tatsache, dass die Zürcher Kantonalbank nicht börsenkotiert ist und eine Staatsgarantie hat, einen Einfluss auf die Leistungs- und Führungskultur?

Die Staatsgarantie hat mit Sicherheit keinen Einfluss, eher der wirtschaftliche Erfolg. Wir haben z. B. im ersten Halbjahr 2020 ein hervorragendes Ergebnis erreicht. Bei uns arbeiten Mitarbeitende, die gewinnen wollen. Wir sind nicht Beamte oder Staatsangestellte und fühlen uns und benehmen uns auch nicht so. Wir sind ambitionierte Banker, die im Wettbewerb mit den ganz Grossen immer die Nummer eins sein wollen. Dies wollen alle.

Wir unterscheiden uns von unseren Konkurrenten durch die Umsetzung. Die einen glauben daran, dass dauernde Umstrukturierungen mit Entlassungen und Wiedereinstellungen die richtige Strategie ist. Wir sind da ganz anderer Meinung. Wir müssen unser Handwerk verstehen und wissen, wohin die Reise geht. Und dann ist es entscheidend, unsere Strategie mit hoher Konsequenz umzusetzen, ohne das Ruder immer wieder herumzureissen. Dies gibt den Mitarbeitenden eine gewisse Sicherheit. Sie müssen nicht jeden Freitag Angst haben, entlassen zu werden.

Ich würde auch in einem börsenkotierten Unternehmen genau gleich vorgehen. Es gibt unterschiedliche Konzepte, die aufgehen. Unsere Konkurrenten existieren ja auch teilweise schon seit 200 Jahren und sind erfolgreich. Aber wir haben eine andere Unternehmenskultur.

Sie haben zu Beginn des Interviews Ihre Lernenden angesprochen. Gehen die Generationen X, Y und Z Ihrer Erfahrung nach anders mit Druck und Stress um als die älteren Generationen?

Meines Erachtens ist dies keine Generationenfrage. In allen Alterskategorien gehen die Menschen sehr unterschiedlich mit Druck um. Es gibt Sechzigjährige, die Energie haben für weitere 60 Jahre, ja, Energie haben wie Dreissigjährige. Druck motiviert sie zu Höchstleistungen. Und es gibt Zwanzigjährige, die kaum Druck ertragen. Es gibt Mitarbeitende, die vor einem Kunden-Telefonat sehr nervös sind; andere wiederum sind in der gleichen Situation sehr souverän – unabhängig vom Alter. Dies könnte mit den Genen zu tun haben oder mit den Sportaktivitäten, aufgrund derer Menschen sich eine Leidensfähigkeit antrainieren, die sie dann auch im Geschäft anwenden können.

Wo gibt es im Geschäftsleben Ihrer Erfahrung nach die grössten Reibungsverluste?

Das Thema „Nachhaltigkeit und Langfristorientierung" zieht sich wie ein roter Faden durch unser Gespräch. Grosse Reibungsverluste entstehen durch permanente Unsicherheiten. Die Energie wird für etwas Unnützes aufgewendet, der Fokus geht verloren. Es geht nur noch um das eigene Überleben. Leider ist dies in der Unternehmenslandschaft weit verbreitet. Es ist wichtig, sich immer wieder aus der Komfortzone herauszuwagen. Aber durch dauernde Reorganisationen geht unnötig viel Energie verloren.

Von IBM-Gründer Tom Watson stammt der Spruch: „Wenn Sie erfolgreich sein wollen, verdoppeln Sie Ihre Misserfolgsrate." Wie geht Ihre Firma mit Fehlern um?

Bei uns geschehen jeden Tag unzählige Fehler – kleinere und grössere. In aller Regel führen diese nicht zu Sanktionen. Wenn Fehler für Inkompetenz steht, ist dies nicht akzeptabel. Aber wenn Fehler geschehen, weil man etwas ausprobiert, sich persönlich exponiert und ein begründetes Risiko auf sich nimmt, erachte ich dies als problemlos. Fehler sollte man jedoch nicht wiederholen.

Das Wirtschaftsleben hat meiner Ansicht nach eine Konstante: die Veränderung. Sie versuchen ja, nicht viel zu reorganisieren, aber trotzdem müssen auch Sie immer wieder Veränderungen vornehmen. Was sind Ihrer Erfahrung nach die Voraussetzungen, dass Menschen gut und konstruktiv mit Veränderungen umgehen können?

Man muss sie damit konfrontieren und ihnen klar machen, dass eine Vogel-Strauss-Politik keine erfolgreiche Strategie ist. Ich bin schon viele Jahre im Bankgeschäft tätig, und Banking im Jahr 2020 ist nicht mehr das gleiche wie im Jahr 2010 oder sogar im Jahr 2000 – auch bei der Zürcher Kantonalbank nicht. Dies bedeutet, dass für Hunderte von uns der Jobinhalt, die Kolleginnen, der Vorgesetzte ändern. Dabei stellt sich die bekannte Frage: Ist es ein Problem, z. B. wenn ich den Arbeitsort wechseln muss? Oder ist dies eine Chance, die mir neue Möglichkeiten bietet?

Damit wir die Mitarbeitenden mitnehmen können, diskutieren wir mit ihnen: Wie sieht eigentlich ihr Plan B aus für den Fall, dass es ihre Jobs in fünf Jahren nicht mehr gibt? Wissen sie, was sie gerne machen und gerne machen würden? Haben sie sich damit auseinandergesetzt, was ihre

Fähigkeiten sind und was es allenfalls dafür braucht, ihren Traumjob aus-üben zu können? Was brauchen sie, um diese Lücken zu schliessen?

Wir führen darüber teilweise proaktiv harte Diskussionen mit den Mit-arbeitenden, was weh tun kann. Denn es gibt viele Menschen, die lieber nicht darüber reden wollen, weil sie mit dieser Unsicherheit nicht umgehen können. Aber es ist ein Fakt, dass es Veränderungen geben wird. So müssen sich z. B. Mitarbeitende in den Kundenhallen darauf einstellen, dass die Frequenzen in den nächsten Jahren weiter abnehmen werden. Deshalb reden wir mit ihnen über ihre Entwicklungspläne. Jeder Mitarbeitende muss für sich einen Plan haben, auch einen Plan B.

Welche Werte leben Sie als CEO Ihren Mitarbeitenden vor? Und welche Auswirkungen hat dies auf Ihre Leistungsfähigkeit? Man beobachtet Sie ja.

Ich bin mir dessen bewusst. Ich versuche, an meinem eigenen Beispiel zu zeigen, dass das Leben nicht immer so ernst ist, wie es vielleicht scheint. Man sollte auch Spass haben. Gleichzeitig sollte man auch bereit sein, an seine Grenzen zu gehen, und dies teilweise für eine längere Zeit. Doch es gibt auch anderes im Leben als das Arbeiten. Wenn ich in die Ferien gehe, habe ich noch nie aus den Ferien angerufen, und man hat mich noch nie angerufen. Dies ist eine Frage der Kultur. Die Mitglieder der Geschäfts-leitung verdienen auch viel Geld. Sie sollen in meiner Abwesenheit Ver-antwortung übernehmen. Wenn ich nicht da bin, entscheidet mein offizieller Stellvertreter selbstständig und erzählt mir nach meiner Rückkehr, was er entschieden hat.

Ich habe das Glück, dass ich auch im jetzigen Alter scheinbar grenzenlos belastbar bin. Aber wenn ich zu Hause bin, bin ich zu Hause, und wenn ich ins Bett gehe, schlafe ich immer innerhalb von 30 Sek. ein. Je hektischer es wird, desto besser gefällt es mir. Aber ich habe das Glück, dass ich mich jederzeit sehr gut abgrenzen kann, ohne dass ich dies hätte trainieren müssen.

Wir thematisieren im Unternehmen immer wieder, wie wichtig Abgrenzung ist und dass man sich selbst nicht zu ernst nehmen soll. Ich erwarte von allen Mitarbeitenden und Führungskräften, dass sie dies genau machen wie ich. Wir machen ihnen deutlich, dass es kontraproduktiv ist, wenn man alles bei sich hortet.

Als CEO arbeiten Sie sicher sehr viel und tragen eine grosse Verantwortung. Was gibt Ihnen die Kraft, dass Sie nach vielen Jahren immer noch voller Energie bei der Sache sind?

Sicherheit gibt mir, dass ich weiss, dass ich unser Geschäft sehr gut verstehe, und zwar in allen Dimensionen. Dies bedeutet z. B., dass ich im richtigen Moment die richtigen Fragen stellen kann. Ausserdem gibt es mir das Bewusstsein Kraft, dass ich viele sehr gute Leute um mich herum habe. Gerade auch in Krisen wie in der aktuellen Corona-Zeit haben sie einmal mehr ihre Kompetenz unter Beweis gestellt. Ausserdem gibt mir die Abwechslung und Ablenkung durch Sport sehr viel. Für andere Menschen ist anderes wichtig. Ich übe Sport aus, und zwar sehr diszipliniert.

Welche Sportart üben Sie aus?

Alles und nichts richtig… Ich jogge, fahre Mountain Bike, spiele Tennis sowie Golf und mache Krafttraining, und dies mit einer grossen Disziplin. Dies kommuniziere ich auch unseren jungen Familienvätern und Müttern. Auch auf dem Sofa der Familie Scholl ist es sehr bequem. Ich habe unsere Kinder – als sie klein waren – auch immer ins Bett gebracht und bin dabei eingeschlafen, aber um 21 Uhr ging ich noch ins Krafttraining. Dies habe ich über all die Jahre konsequent durchgezogen, denn für mich persönlich ist Sport sehr wichtig. Andere Menschen entscheiden sich am Abend für das Sofa und eine Tüte Chips. Jeder muss dies für sich definieren.

Was sind Ihre grössten persönlichen Energie-Räuber, und wie gehen Sie mit ihnen um?

Energie-Räuber sind für mich ineffiziente Sitzungen. Wenn ich sie selbst führe, sorge ich dafür, dass sie nicht zu lange dauern, aber inhaltsreich sind. Wenn andere sie führen, lenke ich mich mit meinen Geräten ab und beschäftige mich mit anderen Themen. Was mir auch viel Energie abzieht, sind Meetings, in denen eine negative Energie herrscht – mit Menschen, die einem Energie absaugen und nicht Energie geben. Dann thematisiere ich diese negative Energie.

Welches war Ihr schwierigster Moment bisher in Ihrem Geschäftsleben? Wie haben Sie diese Krise gemeistert, und was haben Sie daraus gelernt?

Als langjähriger CEO und Mitglied der Geschäftsleitung habe ich schon sehr viele sehr schwierige Momente erlebt. Daraus habe ich gelernt, dass ich mir zutraue, dass wir jede Krise meistern. Ich werde nie nervös, sondern bleibe ruhig. Diese Erfahrungen haben mir eine Grundzuversicht gegeben, dass wir es immer schaffen werden. Ich bin überzeugt, dass wir vieles meistern können.

Gibt es Ängste und Sorgen, die sich später als unbegründet herausgestellt haben? Sie machen nicht den Eindruck, als seien Sie ein Mensch, der bereut.

Nein, überhaupt nicht. Als Bank, die dem Kanton Zürich und damit den Bürgern gehört, haben wir eine grosse Verantwortung und müssen Risiken eingehen. Denn Banking zu betreiben, heisst Risiken einzugehen. Wenn man keine Risiken eingeht, verdient man kein Geld. Aber dies bereitet mir weder Angst noch Sorgen.

Verstehe ich Sie richtig, dass Sie versuchen, Ihre Energie dort zu investieren, wo Sie etwas bewegen können, und nicht in Grübeleien?

Genau. Ich kenne dies, weil ich in meinem Umfeld Menschen habe, die nur Sorgen und Ängste wälzen. Aber zu dieser Kategorie Mensch gehöre ich nicht.

Was bringt Sie aus der Komfortzone?

Nichts. Ich bleibe fast immer ruhig, und wenn ich nicht ruhig bleibe, bleibe ich anständig. Vieles davon ist antrainiert. Als CEO kann ich es mir nicht leisten, vor anderen Menschen offensichtlich die Komfortzone zu verlassen. Ich kann dann später Dampf ablassen, aber nicht in diesem Moment.

Wenn mit Komfortzone gemeint ist, dass ich sicher bin, dass ich alles verstehe, muss man auch als CEO die Grösse haben, einzugestehen, dass ich nicht immer alles weiss, dass ich mich manchmal unsicher fühle und noch Zusatzinformationen brauche.

Was waren für Sie die negativen und die positiven Seiten der Corona-Krise, wenn man auch noch nicht sagen kann, dass sie vorbei ist?

Vorbei ist sie aktuell [September 2020] noch nicht. Denn wir wissen noch nicht, wie es endet. Es gibt viele positive Seiten. Das Land Schweiz hat gezeigt, dass es – wenn es darauf ankommt – zusammenstehen und Lösungen schnell und unkompliziert implementieren kann, seien es die Bundeskredite oder die Sozialwerke. Zum Teil hapert es bei den Prozessen. Aber im Vergleich mit dem Rest der Welt haben wir bewiesen, dass die Kleinheit der Schweiz ein Vorteil ist, dass die Tatsache, dass viele sich kennen – andere würden dies als Filz bezeichnen –, von grossem Wert ist. Es gibt kurze Wege, man kennt sich persönlich, und wenn A etwas sagt, dann weiss B, dass A dies so meint und dies dann auch tut. Als Schweiz haben wir unsere Widerstandsfähigkeit in dieser Krise bewiesen.

Als Zürcher Kantonalbank haben wir gezeigt, dass Krisen auch Chancen bieten. Schwieriger ist es, wenn man ein Kino, eine Bar oder einen Nacht-club betreibt. Dies ist eine andere Ausgangslage. Als Bank haben wir einmal mehr bewiesen, dass wir es können und noch gutes Geld dabei verdient.

Negativ an Corona ist, dass die Krise noch lange nicht ausgestanden ist. Und es gibt viele soziale Probleme, wie z. B. Arbeitsplatzunsicherheit. Für viele Menschen kann dies existenziell werden.

Machen Sie persönlich oder als Bank aufgrund der Krise etwas anders, z. B. bezüglich Digitalisierung oder Home office? Haben Sie schon eine Analyse gemacht, ob Sie das Geschäft anders führen wollen?

Wie üblich dauert es in solchen Situationen einige wenige Wochen, bis Patentrezepte von Leuten auftauchen, die davon träumen, dass jetzt eine bessere Welt entsteht, in der wir uns alle wieder bewusst sind, dass die lokale Beschaffung von Gütern zentral ist. Aber am ersten Tag der Grenzöffnung zu Deutschland hat sich gezeigt, dass sich der Einkaufstourismus nicht ver-ändert hat. Die Konsumenten sind nicht bereit, 30 % mehr zu bezahlen, nur weil ein Produkt im Berner Oberland herstellt wird.

Dies zieht sich auch bei anderen Themen durch. So wird meiner Ansicht nach das Homeoffice verherrlicht, bis man realisiert, dass dies auch nicht der richtige Weg ist, weil es langfristig grosse Auswirkungen auf die Unter-nehmenskultur hat. Wenn jemand nur noch im Homeoffice arbeitet, spielt es keine Rolle mehr, für wen er arbeitet. Nur der Lohn macht noch den Unterschied aus. Diese Tendenzen werden alle wieder verschwinden. An diese neue Welt glaube ich nicht. Da haben wir schon zu viel erlebt, denn nach der Finanzkrise gab es die gleichen Tendenzen. Ich bin diesbezüglich sehr pragmatisch.

Wenn Sie Ihr bisheriges Leben nochmals leben dürften – einfach mit dem Wissen von heute –, würden Sie etwas anders machen?

Nichts, ich bin sehr glücklich mit meinem Leben. Ich habe das Privileg, für eine sehr erfolgreiche Firma tätig zu sein und schon fast 20 Jahre als Mitglied der Geschäftsleitung dabei sein zu dürfen. Ausserdem bin ich seit 32 Jahren glücklich verheiratet, und wir sind stolz auf unsere beiden erwachsenen Kinder. Deshalb sage ich: „Ja gerne, noch einmal!".

Was ist der beste Ratschlag, den Sie bisher je bekommen haben?

Wenn man Karriere macht, ist es entscheidend, immer sich selbst zu bleiben – also authentisch zu bleiben und kein Theater zu spielen. Dies würde sowieso entlarvt; der Vorhang wird irgendwann beiseitegeschoben. Gerade für eine Person wie mich, der in einer einzigen Firma die Karriereleiter hochgestiegen ist und auf diesem Weg der Chef von Kollegen und Freunden geworden ist, ist es sehr wichtig, dass man sich als Person nicht verändert.

Zum Schluss noch die Frage: Wann ist für Sie ein richtig guter Tag?

Wenn man von einzelnen konkreten Erfolgserlebnissen absieht, ist ein guter Tag, wenn möglichst viel gelaufen ist, wenn man abends auf die Uhr schaut und erschrickt, da man sich bewusst wird, dass man wirklich gehen muss. Weil der Tag so intensiv, spannend und abwechslungsreich war mit vielen Anlässen mit tollen Menschen und man dadurch positive Energie gewonnen hat und einem nicht nur Energie abgesogen wurde. Der Inhalt spielt dabei für mich keine Rolle. Zwölf Stunden hinter meinem Schreibtisch ist kein guter Tag für mich, und zwölf Stunden in Sitzungen ist ein grottenschlechter Tag. Möglichst viel Interaktion mit möglichst vielen Menschen in einer möglichst hohen Kadenz – dies ist für mich ein guter Tag.

Über den Interviewpartner
Martin Scholl (Jahrgang 1961) begann 1977 eine Lehre bei der Zürcher Kantonalbank und ist dem Unternehmen seither treu geblieben. Seit Mai 2007 ist er als Vorsitzender der Generaldirektion (Geschäftsleitung) tätig. Zuvor hatte er die Leitung des Firmenkundengeschäfts sowie des Privatkundengeschäfts inne und gehört seit 2002 der Generaldirektion an. Martin

Scholl ist Mitglied des Verwaltungsrats der Schweizerischen Bankiervereinigung.

Die Zürcher Kantonalbank ist eine Universalbank mit regionaler Verankerung im Kanton Zürich und internationaler Vernetzung. Mit einer Bilanzsumme von 167 Mia. CHF und gegen 6000 Mitarbeitenden ist sie die grösste Kantonalbank der Schweiz und eine der grössten Schweizer Banken. 2019 erzielte sie einen Konzerngewinn von CHF 845 Mio. Zu ihrem Kerngeschäft zählen das Finanzierungsgeschäft, das Anlage- und Vermögensverwaltungsgeschäft, der Handel und der Kapitalmarkt sowie das Passiv-, Zahlungsverkehrs- und Kartengeschäft. Seit der Gründung 1870 ist die Zürcher Kantonalbank eine selbstständige öffentlich-rechtliche Anstalt des Kantons Zürich.

12

Dr. Eva Jaisli, CEO PB Swiss Tools und Vizepräsidentin Swissmem: „Jeder muss sich aktiv um seine Gesundheit kümmern"

Die Eigenverantwortung jedes Einzelnen hinsichtlich der Erhaltung seiner Gesundheit erachtet Dr. Eva Jaisli, CEO des Werkzeugherstellers PB Swiss Tools und Vizepräsidentin von Swissmem, als zentral. Gleichzeitig trägt ihre Firma auch viel dazu bei, dass ihre Mitarbeitenden nachhaltig leistungsfähig bleiben – sei es mit physischen Aktivitäten oder Coaching. Jaisli propagiert eine flache Führung, bei der die Mitarbeitenden in Veränderungsprozesse und in die Erarbeitung von neuen Zielsetzungen involviert werden. Denn das stärke ihre Motivation. Die grössten Reibungsverluste entstehen ihrer Meinung nach, wenn Informationen nicht geteilt werden.

Auf jedem Unternehmen lastet ein grosser Druck, möglichst produktiv und leistungsfähig zu sein. Doch wenn man die Zitrone zu stark auspresst, sinkt die Leistungsfähigkeit. Wie gelingt dieser Spagat bei PB Swiss Tools?

Wir suchen immer wieder die Balance der verschiedenen Anforderungen, die wir aufgrund unserer Ausgangslage im Markt und der Kundennachfrage haben. Kundenanliegen und Kundenzufriedenheit haben für uns höchste Priorität. Wichtig ist in diesem Zusammenhang, die Eigenverantwortung der Mitarbeitenden zu stärken. Wir involvieren sie und fordern sie bei Veränderungen und der Erarbeitung von Zielsetzungen zum Mitdenken auf. Sie sollen sich einbringen, wenn es darum geht, wie wir unsere Ziele mit konkreten Meilensteinen, Terminen usw. umsetzen können. Deshalb haben

C. Kraaz, *Nachhaltig leistungsfähig bleiben*, https://doi.org/10.1007/978-3-662-62864-5_12

wir eine gute Chance, die Balance zwischen den Anforderungen der verschiedenen Anspruchsgruppen einzuhalten.

Das heisst, Sie führen sehr flach?

Richtig. Ich beziehe die Mitarbeitenden ein und gebe ihnen damit auch Verantwortung, also die Kompetenz mitzugestalten. Alle Mitarbeitenden wollen für unsere Kunden das Beste geben – sei es im Verkauf und Marketing oder auch in der Entwicklung und Produktion. Und damit sind wir bei der Frage: ist das über lange Zeit leistbar? Oder braucht es nicht auch zwischendurch Verschnaufpausen? Ich lege sehr viel Wert darauf, dass wir uns zwar zwischendurch immer wieder im Spurt befinden, aber dass es auch Momente gibt, in denen wir zusammen Erfolge zelebrieren und uns freuen, in denen also Wertschätzung im Mittelpunkt steht.

So veranstalte ich z. B. morgen einen Halbjahresanlass mit unseren Mitarbeitenden, bei dem es um Orientierung und um Feedback in beide Richtungen geht. Bei unseren Veranstaltungen gibt es keinen reinen Monolog, sondern wir tauschen uns aus, und die Mitarbeitenden haben die Möglichkeit, Fragen zu stellen oder Anliegen zu formulieren. In diesen Momenten fühle ich den Puls unserer Mitarbeitenden und kann jeweils erkennen, ob wir in der Balance sind oder nicht.

Was sind für Ihre Mitarbeitenden im Zusammenhang mit dem Thema Leistungsfähigkeit die grössten Herausforderungen?

Der lange Atem. Es ist sehr wichtig, Ambitionen zu definieren und auch zu verstehen, was in der Umsetzung der ambitiösen Ziele von Bedeutung ist, was von den Mitarbeitenden erwartet wird. Dazu brauchen wir diejenigen Persönlichkeiten, die bereit sind, sich entsprechend zu verhalten. Wir brauchen Führungskräfte, die Vorbilder sind und andere Menschen begeistern können, also eine Kultur des Miteinanders und des gegenseitigen Mobilisierens. Dies gibt der Firma Kraft. Es kommt auf jede einzelne Person an, aber unsere Führungskräfte haben diesbezüglich eine besonders grosse Verantwortung.

Sie haben erwähnt, dass die Führungskräfte Vorbilder sein sollten. Welches sind sonst noch die Aufgaben der Führungskräfte in diesem Zusammenhang? Können sie mit ihrem Verhalten auch schaden?

Selbstverständlich könnten sie mit ihrem Verhalten schaden. Es ist die die Aufgabe der Vorgesetzten, im Dialog mit den Mitarbeitenden festzustellen, ob diese konstruktive Energie auch wirklich mobilisiert ist, ob sie greift und eine Rückkoppelung auf die Ergebnisse im Sinn von Daten und Fakten zur Folge hat.

Was bieten Sie als Firma Ihren Mitarbeitenden im Zusammenhang mit der Erhaltung der Leistungsfähigkeit an? Gibt es Kurse oder Stellen, bei denen sich belastete Mitarbeitende melden können?

Ja. Wir legen viel Wert auf Personalentwicklung, also dass Mitarbeitende sich entlang der Strategie mitentwickeln. Je nach Zielsetzungen und Ausgangslage gibt es dafür interne oder externe Möglichkeiten. Wir sind dabei besonders interessiert, Schulungen intern anzubieten, weil wir dadurch auch Team-Entwicklung fördern können. Ausserdem arbeiten wir mit Coaching, um den Mitarbeitenden situative Unterstützung zu bieten. Dies ist ein wichtiges Instrument, weil es oft begleitend zur Personalentwicklung eingesetzt wird, z. B. bei Engpässen durch Mehrfachbelastungen.

Ein grosser Vorteil unserer Firma ist auch die Grösse. Wir kennen uns alle mit Namen und pflegen die Beziehungen untereinander. Diese Nähe gibt uns mehr Möglichkeiten, unseren Mitarbeitenden zeitnah mit Lösungen und Unterstützungsmöglichkeiten zur Seite zu stehen. Dies bieten wir sehr aktiv an, und zwar auf allen Stufen, nicht nur für Führungskräfte, sondern auch für Mitarbeitende. Es gibt auch Lebenssituationen, die in Krisen münden. Gerade letzte Woche starb die Ehefrau eines Mitarbeitenden mit kleinen Kindern. Dies sind anspruchsvolle Situationen, in denen Unterstützung nötig ist.

Hat die Tatsache, dass PB Swiss Tools nicht börsenkotiert, sondern in Familienbesitz ist, einen Einfluss auf die Leistungs- und Führungskultur der Firma, dass Sie also nicht dem Druck des Aktienmarkts ausgesetzt sind?

Das glaube ich nicht. Denn wir sind einem sehr hohen Druck ausgesetzt, weil wir uns als Nischenplayer in der obersten Liga der Werkzeug-Instrumente n-Hersteller weltweit positionieren. Wir schonen uns also nicht oder gehen langsamer vorwärts. Es hat mehr damit zu tun, dass wir unsere Mitarbeitenden befähigen und an Veränderungsprozessen beteiligen. Wir verlieren nicht Zeit beim Aufbrechen von Widerständen, sondern können zielorientiert und mit Tempo vorangehen. Ich bin überzeugt, dass wir dadurch an Wettbewerbskraft gewinnen und damit auch agil am Markt auftreten können.

Was kann und sollte jeder Einzelne für seine Widerstandsfähigkeit und seine Leistungsfähigkeit tun?

Das ist eine zentrale Frage. Wir müssen alle sensibilisiert sein auf unsere Gesundheit, unsere ganz persönliche physische und psychische Balance – schon vor Corona, jetzt aber noch verstärkt. In den letzten Monaten haben wir in der Firma noch mehr über Gesundheit gesprochen und haben Vorkehrungen für Mitarbeitende und Mitmenschen getroffen. Es geht also um die Bereitschaft, für sich selbst und andere zu sorgen; dabei üben wir solidarisches Verhalten, was sich auf die Gemeinschaft und ihre Kultur positiv auswirkt.

Corona hat dazu geführt, dass wir auf zentrale Fragen zurückgeworfen wurden. Wo liegen meine Stärken und die Stärken der Firma für die Krisenbewältigung? Gehe ich zu weit mit den persönlichen Anforderungen, die ich an mich und die Mitarbeitenden richte? Setze ich die richtigen Prioritäten? Bewahre ich resp. bewahren wir diesen langen Atem? Was tue ich ganz konkret im Alltag für mich und andere? Diese vermehrte Reflexion hat die Auseinandersetzung zum Führen von sich selbst, aber auch von Mitarbeitenden und Firmen genährt.

Das Thema Gesundheit steht in engem Zusammenhang mit nachhaltiger Entwicklung und ist darum im Fokus unserer Firma. Unser Sicherheitsbeauftragter kümmert sich zusammen mit den Führungsverantwortlichen um die Gesundheit der Mitarbeitenden. Zielsetzung ist, dass alle im Arbeitsprozess gesund bleiben. Wir haben in diesem Zusammenhang verschiedenste Aktivitäten. So verfügen wir z. B. über einen Fitnessraum, „bike to work" ist bei uns ein Thema, und die Mitarbeitenden turnen täglich zusammen. Die ganze Belegschaft partizipiert aktiv daran. Zudem bietet die Umgebung, in der wir arbeiten, sehr viele Möglichkeiten, auch körperlich aktiv zu sein und dadurch auch geistig zu „verlüften" und Energie zu sammeln. Die Natur ist auch für mich persönlich ein Ort zum Auftanken.

Wo gibt es Ihrer Erfahrung nach im Geschäftsleben die grössten Reibungsverluste? Wo geht am meisten Energie verloren?

Indem Informationen nicht zeitnah geteilt werden oder sogar verloren gehen. Das sind die Momente, in denen Produktivität und auch Innovation schwindet. Zielklarheit und fachliches Wissen sind Voraussetzungen, um

Lösungen zu finden. Es ist entscheidend, Wissen und Erfahrung zu teilen, und zwar im richtigen Moment. Dies geschieht am besten, wenn sich Mitmenschen gut verstehen und sie am gleichen Strick ziehen. Man muss ein Verständnis dafür entwickeln, wie wichtig dieser Informationsaustausch ist für die einzelnen Mitarbeitenden oder für das Team als Ganzes. Information muss eine Sorgfaltspflicht sein. Ich gebe sie verständlich und zum richtigen Zeitpunkt an die zuständigen Mitarbeitenden weiter.

Einige Menschen haben die Befürchtung, dass sie durch das Teilen von Wissen an Wichtigkeit verlieren. Dieses Verhalten stellt ein Risiko dar. In diesem Fall gilt es direkt zu kommunizieren, die Erwartungen verständlich zu machen und aufzuzeigen, dass es auch für diese Person einen positiven Effekt hat, wenn sie Wissen teilt.

Das Wirtschaftsleben hat eine Konstante: die Veränderung. Was sind Ihrer Erfahrung nach die Voraussetzungen, damit Menschen konstruktiv mit Veränderungen umgehen können?

Man muss ihre Neugierde und ihr Interesse wecken. Sie dafür begeistern und ihnen aufzeigen können, dass auch ihr Alltag sich damit vereinfacht oder eben noch produktiver wird. Es ist entscheidend, ihnen diese Erklärungen zum richtigen Zeitpunkt zu geben, damit sie die Vorteile nachvollziehen können. Wenn sie verstehen, weshalb die Veränderungen geschehen und was sie ihnen und der Firma nützen, sei es indirekt oder direkt, werden ihre Bereitschaft, ihre Kraft und ihre Ausdauer mobilisiert. Voraussetzung dafür ist, dass man sehr zielgruppenorientiert kommuniziert, damit die Botschaften aufgenommen werden können. In einer überschaubaren Firma mit rund 180 Mitarbeitenden, wie wir es sind, ist dies viel einfacher als in einem Weltkonzern.

Von IBM-Gründer Tom Watson stammt der Spruch: „Wenn Sie erfolgreich sein wollen, verdoppeln Sie Ihre Misserfolgsrate." Wie geht PB Swiss Tools mit Fehlern um? Haben Sie eine Fehlerkultur?

Ja, das haben wir, und zwar seit Jahrzehnten. Wir probieren zielgerichtet aus und experimentieren. Das war schon in der Vergangenheit unser Erfolgsrezept. Wichtig ist, uns immer wieder daran zu erinnern, nicht zweimal den gleichen Fehler zu machen, im richtigen Moment fehlendes Wissen von externen Experten einzuholen und Kooperationen einzugehen, die bessere und schnellere Lösungen ermöglichen. Dies greift immer mehr, vor allem bei der jüngeren Generation. Aber es gibt auch bei den Jüngeren Mitarbeitende, die Lösungen möglichst selbst erarbeiten möchten.

Wissen in Kooperation auf- und auszubauen, ist wichtig, weil Teilerfolge möglich sind, die einem stärken, Mut machen und Motivation aufbauen. Voraussetzung dafür ist, dass wir uns nicht isoliert auf den Weg machen, sondern von Internen oder Externen holen, was uns noch fehlt, um Kunden zeitnah Lösungen anbieten zu können. «Time to market» entscheidet im globalen Wettbewerb über eine erfolgreiche Positionierung. In diesem Zusammenhang ist Geschwindigkeit in der Entwicklung für uns eine Grundvoraussetzung.

Sie arbeiten mit verschiedenen Ländern weltweit. Stellen Sie Unterschiede bezüglich Einstellungen zur Leistungsfähigkeit zwischen den einzelnen Kulturen fest?

Ja. Wir haben Kunden in 85 Ländern; einer unserer wichtigen Partner befindet sich in Japan. Wir haben zwar eine sehr ähnliche Arbeitseinstellung. Dauerhaftigkeit, Präzision und Zuverlässigkeit sind Werte, die teilen wir eins zu eins. Aber der Weg zum Ziel – wie findet man Lösungen – unterscheidet sich in einer solch hierarchieorientierten Kultur stark von unseren Vorstellungen. Wer kommuniziert mit wem, wie und über was? Dies können die leistungsorientierten Prozesse stark prägen, und eben nicht nur positiv.

Führen Sie als ehemalige Lehrerin anders als andere Chefs oder Chefinnen?

Meines Erachtens prägt einem jeder Meilenstein im Leben hinsichtlich der Art, wie wir uns verhalten, wie wir uns und unsere Mitarbeitenden führen. Der Lehrerinnen-Beruf hat mich stark geprägt. Mit 20 Jahren musste ich die Verantwortung für eine Schulklasse übernehmen. Ich musste vor die Klasse stehen und kommunizieren. Das waren Führungsaufgaben, die mich in meinem jungen Berufsleben darin bestärkten, mehr Verantwortung zu übernehmen. Im Studium der Sozialarbeit und Entwicklungspsychologie habe ich Kenntnisse erworben, die mir Erklärungen zum Verhalten von Menschen abgaben – beispielsweise, wie sich Mensch in bestimmten Rahmenbedingungen entwickeln. Welche intrinsischen Möglichkeiten gibt es, um Motivation aufzubauen? Wie lenke ich Teamentwicklung, und was berücksichtige ich, wenn im Gemeinwesen Voraussetzungen für Fachkräfte-Rekrutierung geschaffen werden müssen?

Sie beschäftigen auf allen Stufen mindestens 30 % Frauen. Gibt es Ihrer Erfahrung nach Unterschiede, wie Männer und Frauen ihre Leistungsfähigkeit sicherstellen?

Ja, das gibt es. Aber ein grosser Unterschied besteht auch zwischen den Generationen. Heute gestalten junge Frauen ihren beruflichen Weg mit einem anderen Selbstverständnis und füllen ihre Rolle anders. Dieses emanzipierte Verhalten freut mich sehr. Auf der anderen Seite beobachte ich, wie sich die Konzepte im Umgang mit Mehrfachbelastung bei Männern und Frauen über Generationen hinweg auch verändern. Umso wichtiger ist, dass wir Rahmenbedingungen schaffen, dank denen Mehrfachbelastung im Arbeitsalltag gelöst werden kann. In diesem Zusammenhang ist es wichtig, über die Erwartungen von Arbeitnehmenden und Arbeitgeber offen zu kommunizieren.

Das Gender-Thema begleitet uns aber nicht nur im Bereich der Führung, sondern eben auch, wenn es darum geht, Angebote für unsere Kunden weltweit auszugestalten oder Marketing-Leistungen zu erbringen. Die Frage, wie ich Frauen anspreche, die mit Werkzeug arbeiten, bespreche ich bewusst mit Frauen und erarbeite mit ihnen entsprechende Konzepte. Und bei allen neuen Produkte-Entwicklungen ist es mir wichtig, dass sowohl Frauen als auch Männer darin involviert sind. Mit Werkzeugen arbeiten Frauen und Männer, und deshalb ist es für mich logisch, dass eben überall da, wo diese Produkte entstehen, beide Geschlechter beteiligt sind.

Sie führen PB Swiss Tools gemeinsam mit Ihrem Mann. Fällt einem da das Abgrenzen nicht schwerer als sonst schon?

Wir führen PB Swiss Tools nun schon fast 25 Jahre gemeinsam. Wir haben unsere Zusammenarbeit so entwickelt, dass die Möglichkeit laufend besteht, über wichtige Themen zu diskutieren und Lösungen zu suchen. Dies geschieht manchmal auch am Abend oder am Wochenende. Für uns ist dies kein Nachteil, sondern ein Vorteil. Gleichzeitig ist uns auch bewusst, dass wir beide Mitglieder in einer Geschäftsleitung sind, zu der auch andere Personen gehören. Es gilt also, wichtige Diskussionen gemeinsam als Team zu führen. Dafür braucht es viel Reflexion und Achtsamkeit.

Wir lernen diesbezüglich jeden Tag dazu. Entscheidend ist, dass wir kritisch uns selbst gegenüber sind. Wir müssen so kommunizieren, dass wir Feedback erhalten und auch wahrnehmen, wo wir andere zu wenig mitnehmen. Ich bin sehr dankbar, dass wir kritische Mitarbeitende haben, die uns diesbezüglich Signale geben und uns auf diese Themen aufmerksam machen, wenn wir es nicht selbst merken.

Ein anderer Aspekt hinsichtlich der Zusammenarbeit mit meinem Mann ist, dass wir in der Betreuung unserer vier Kinder eine Aufgabenteilung entwickelten, die sehr viele Vorteile hatte – zumindest in der Zeit, als die Kinder schulpflichtig waren und Unterstützung und Präsenz benötigen. Diese Zusammenarbeit hat uns in dieser Zeit sehr gedient.

Sie arbeiten sicher sehr viel und reisen auch häufig. Was gibt Ihnen persönlich die Kraft und Stärke, über längere Zeit unter grossem Leistungsdruck gesund und produktiv zu bleiben?

Ich habe eine gute Konstitution. Dies ist schon sehr viel wert. Aber ich kümmere mich auch aktiv um meine Gesundheit – sei dies physisch oder psychisch. Ich bewege mich sehr viel im Freien. Dafür nehme ich mir regelmässig Zeit. Ich habe an sehr vielem Freude: z. B. an der Natur, an der Möglichkeit, in dieser schönen Umgebung zu arbeiten. Wenn ich aus Asien zurückkehre, wird mir immer wieder bewusst, dass es bei uns fast wie im Film ist. Wir geniessen sehr grosse Privilegien.

Energie spenden mir auch die Mitmenschen, seien dies die Familie oder Mitarbeitende, und die Kultur. Ich weiss sehr gut, wie ich meine Batterie aufladen kann, und erkenne auch, in welchen Situationen dies besonders wichtig ist.

Verstehe ich richtig, dass Sie ein sehr neugieriger Mensch sind und dass Ihnen dies viel Energie gibt?

Dies ist korrekt.

Wie können Sie am besten herunterfahren und entspannen? Vor allem in der Natur?

Entspannung finde ich in der Natur, an einem Konzert oder einem Treffen mit meinen Freundinnen. Ich esse gerne gut und koche auch gerne. Es gibt so vieles, worüber ich mich freuen kann. Zwischendurch gönne ich mir auch bewusst mehr Schlaf.

Was sind Ihre grössten Energie-Räuber, und wie gehen Sie mit ihnen um?

Mir fällt es schwer, Situationen zu akzeptieren, die ich nicht beeinflussen kann – z. B. in der Corona-Zeit oder anderen Krisen. In solchen extremen

Zeiten können wir nur bedingt mit unseren Beiträgen etwas direkt verändern. Dies sind Situationen, die erfordern mehr und andere Kräfte. Anspruchsvoll sind Entscheide, die in kurzer Zeit, nicht selten ohne fundierte Analyse, gefällt werden müssen. Die Intuition ist in diesem Zusammenhang eine gute Ergänzung zur Faktenlage.

Was waren für Sie die negativen und positiven Seiten der Corona-Krise?

Ich habe es geschätzt, dass unsere Mitarbeitenden unsere strikten Vorkehrungen nach den BAG-Richtlinien sofort respektierten und wir alle gesund bleiben konnten. Ausserdem hatte ich plötzlich freie Abende, weil Veranstaltungen wegfielen und ich keine Referate und Sitzungen mehr hatte. Andererseits war im Geschäft eine hohe Präsenz notwendig. Die Situation veränderte sich laufend. Die Nachfrage von Kunden verlangte nach Anpassungen, nach Reflexion über priorisierte Ziele. Wir mussten miteinander mögliche Konsequenzen einschätzen und Szenarien entwickeln und umsetzen.

Dies waren anspruchsvolle Momente. Die Erfahrungen aus der Finanzkrise waren dabei hilfreich, wenn auch diese Krise eine andere Wirkung erzielt. Aber auch dieses Mal benötigen wir einen langen Atem, bis wir wieder auf dem Niveau von Ende 2019 sind. Weil wir sehr auf den Export ausgerichtet sind, erhalten wir jeden Tag Mitteilungen aus verschiedenen Märkten, welche Veränderungen beinhalten und darum die Aktivitäten unserer Kunden erweitern oder einschränken. So erhielten wir z. B. heute Morgen [13. Juli 2020] aus Bangalore in Indien die Information, dass aufgrund eines neuen Lockdowns Marketing-Aktivitäten, die wir mit dem Partner vor Ort vereinbart hatten, nicht möglich sind.

In den letzten Wochen wurde von unseren Partnern und uns sehr viel Flexibilität verlangt. Die Ausgangslagen mussten immer wieder neu analysiert und verstanden werden, bevor wir neue Ziele formulieren konnten. Dies hat unser Bewusstsein für das Krisenmanagement geschärft und darüber, wie wichtig es ist, detaillierte Überlegungen anzustellen und nicht in Hektik zu verfallen.

Was nehmen Sie mit aus dieser Krise? Machen Sie etwas anders?

Mir wurde wiederholt bewusst, wie wichtig das Auseinanderdividieren von Zusammenhängen und Interessen sind, um die richtige Entscheide zu fällen. Dabei gilt es, die Anliegen aller Anspruchsgruppen mitzuberücksichtigen. Ich denke an unsere Kunden, Lieferanten, Behörden und die Nachbarschaft. Das Bewusstsein für diese Verantwortung ist wieder geschärft.

Ausserdem nehme ich mit, dass die Verankerung in Familie und Gemeinschaft, in der wir leben und arbeiten, von essenzieller Bedeutung ist. Die in diesem Zusammenhang gelebte Solidarität hat eine besondere Qualität, die ich auch in der Firma pflege. Ich möchte zudem die Erfahrung mit sehr praktischen Themen nicht missen, wie in Kontakt bleiben über Skype, Homeoffice usw. Vieles war und ist möglich, das haben uns die Erfahrungen gezeigt.

Welches war Ihr bisher schwierigster Moment in Ihrem Geschäftsleben? Wie haben Sie diese Krise gemeistert, und was haben Sie mitgenommen?

Wirtschaftskrisen sind schwierig, weil sie uns auferlegt werden und wir uns selten mit ihnen proaktiv auseinandersetzen können. Durch sie können wir manche Pläne nicht umsetzen, was aber nicht heisst, dass Plan B in seiner Wirkung schlechter sein muss. Die Finanzkrise in 2008/09 forderte uns durch die grossen und raschen Veränderungen stark. Wir haben die frei werdenden Ressourcen für die Diversifikation in die Medizintechnik genützt. Auch in der Corona-Krise hat ein rasch eintretender Einbruch grosse Wirkung. Wiederum investieren wir in Innovation.

Konnten Sie von dieser Erfahrung aus 2008/9 profitieren?

Absolut. Erstens hinsichtlich praktischer Dinge, wie z. B. der Kurzarbeit als eines der Instrumente zur Überbrückung eines Auftragsrückgangs. Ausserdem das umfassende Analysieren, um zu erkennen, was genau geschieht und in welchen Dimensionen wir aktiv werden müssen. Wir hatten schon 2008/9 die Erfahrung gemacht, dass die Kommunikation im Zentrum unserer Aktivitäten stehen muss – nicht nur nach innen, sondern auch nach aussen.

Hatten Sie in Ihrem Leben schon Ängste und Sorgen, die sich später als unbegründet herausgestellt haben?

Ich mache mir oft Sorgen, aber manchmal relativieren sie sich schon beim darüber Schlafen, in der Reflektion oder im Gespräch. Es ist wichtig, sich immer wieder bewusst zu werden, dass der eigene Blick gut ist, da er vieles für einem verständlich machen kann, dass es aber viel wertvoller ist, mit anderen zusammen zu reflektieren, zu analysieren, zu planen und umzusetzen. Andere Perspektiven bringen mehr Transparenz und eine umfassendere Sicht.

Was bringt Sie aus Ihrer Komfortzone?

Plötzliche Ereignisse, die nicht eingeplant sind – sei es in der Familie oder in der Firma. Sie mobilisieren und lassen einem in die Handlung kommen, aber sie kosten auch Kräfte.

Wenn Sie Ihr bisheriges Leben nochmals leben dürften – einfach mit dem Wissen von heute –, was würden Sie anders machen?

Eine spannende Frage. Ich wäre vermutlich etwas weniger hart zu mir selbst. Wir sind in einer Generation aufgewachsen, in der es für uns Frauen wichtig war, in sehr kurzer Zeit beweisen zu können, was wir zu bieten haben. Unser Alltag war geprägt durch viel Druck. Im Nachhinein würde ich die Erwartungen etwas gelassener nehmen.

Ich stelle in meinen Coachings fest, dass immer mehr junge Menschen Probleme im Umgang mit Druck und Stress haben. Was haben Sie diesbezüglich Ihren heute erwachsenen vier Kindern auf den Weg mitgegeben?

Kinder beobachten sehr wohl, wie ihre Eltern mit Stress und anspruchsvollen Situationen umgehen. Dies erweitert die Strategien unserer Kinder und macht ihnen hoffentlich auch immer wieder Mut, schwierige Situationen anzugehen und nicht den Kopf hängen zu lassen. Auf der anderen Seite hatten unsere Kinder durch unsere Belastung eine Mit-Belastung, und das war für sie auch nicht immer angenehm, im Gegenteil. Es war sehr wichtig, dass wir darüber gesprochen haben und es auch jetzt immer wieder Raum für solche Gespräche gibt. Wir haben unseren Kindern mitgegeben, dass Reflexion ein wichtiges Instrument ist und dass der Austausch mit Menschen hilfreich ist. Es ist erlaubt, Schwächen zu zeigen und darüber zu sprechen. Man/frau muss nicht immer stark sein.

Welches ist der beste Ratschlag, den Sie je bekommen haben?

Mich den Herausforderungen zu stellen und zu lernen. Das war kein einmaliger Ratschlag, sondern der Fakt, dass Vorgesetze mir Mut machten, indem sie mir einiges zutrauten. Sie ermöglichten mir, mehr Verantwortung zu übernehmen – mit Führungsaufgaben, Projekten usw. Das gab mir Ansporn, „on the job" zu lernen, zu wachsen und mich weiterzuentwickeln.

Wann ist für Sie ein richtig guter Tag?

Wenn ich den Tag gestalten kann. Ein toller Tag ist einer, an dem ich mich freuen konnte, mit anderen zusammen auf einen Berg gestiegen bin, oben die Aussicht geniessen konnte – auch im übertragenen Sinn. Einen Berg besteigen kann man auch an der Arbeit, z. B. wenn im Team ein internationaler Kunden-Anlass erfolgreich bestritten werden kann oder Meilensteine in der Projektarbeit erreicht sind. Wichtig ist, innezuhalten, um sich bewusst zu werden, was durch die Kooperation im Team gelungen ist, und die Freude zu teilen. Gelungene Tage sind solche, an denen wir Hürden erfolgreich bezwingen konnten.

Über die Interviewpartnerin

Dr. h.c. Eva Jaisli (Jahrgang 1958) ist seit 1998 CEO und Mitinhaberin der PB Swiss Tools AG. Sie ist zudem u.a. Verwaltungsrätin bei der Krankenkasse Concordia sowie Vizepräsidentin von Swissmem, dem Verband der Schweizer Maschinen-, Elektro- und Metallindustrie, und von Switzerland Global Enterprise, der Schweizer Standort-Marketing-Organisation. Sie verfügt über einen Master of Business Administration mit Ausrichtung auf internationales Marketing. Zuvor war sie als Lehrerin tätig und hat ein Studium in Sozial- und Betriebswirtschaft absolviert.

PB Swiss Tools ist ein seit 1878 familiengeführtes, technologisch innovatives Unternehmen, das über 3000 verschiedene Werkzeuge und Instrumente von sehr hoher Präzision und Langlebigkeit herstellt. Pro Jahr fertigen rund 180 Mitarbeitende in Wasen und Sumiswald (Kanton Bern) 12 Mio. Werkzeuge und Instrumente an. Davon werden rund zwei Drittel in über 85 Länder exportiert. Wenn die Bedingungen kein Versagen zulassen, kommen Werkzeuge und Instrumente von PB Swiss Tools zum Einsatz, z. B. in der Raumfahrtindustrie oder in der Medizinaltechnik. Das Familienunternehmen legt deshalb sehr viel Wert auf Qualität und Innovation.

13

Christina Trelle, Head of Human Resources Swiss (Mitglied der Lufthansa Group): „Der Umgang mit Fehlern ist zentral für unsere Kultur"

Da es für eine Fluggesellschaft entscheidend sei, Fehler rasch zu erkennen und die zugrunde liegenden Ursachen zu beheben, lege die SWISS sehr viel Wert auf eine Fehlerkultur und eine angstfreie Kommunikation, sagt ihre Head of Human Resources, Christina Trelle. Vorteil der SWISS ist ihre hohe Mitarbeitenden-Bindung und ihr hohes Engagement, aber dies könne gemäss Trelle auch zu einem übermässigen Einsatz führen. Es sei wichtig, eigene Grenzen anzuerkennen und mit den Betroffenen zu sprechen, wenn man mit etwas unzufrieden sei. Die Vorgesetzten müssen wachsam bleiben und Belastungssituationen ansprechen, worin die SWISS ihre Führungskräfte ausbildet.

Auf jedem Unternehmen lastet ein grosser Druck, möglichst produktiv und leistungsfähig zu sein. Doch wenn man die Zitrone zu stark auspresst, sinkt die Leistungsfähigkeit. Wie gelingt dieser Spagat der SWISS?

Ich bin überzeugt, dass dies immer ein herausforderndes Thema sein wird und an Bedeutung weiter zunehmen wird. Zu Beginn meiner Karriere war ich in London tätig. Schon damals ging es um die Verdichtung von Arbeit. Wir dachten zu dieser Zeit schon: noch mehr geht nicht. Und es ging immer noch mehr.

Was uns von manchen anderen Unternehmen entscheidet, ist, dass wir eine hohe Mitarbeiterbindung und ein hohes Engagement aufweisen. Wir kennen aber auch die Kehrseite der Medaille. Es verleitet Mitarbeitende dazu, über die Massen Leistung zu bringen, und das Unternehmen dazu, diese dann auch dauerhaft zu verlangen. Ein kleiner Teufelskreis, wenn man nicht aufpasst.

Gelingt es uns da immer, eine gute Balance hinzukriegen? In unserer jährlichen Mitarbeitenden-Befragung wird ein Gesundheits-Index abgefragt, u.a. zu Belastungssituationen. Im Vergleich mit dem externen Benchmark ist unser Gesundheits-Index über die ganze Firma gesehen gut. Aber es gibt Bereiche und Personengruppen, bei denen dies nicht der Fall ist.

Abgesehen vom Thema Eigenverantwortung sind es Führungskräfte, die eine Schlüsselrolle spielen. Sie haben durch die Mitarbeitenden-Befragung einen Fokus auf diesem Thema „nachhaltige Leistungsfähigkeit", aber wir nehmen dieses auch in der Ausbildung der neuen Führungskräfte auf. Zudem führen wir Sensibilisierung-Kampagnen bei den Mitarbeitenden durch.

Als Unternehmen darf man durchaus einen grossen Einsatz von den Mitarbeitenden verlangen. Es muss aber die Balance zwischen Arbeitsleistung und Gegenleistung stimmen. In den meisten Fällen geht dies auf, weil die Mitarbeitenden eine grosse Passion für das Fliegen haben.

Hat der von Ihnen angesprochene Gesundheits-Index auch konkrete Folgen für gewisse Bereiche, wenn Sie Auffälligkeiten feststellen?

Wir haben für den gesamten Lufthansa-Konzern ein Gesundheits-Management, das im Bereich Human Resources der SWISS angesiedelt ist. Diese Mitarbeitenden schauen sich die Resultate sehr genau an und entwickeln Angebote, die die einzelnen Bereiche nutzen können. Unsere HR-Consultants sind ebenfalls in regelmässigem Kontakt mit den Vorgesetzten, um zu besprechen, welche Massnahmen Sinn machen. Die meisten Führungskräfte sind froh um Beratung.

Das Thema „nachhaltige Leistungsfähigkeit" ist sehr komplex, denn es hat viele Aspekte, u.a. die persönliche Einstellung zum Thema, das eigene Ressourcen-Management, der Führungsstil, die Zusammenarbeit mit Schnittstellen oder Partnern.

Es gibt ganz oft auch den Fall, dass ein und dieselbe Rolle und Aufgabe von zwei Leuten als unterschiedlich stressig empfunden wird. Da gilt es, genau hinzuschauen: ist der eine ein Überflieger, oder passt der andere nicht zu dieser Rolle? Dies funktioniert bei uns überwiegend gut, weil wir uns der Bedeutung einer nachhaltigen Leistungsfähigkeit bewusst sind.

Was sind denn für Ihre Mitarbeitenden die grössten Herausforderungen in diesem Thema?

Es sind die zusammenhängenden Themen Über-Engagement, eigene hohe Anforderungen und Grenzen setzen – für sich selbst, aber auch gegenüber Schnittstellen, Teamkollegen, Vorgesetzten usw. Herausfordernd dabei ist, dass wir eine Unternehmenskultur haben, die geprägt ist vom grossen Willen, sich gegenseitig zu unterstützen. Und wenn wir etwas machen, machen wir es möglichst richtig. Ausserdem sind wir als Firma nicht wirklich gut darin, zu fokussieren oder zu priorisieren. Diesbezüglich müssen wir uns verbessern.

Sie haben vorhin die Bedeutung der Führungskräfte in diesem Zusammenhang angesprochen. Was können oder sollen sie tun? Können sie auch schaden mit ihrem Verhalten?

Ja, Führungskräfte können mit ihrem Verhalten schaden. Sie haben einen grossen positiven und potenziell auch negativen Einfluss auf die Leistungsfähigkeit der Mitarbeitenden. In allererster Linie sind wir jedoch alle erwachsene Menschen, die zunächst für sich selbst verantwortlich sind. Und dazu gehört unbedingt auch, zu adressieren, wenn es mal nicht stimmt, wenn es einem zu viel wird. Neben den Führungskräften gibt es aber auch das Ökosystem Team und die Schnittstellen, die relevant sind. Sie können viel Druck auslösen, aber auch viel Unterstützung bieten. Gerade jetzt in der Corona-Krise [September 2020] ist im Unternehmen spürbar, dass eine grosse Bereitschaft da ist, andere zu unterstützen.

Die Führungskraft hat die Aufgabe, gemeinsam mit den Mitarbeitenden das richtige Mass zu finden, damit sich ein Mitarbeitender nicht wie eine ausgepresste Zitrone fühlt. Wann ist es objektiv zu viel? Oder muss ich als Vorgesetzter die Person darin unterstützen, effizienter zu werden, oder Prozesse anders gestalten? Braucht es Unterstützung aus dem Team, oder passt der Job nicht zur Person?

Entscheidend ist, dass man hinschaut. Das Schlimmste, was Führungskräfte machen können, ist, wegzuschauen und nicht zuzuhören. Ich habe den Eindruck, dass dies einfacher ist, wenn es um leichtere Stresssymptome geht. Es ist jedoch besonders anspruchsvoll, genau hinzuschauen und zu erkennen, wann jemand auf dem Weg zu einem Burnout ist – insbesondere einzugreifen, bevor es zu spät ist. Es gilt dann, nachzufragen, hartnäckig zu sein, ein Sensorium zu entwickeln und dies mit der betroffenen Person zu thematisieren.

Was ist bei einem Burnout anders?

Wenn jemand eine momentane Überforderung hat, kann die Person dies ansprechen, und wir finden gemeinsam eine Lösung. Meine Erfahrung mit dem Thema Burnout ist, dass sich die Person selbst dies nicht eingestehen will, aus ganz verschiedenen Gründen. Oft bleiben dann die Gespräche ohne Ergebnis. Es kann für die Führungskräfte aber auch sehr verführerisch sein, wenn der Mitarbeitende auch nach dem zweiten und dritten Gespräch betont, dass alles gut sei. Diese Menschen haben oft die innere Einstellung: „Dies kann mir doch nicht passieren. Es kann nicht sein, dass ich dies nicht schaffe."

Was sind die wichtigsten Massnahmen eines jeden einzelnen Mitarbeitenden oder Führungskraft, damit sie leistungsfähig bleiben können? Was erwarten Sie von Ihren Angestellten?

Man muss sich selbst kennen, insbesondere den Handlungsspielraum, den man im Job hat, und man muss seine persönlichen Grenzen anerkennen. Man kann und sollte daran arbeiten, seine Grenzen auszudehnen, aber in einem Mass, das für einen gut ist. Ausserdem ist es sehr wichtig, darüber zu sprechen, wenn man unzufrieden ist, etwas für einen nicht stimmt oder etwas an einem nagt. Schweigen ist fatal. Und als Drittes finde ich es sehr wichtig, dass man sich Hilfe holt oder sie annimmt.

Ausserdem habe ich die Erwartung an alle Mitarbeitenden, dass sie in ihrem Privatleben für einen Ausgleich sorgen. Es ist gesund, im Leben noch andere Themen und Leidenschaften zu haben als die Arbeit. Sie darf nicht der einzige Lebensinhalt sein, vor allem, wenn einen die Arbeit stresst.

Wo gibt es im Geschäftsleben Ihrer Erfahrung nach die grössten Reibungsverluste? Und wie kann man diese vermeiden oder minimieren?

Konflikte auf der Beziehungsebene sind emotional schwierig, und man kann sich angegriffen fühlen. Meiner Erfahrung nach zehren auch politische Auseinandersetzungen und Spielchen an den Nerven der Leute. Zudem Missverständnisse oder Unklarheiten, was von einem erwartet wird. Diese stille Post, dass sich eine Information oder Anregung verselbstständigt und ganz andere Dimensionen annimmt als ursprünglich gedacht. Entscheidend dabei ist eine möglichst hierarchiefreie und vor allem angstfreie Kommunikationskultur mit einer versuchten Sachorientierung.

Das Stichwort „angstfreie Kommunikation" bringt mich zum Thema Fehlerkultur. Von IBM-Gründer Tom Watson stammt der Spruch: „Wenn Sie erfolgreich sein wollen, verdoppeln Sie Ihre Misserfolgsrate." Wie geht die SWISS mit Fehlern um? Piloten zu erlauben, Fehler zu machen, könnte ja heikel werden.

Der Umgang mit Fehlern ist ein zentrales Thema in unserer Kultur, gerade im fliegenden Bereich. Selbstverständlich sagen wir den Piloten nicht: „Macht ruhig Fehler. Dies ist nicht so schlimm." Aber es ist nicht zu leugnen, dass Menschen Menschen sind und immer wieder Fehler machen. Gerade um die Sicherheit zu gewährleisten, ist es unerlässlich, bei den Piloten oder auch den Chirurgen eine angstfreie Fehlerkultur zu haben. Fehler dürfen auf keinen Fall vertuscht werden. Sie müssen offen angesprochen werden.

Wir müssen uns diesen Fehlern widmen und ohne Beschuldigungen Ursachenforschung betreiben und dann darauf reagieren. Haben wir ein Thema auf einer bestimmten Strecke? Bei einem bestimmten Flugzeugmuster? Gibt es eine Anordnung in unseren Checklisten, die wir abändern müssen? Häufig geschehen einzelne kleine Fehler, die sich dann zu grossen Fehlerquellen kumulieren, welche zu einem Ereignis führen. Deswegen ist es ganz wichtig, diese einzelnen Schwachstellen anzugehen, um sie auszuschließen. Dies geht nur, wenn die Fälle angstfrei gemeldet und reflektiert werden können. Wir nennen das „just culture". So schreibt z. B. jeder Pilot nach einem Flug einen Report, in dem er im Detail notiert, wo Schwierigkeiten aufgetaucht sind.

Das Wirtschaftsleben hat eine Konstante: die Veränderung. Was sind die Voraussetzungen, dass Ihrer Erfahrung nach Menschen konstruktiv mit Veränderungen umgehen können?

Dieses Thema begleitet mich schon mein ganzes Berufsleben, und eine Wunderlösung habe ich dafür leider nicht. Es gibt klassische Massnahmen, die sich bewährt haben. Wenn jemand die Möglichkeit hat, zum Neuen positiv beizutragen, oder wenn jemand Teil der Lösung ist und nicht einfach etwas vorgeschrieben bekommt – also die Mitarbeitenden früh einbinden und transparent kommunizieren. Man kann in Veränderungsphasen praktisch nie genug kommunizieren, auch wenn man meint, nichts Neues zu sagen zu haben. Dies wissen wir eigentlich alle und machen es trotzdem meist nicht in ausreichendem Masse. Und da kann ich mich selbst auch nicht ausschliessen.

Was ausserdem sehr wichtig ist, dass man den Betroffenen einen angstfreien Raum bietet, in dem die Leute über ihre Sorgen sprechen können. Insgesamt muss man aber realistisch sein: Angst vor Veränderungen und der Veränderungsschmerz gehören zum Menschen.

Wenn Sie mich als Betroffene von Veränderung ansprechen, dann würde ich dazu raten, sich eine Offenheit zu bewahren und sich nicht zu sehr auf einen Weg oder eine Lösung zu fokussieren. Ich kann über die Autobahn, aber auch über die Landstrasse und das Nachbardorf fahren und so zum Ziel kommen. Und vielleicht erweist es sich auf dem Weg, dass die benachbarte Meeresbucht noch viel toller ist, als die, die man eigentlich angesteuert hat. Es ist hilfreich, flexibel und neugierig zu bleiben und mutig in die Veränderung zu gehen.

Gehen die Generationen X, Y und Z anders mit Druck und Stress um als ältere Generationen?

Dies habe ich bisher nicht festgestellt, aber mich zugegebenermassen auch noch nicht damit auseinandergesetzt. Druck und Stress haben sich ja auch geändert. Wir haben heute andere Stressoren als vor ein paar Jahrzehnten. Früher hat man auch viel und lange gearbeitet. Aber heutzutage bereiten uns vor allem die Geschwindigkeit, Komplexität und Dichte Probleme. Ausserdem haben sich die Bedürfnisse der Mitarbeitenden gegenüber dem Arbeitsleben verändert. Heute geht man offener mit dem Thema Belastung um. Es ist weniger tabuisiert als früher. Verallgemeinern kann man nicht, da die jüngeren Generationen sehr divers sind.

Wie können Sie persönlich Ihre Leistungsfähigkeit nachhaltig sicherstellen? Sie arbeiten bestimmt sehr viel.

Im Moment trägt mich mein tolles Team. Die Zusammenarbeit macht unglaublich Spass. Die Menschen, mit denen ich zusammenarbeite, sind mir sehr wichtig. Zurzeit bin ich in meinem Team und auch in Schnittstellen mehrheitlich von Energie-Spendern umgeben. Was ebenfalls hilft, ist, dass mir meine Arbeit auch jetzt in der Corona-Krise Spass macht, auch wenn sie anstrengend ist. Ich spüre selbstverständlich eine Belastung aufgrund der schwierigen Unternehmenssituation. Wir haben eine grosse Verantwortung für unsere Mitarbeitenden.

Es braucht meines Erachtens in einer solchen Situation ein Hin- und Herschwingen. Es ist wichtig, dass man diese Verantwortung spürt. Die Personalmassnahmen, die wir ausarbeiten, verhandeln und umsetzen, haben einen Einfluss auf alle über 9000 Mitarbeitenden. Man muss es zulassen, dass dieser Druck auf einem lastet, und dann muss man aber auch wieder handlungsfähig werden, indem man den Druck zur Seite schiebt. Mir hilft diesbezüglich ganz klar meine inzwischen langjährige Erfahrung. Ich habe gelernt, dass es immer irgendwie weiter geht, dass sich ein Weg auftut. Unterstützend sind auch Wertschätzung und konstruktive Kritik, die uns weiterbringt.

Wie können Sie in der Freizeit am besten herunterfahren und entspannen?

Ganz klassisch mit Sport, Natur und Musik hören. Über die Zeit habe ich gelernt, mit Druck umzugehen. Selbstverständlich gibt es immer noch Dinge, die mich stressen, z. B. wenn ich einen Fehler gemacht habe. Dies kann sehr lange an mir nagen. Ich bewundere Menschen, die über ihre Fehler reflektieren und dann relativ unbelastet weitermachen können. Dies ist nicht meine Stärke.

Aber ich weiss aus Erfahrung, dass es immer eine Lösung gibt, eine Tür, die aufgeht. Im Moment ist es schlimm, aber dies wird vorbeigehen. Ausserdem habe ich die Fähigkeit, Probleme und Schwierigkeiten auf dem Weg für eine gewisse Zeit zu verdrängen, mich auf die Lösung zu fokussieren.

Welches sind Ihre grössten persönlichen Energie-Räuber, und wie gehen Sie mit ihnen um?

Menschen können für mich die grössten Energie-Räuber sein. Was mich anstrengt, ist mangelnde Lösungsorientierung und Menschen, die sehr viel Raum beanspruchen. Ich versuche, solche Personen zu vermeiden. Wenn dies nicht möglich ist, ertrage ich es oder thematisiere dies gegenüber den Personen. Manchmal auch auf eine deutliche Art und Weise. Zwischendurch muss der Ärger und Frust einfach raus. Was mich auch nervt, ist, wenn Leute die Verantwortung für sich selbst nicht übernehmen und in die Opferrolle fallen.

Was mich zusätzlich stresst – im Gegensatz zu vielen anderen Menschen – ist ein leerer Kalender. Dies zieht mir Energie ab. Ich mag es, wenn sich die Themen quasi «die Tür in die Hand geben» und wenn viel los ist um mich herum. Deswegen ist für mich die aktuelle Situation mit viel Homeoffice und einem leeren Büro nicht optimal. Wenn ich an einem Konzept arbeite, mache ich dies meist nicht am Stück, sondern setze mich immer wieder einmal eine Zeit lang dran und lasse es anschliessend sacken; irgendwann entsteht dann ein Flow, und die Konzentration und Musse sind da. Wenn mein Kalender leer ist und das Grundrauschen der Menschen um mich fehlt, muss ich mich stark strukturieren, damit ich richtig produktiv ins Arbeiten komme.

Welches war Ihr schwierigster Moment in Ihrem Geschäftsleben? Wie haben Sie diese Krise gemeistert, und was haben Sie daraus gelernt?

Es gab eine grosse sachliche und eine grosse emotionale Herausforderung. Die sachliche war, als ich eine grosse Projektleitung innehatte. Es ging um viel Geld, und unzählige Ansprechpersonen mussten einbezogen werden. Mir ist die Führung des Projekts vorübergehend etwas aus der Hand geglitten. Dies war schwierig für mich. Also habe ich mir Hilfe geholt von einem Spezialisten, der sich mit Projekten deutlich besser auskannte als ich. Er hat mir geholfen, mich zu strukturieren. Hilfe holen hilft – dies ist sehr wichtig. Wenn man sich Hilfe holt, ist dies ein Zeichen von Stärke.

Ausserdem gab es eine Situation, die emotional für mich herausfordernd war: ich erhielt ein schlechtes Führungs-Feedback, was sehr an meinem Selbstbild und Selbstverständnis kratzte. Von meinen vorherigen Jobs war ich sehr verwöhnt mit positiven Feedbacks zu meiner Führungsarbeit. Und plötzlich bekam ich ein in meinen Augen niederschmetterndes Feedback. Dies war schlimm. Ich habe mich dem gestellt, habe das Feedback reflektiert und bin in einen Dialog mit meinem Team gegangen.

Gibt es Ängste und Sorgen in Ihrem Leben, die sich später als unbegründet herausgestellt haben?

Es gab eine Zeit, als ich dachte, dass ich nie wissen würde, was ich beruflich machen will. Ich habe mich mehrfach umorientiert und auch einmal ein Studium abgebrochen. Ich hatte nie eine besonders herausragende Begabung. Ich gebe zu, dass ich ein wenig die Menschen beneide, die mit sieben Jahren wissen, dass sie Arzt oder Künstlerin werden wollen.

Man hat ja immer wieder das Gefühl, dass die jeweils nächste Entscheidung die wichtigste im Leben ist. Was studiere ich und in welcher Stadt? Bei welchem Unternehmen steige ich ein? Ich hatte den Eindruck, dass ich, wenn ich mich nicht richtig entscheide, immer auf der falschen Spur bleiben werde.

Rückblickend merkt man, dass jede Entscheidung eine von vielen ist, und man trifft einfach eine nach der anderen. Erst wenn man sie getroffen hat, wird man sehen, wie es weitergeht und welche nächste Entscheidung ansteht. Meine Sorge hat sich am Ende als völlig unbegründet herausgestellt. Es hat sich immer wieder eine Tür aufgetan.

Was bringt Sie aus Ihrer Komfortzone?

Werte sind mir sehr wichtig. Ich mag es nicht, wenn Menschen unehrlich sind oder andere nicht unterstützen. Oder Menschen, die aus meiner Sicht nicht sachlich an einer Problemlösung mitarbeiten wollen. Was mich auch aufbringen kann, ist, wenn jemand in Kästchen denkt oder sich auf seine Arbeitsbeschreibung beruft, um sich vor Dingen zu drücken, die einfach erledigt werden müssen.

Was waren oder sind für Sie die negativen und positiven Seiten der Corona-Krise?

Die katastrophalen wirtschaftlichen Auswirkungen auf unser Unternehmen, auf die Reisebranche insgesamt und auch auf viele Volkswirtschaften, die mit der Reisebranche eng verbunden sind. Was mich mit grossem Unbehagen erfüllt, sind zudem die Verschwörungstheorien, die entstehen und immer mehr Raum einnehmen. Damit zusammenhängend die in meinen Augen inakzeptablen Bündnisse, die sich teilweise gebildet haben.

Persönlich finde ich negativ, dass ich nicht reisen kann, wohin ich will. Am Anfang war dies anders, da es einfach zu handeln galt. Ich musste in der Krise funktionieren. Aber nun [September 2020] würde ich schon gerne wieder ins Ausland fliegen, obwohl die Schweiz ein wunderschönes Land ist.

Es gab auch viel Positives, wobei ich das meiste mit dem Job verbinde. Wir arbeiten schnell, unkompliziert und lösungsorientiert zusammen. Wir haben ein sehr starkes Teamgefühl und alle ziehen an einem Strang. Man entdeckt in sich selbst und in anderen ein Potenzial, das man in einer normalen Zeit nicht gesehen hätte. Es sind auch viele neue Themen zu bearbeiten. Ich finde es unglaublich spannend, solch eine Zeit mitzuerleben. Wir müssen in kurzer Zeit sehr viele Entscheidungen treffen und Lösungen finden. Und wenn ich dies nicht positiv finden würde, könnte ich es gar nicht bewältigen.

Was nehmen Sie aus dieser Zeit mit, wenn die Krise vorbei ist? Machen Sie etwas anders, persönlich oder im Unternehmen?

Wir sind als Team, sei dies als Führungsteam, im HR oder als gesamtes Unternehmen, viel stärker zusammengewachsen. Wir arbeiten stark themen- und kompetenzorientiert und halten uns nicht an Abteilungsgrenzen auf. Hierarchien sind in der Krise weniger wichtig. Es ist sehr spannend, zu sehen, wo und wie weitreichende Entscheidungen gefällt werden. Dies muss nicht immer bei der Unternehmensleitung sein. Wir versuchen, diese Haltung und Arbeitsweise so gut wie möglich mitzunehmen. In meinem Team besetze ich zurzeit eine Führungsposition nach. Dabei ist für mich ein sehr wichtiges Kriterium, dass diese Person kein Abteilungsdenken hat, sondern unkompliziert und kollaborativ arbeitet.

Wenn Sie Ihr bisheriges Leben nochmals leben dürften – einfach mit dem Wissen von heute –, was würden Sie anders machen?

Meine Entscheidungen und die Dinge, die ich erlebt habe, gehören zu mir. Sie haben mich zu der Person gemacht, die ich heute bin. Ich könnte sagen, dass ich das Studium der vergleichenden Literaturwissenschaften nicht hätte machen müssen, wodurch ich eineinhalb Jahre gespart hätte. Aber dann hätte ich viele tolle Erlebnisse nicht gehabt. Ich bereue tatsächlich keine meiner «grossen» Entscheidungen. Sie hatten immer etwas Positives und haben mich weitergebracht.

Es gibt eine Sache, die ich heute anders machen würde – mit der Vernunft, mit der ich heute an Themen rangehe. Ich hätte als Kind mehr Sport gemacht oder ein Instrument gelernt.

Wann ist für Sie ein richtig guter Tag?

Entscheidend sind für mich Begegnungen mit tollen Menschen. Wenn man spürt, dass Energie vorhanden ist. Oder wenn ich das Gefühl habe, dass wir in einem Thema einen Schritt weiter gekommen sind. Dies meist gemeinsam mit anderen, aber durchaus auch für mich alleine. Im Privaten ist für mich ein richtig guter Tag, wenn ich am Morgen mit einem Kaffee in der Sonne vor einer Berghütte sitze und am Abend vor einer anderen Berghütte eine Flasche Bier trinke.

Über die Interviewpartnerin

Christina Trelle (Jahrgang 1968) ist seit März 2020 Head of Human Resources der SWISS. Zuvor war sie Head of HR Management für die CCO- und CFO-Divisionen. Bevor sie 2012 als Head of People Development and Training zu SWISS stiess, hatte Trelle von 2003 bis 2012 verschiedene Funktionen bei Lufthansa Cargo inne; unter anderem war sie Leiterin Export sowie Leiterin Personalentwicklung. Zudem war Trelle zwischen 1999 und 2002 bei Lufthansa für die Personalentwicklung Europa verantwortlich, nachdem sie das konzerneigene Traineeprogramm absolviert hatte. Trelle verfügt über einen Abschluss als diplomierte Pädagogin und Sozialpädagogin der Universität Köln.

Swiss International Air Lines (SWISS) ist die Fluggesellschaft der Schweiz. Sie bedient ab den Landesflughäfen Zürich und Genf weltweit über 100 Destinationen in 45 Ländern. Mit einer Flotte von rund 90 Flugzeugen befördert SWISS jährlich knapp 19 Mio. Passagiere. Die Fracht-Division Swiss WorldCargo bietet ein umfassendes Airport-to-Airport-Dienstleistungsangebot für hochwertige Güter und betreuungsintensive Fracht zu rund 130 Destinationen in über 80 Ländern an. 2019 erwirtschaftete SWISS mit rund 9500 Mitarbeitenden einen Umsatz von CHF 5,3 Mrd. und einen Gewinn von CHF 578 Mio.

14

Dr. Hans Werner, bis Januar 2021 Head Group Human Resources und Mitglied der Konzernleitung Swisscom: „Leben Sie das Leben, das zu Ihnen passt"

Dr. Hans Werner, bis Ende Januar 2021 Leiter Group Human Resources und Konzernleitungs-Mitglied der Swisscom, erachtet Selbst-Reflexion als Basis für eine nachhaltige Leistungsfähigkeit: was tut einem gut, und wo sind die eigenen Grenzen? Es sei entscheidend, das Leben zu leben, das zu einem passt, und nicht auf die Meinungen anderer zu hören. Herausforderungen für viele Menschen stellen die schnellen und disruptiven Veränderungen unserer Zeit dar. Es gelte, den Mitarbeitenden immer wieder den Puls zu fühlen, um zu merken, ob die Zitrone nicht schon zu stark ausgepresst sei. Unterstützend erachtet Werner eine Kultur der Eigenverantwortung.[1]

Auf jedem Unternehmen lastet ein grosser Druck, möglichst produktiv und leistungsfähig zu sein. Doch wenn man die Zitrone zu stark auspresst, sinkt die Leistungsfähigkeit. Wie gelingt dieser Spagat bei Swisscom?

Es ist eine sehr schwierige Einschätzung, wann die Zitrone ausgepresst ist. Man muss sich bewusst sein: alle Unternehmen befinden sich im Wettbewerb. Und Wettbewerb heisst, der Bessere gewinnt. Dieser Wettbewerbsdruck hat sich in den letzten Jahren verstärkt, und das spüren die Mitarbeitenden. Wie gelingt uns dabei die Balance, wenn sie uns überhaupt gelingt? Das braucht Augenmass und den Vergleich mit anderen

---

[1] Zum Zeitpunkt des Interviews war Hans Werner noch bei der Swisscom tätig.

© Der/die Autor(en), exklusiv lizenziert durch Springer-Verlag GmbH, DE, ein Teil von Springer Nature 2021
C. Kraaz, *Nachhaltig leistungsfähig bleiben*, https://doi.org/10.1007/978-3-662-62864-5_14

Wettbewerbern. Wir machen viel Benchmarking und betrachten, wie die anderen Unternehmen Leistungen erbringen im Vergleich zu uns, was sich wo bewährt hat. Gleichzeitig haben wir klare Werte. Wir pflegen eine sehr wertschätzende Umgangsform, und wir geben den Mitarbeitenden Gestaltungsspielraum.

Eine Balance zwischen dem Wettbewerbsdruck und den Werten zu finden, ist eine Management-Aufgabe. In diesem Zusammenhang sind wir auch regelmässig im Austausch mit den Gewerkschaften und den Personalvertretungen. Diese spiegeln uns zurück, wenn sie den Eindruck haben, dass zu viel Druck in der Organisation ist. Und wir versuchen dann, im Rahmen der Mitwirkungsprozesse passende, verträgliche Lösungen zu finden. Faktisch sind wir im Wettbewerb des dauernden Verbesserns. Man muss dabei immer sensibel bleiben und in die Organisation hineinhören, um herauszufinden, ob man zu viel Druck aufgesetzt hat oder nicht.

In meinem eigenen Bereich, im HR, haben wir aufgrund von Benchmarks in den letzten Jahren signifikante Einschnitte gemacht, um die Kosten zu senken. Bei einer der ersten solcher Umstrukturierungen kamen gestandene Leute zu mir und sagten mir: „Das kannst du nicht machen. Dann bricht alles zusammen, und die Zitrone ist zu stark ausgepresst." Wir haben es nach verschiedenen Reflektionen und mit Einbezug der Mitarbeitenden trotzdem umgesetzt, haben die Anpassungen verdaut und gelernt, mit den reduzierten Möglichkeiten umzugehen und das Beste daraus zu machen. Es ist eine Einschätzungsfrage, was getraue ich mich und wo ist genug, und es braucht eine kontinuierliche Anpassung. Entscheidend für mich ist dabei eine Sensibilität, dass man die Mitarbeitenden angemessen miteinbezieht und den Puls misst. Die grösste Gefahr ist, dass man eine Ein-Weg-Kommunikation macht, weil man dann wichtige Signale aus der Organisation überhört.

Was sind denn im Alltag die grössten Herausforderungen für Ihre Mitarbeitenden in diesem Zusammenhang?

Zusätzlich zum gesamtwirtschaftlichen Trend der schnellen Veränderungen ist Swisscom in einer Industrie tätig, die durch die Digitalisierung geprägt ist, die sogar das Tempo der Digitalisierung vorgibt. Das bedeutet, dass wir sehr viele Entwicklungen als Erste durchmachen, vielleicht sogar, wenn diese Entwicklungen noch unreif sind. Dies bringt die Herausforderung mit sich, dass man zwischendurch auf etwas setzt, das nicht funktioniert.

Welche Unterstützung bietet Swisscom ihren Mitarbeitenden an, damit sie gesund und leistungsfähig bleiben?

Wie gesagt, ist Swisscom mit sehr hohem Tempo unterwegs. Da braucht es Unterstützung für diejenigen Mitarbeitenden, denen dieses Tempo zu schnell ist. Wichtig ist auch, dass die Mitarbeitenden trotz dieser Ansprüche im Gleichgewicht bleiben und neben dem Job ein gesundes, ausgeglichenes Leben führen können. In diesem Zusammenhang stellen wir ein grosses Angebot bereit.

Wir haben ein Gesundheitsmanagement mit einer breiten Palette an Programmen mit Fokus auf die psychische Gesundheit. Hier setzen wir zudem vermehrt auf den Peer-Ansatz: Mitarbeitende lassen sich zu „Stress & Resilienz" oder „Mentale Gesundheit" ausbilden und geben Infos in ihrem beruflichen Umfeld an die Kollegen weiter. Wir bieten Achtsamkeits-, Sport- und Ernährungskurse an – bis hin zum Gesundheits-Check mit Coachings, wenn erste Frühwarnsignale erkennbar sind. Swisscom verfügt zudem über eine interne Angebotsplattform, die Mitarbeitende für Mitarbeitende machen, z. B. Yoga, gemeinsames Joggen oder Basketballspielen usw.

Für die Betreuung von belasteten Mitarbeitenden haben wir eine interne Anlaufstelle namens „Care Gate", wo Mitarbeitende und Vorgesetzte vertraulich über ihre Probleme sprechen können. Darüber hinaus arbeiten wir mit verschiedenen Instrumenten wie Mentoring, Coaching usw.

Ein Teil liegt in der Eigenverantwortung der Mitarbeitenden. Was erwarten Sie von Ihren Leuten, was sie selber dazu beitragen, dass sie leistungsfähig bleiben?

In unserer Kultur ist die Eigenverantwortung stark ausgeprägt. Wir lassen den Mitarbeitenden sehr viel Spielraum, wie sie ihre Arbeit ausgestalten – örtlich und zeitlich –, immer in Abstimmung mit den Teams bzw. Vorgesetzten und wenn dies die Aufgabe zulässt. Einige Firmen stellen am Freitagabend die Server ab und fahren diese am Montagmorgen wieder hoch, damit die Leute am Wochenende nicht arbeiten. Dies entspricht nicht unserer Philosophie. Die Eigenverantwortung sollte zählen. Bei uns kann ein Mitarbeitender je nach Arbeitssituation z. B. am Freitag um 15 Uhr nach Hause gehen, weil schönes Wetter herrscht und die Kinder aus der Schule kommen, um dann mit ihnen in die Badeanstalt zu gehen. Dafür arbeitet er dann am Freitagabend noch ein bis zwei Stunden oder am Samstag, wenn schlechtes Wetter ist. Diese Freiheit, verbunden mit einer Eigenverantwortung, möchten wir stark fördern.

Gibt es keinen Gruppendruck?

Doch, dies will ich nicht schönreden. Aber wenn ich uns vergleiche mit dem, was ich von anderen Firmen höre, ist die freie Einteilung der Arbeit breit akzeptiert. Es gibt Firmen, bei denen ein Mitarbeitender, der um 14.30 Uhr das Büro verlässt, von Kollegen gefragt wird, ob er nur halbtags arbeite oder am Nachmittag frei habe. In sehr vielen Abteilungen ist es bei uns kein Thema, ob jemand vor Ort ist oder nicht. Selbstverständlich gibt es auch Bereiche, wo die Anwesenheit nötig ist, z. B. in unseren Shops. Wo möglich, geben wir solche Gestaltungsmöglichkeiten, und die Mitarbeitenden nutzen diese vertrauenswürdig. In der Corona-Phase hat uns dies auch geholfen.

Ich stelle in meinen Coachings fest, dass immer jüngere Leute Probleme mit Druck und Stress haben. Sie waren früher Lehrer und Rektor einer Kantonsschule. Auf was führen Sie diese Tendenz zurück?

Dies muss man differenziert betrachten. Wir haben etwa 900 Lernende, mit denen ich immer wieder tolle Begegnungen habe. Wenn man sie für Ideen und Projekte gewinnt und ihnen Gestaltungsspielraum gibt, haben sie sehr viel Energie und eine hohe Identifikation und geben Vollgas. Mein Eindruck ist jedoch, dass diese jüngere Generation es weniger gewöhnt ist als meine eigene, etwas zu tun, das ihnen aufgetragen wird. Obrigkeitsgläubigkeit und Hierarchie-Denken sind heute deutlich weniger akzeptiert. Deshalb – so mein Eindruck – sind junge Leute dann auch weniger resilient, wenn sie sich einordnen müssen und nicht selber gestalten können.

Was raten Sie Berufseinsteigern, damit sie längerfristig gesund und produktiv bleiben?

Vielfach getrauen sich die Menschen in ihrer beruflichen Laufbahn nicht, Entscheidungen für ihr Wohlergehen zu fällen, obwohl sie diese Stimmen im Inneren wahrnehmen. Es braucht Überwindung und Kraft, eine solche Entscheidung mit allen Konsequenzen zu fällen und damit auch zu seinen Schwächen zu stehen. Meiner Ansicht nach ist es jedoch eine Stärke, wenn man hinsteht und zugibt, dass einem etwas zu viel ist. Ich würde den Berufseinsteigern raten, diese vordergründige Schwäche zu akzeptieren.

Zudem muss man beachten, dass diese Offenheit einfacher ist, wenn man arbeitsmarktfähig ist, wenn man auf den aktuellen Themen fit ist und sich kontinuierlich weiterbildet. Dann fallen solche Entscheidungen einfacher, weil man Alternativen hat.

Wo gibt es im Geschäftsleben Ihrer Erfahrung nach die grössten Reibungsverluste? Und wie kann man am besten mit diesen umgehen?

Klassischerweise entstehen die grössten Reibungsverluste im zwischenmenschlichen Umgang. Was sich hier bewährt, sind Spielregeln, Rituale wie Feedback-Runden und das Bewusstsein, dass das gesprochene Wort sehr viel wert, aber das gehörte Wort entscheidend ist. Diese Fähigkeiten kann man trainieren. Es lohnt sich, auch in solche Themen Zeit zu investieren.

Gleichzeitig habe ich die Erfahrung gemacht, dass es zwischenmenschliche Situationen gibt, die schlichtweg nicht funktionieren. Man muss einen sehr grossen Aufwand betreiben, um diese zu kitten. Die Leute gewöhnen sich vielleicht daran und arrangieren sich, aber die Beziehungen funktionieren trotzdem nicht wirklich. In solchen Situationen muss man Entscheidungen treffen, die diese Situation entspannen und befreien. Es geht dabei nicht darum, dass Leute gut oder schlecht sind, fähig oder unfähig. In einer anderen Konstellation kann sich diese Person dann sehr gut entfalten. Man muss respektieren, dass gewisse menschliche Konstellationen nicht funktionieren.

Sie haben es vorher schon angesprochen. Das Wirtschaftsleben hat eine Konstante: die Veränderung. Was sind Ihrer Erfahrung nach die Voraussetzungen, dass Menschen konstruktiv mit Veränderungen umgehen?

Heutzutage erleben wir sehr viele schnell aufeinanderfolgende und zudem noch disruptive Veränderungen. Faszinierend – und für mich teilweise unverständlich – ist, dass die Menschen, die unter den Veränderungen im Arbeitsalltag leiden, die gleichen sind, welche diese Veränderung verursachen. Z. B. wenn sie als Kunde keine Geduld haben, dass eine Bestellung erst in drei Tagen geliefert wird, oder wenn sie alles möglichst billig haben möchten – egal, wo es herkommt und wer es hergestellt hat. Wenn man mit dieser Mentalität in der Gesellschaft agiert, wird man die Konsequenzen dieses Verhaltens selbst als Arbeitnehmer spüren und sie als Druck empfinden. Man sollte sich also gewähr werden, dass man selbst ein Verursacher dieser Veränderungen ist.

Das zweite ist der Umgang mit den Veränderungen. Meiner Ansicht nach braucht es Training und ein Arbeiten an der Einstellung. Sich nur schon bewusst zu werden, dass das, was heute ist, morgen anders sein wird, ist eine wichtige Einsicht. Mein Sohn hat mir dazu kürzlich den treffenden Satz zitiert: „learn to be comfortable with being uncomfortable". In diesem Zusammenhang komme ich wieder auf den Wettbewerb zurück. Wettbewerb heisst ja auch trainieren, besser zu werden, Leistung zu erbringen. Und wenn etwas verändert wird, weil die Konkurrenz dies auch schon verändert hat oder weil es der bessere Weg ist, hilft es nicht, sich dagegen zu wehren, sondern man muss diesen neuen Weg mitgehen. Was dabei hilft, dies gut umzusetzen, sind Optimismus, Neugier und die Weiterentwicklung seiner Fähigkeiten.

Es gibt meines Erachtens auch einen Zusammenhang zwischen dem Thema Veränderung und einer Fehlerkultur. Denn wenn man keine Fehler machen darf, gibt es keine Innovation. Wie ist da die Kultur innerhalb der Swisscom?

Ich sage es mal formal korrekt: wir arbeiten daran. Es ist ein Teil unserer Kultur – der Schweiz und der Swisscom –, dass man in erster Linie sehr nett miteinander umgeht und das Unangenehme eher nicht ausspricht. Es gibt einige Kulturen, die können dies besser als wir. Diesen Lernprozess kann man auch über Rituale steuern. Dazu ein kleines Beispiel: Wir haben eine Plattform, auf der man von gleichgestellten Kollegen Feedback zur Erreichung seiner Ziele einholen kann, die dann der Vorgesetzte auch sieht. Ich habe das Feedback an meine Direkt-Unterstellen eine Zeit lang verfolgt und festgestellt, dass darin nur Lob verteilt wird. Viel Wertschätzung zu geben, ist ja auch sehr wichtig, aber man kann von kritischem Feedback ebenfalls lernen.

Ich habe daraufhin die Methode vorgeschlagen: zwei plus zwei – zwei gute Feedbacks geben und gleichzeitig zwei wertvolle Tipps, welche Themen man noch verbessern könnte. Bei Swisscom sind wir wahrscheinlich noch nicht speziell gut darin. Wir können noch viel daran arbeiten, was eine gute Lernkultur ausmacht, z. B. dass Feedback sofort im Moment und immer wieder gegeben werden sollte, nicht nur ein- bis zweimal im Jahr.

Hat dies auch damit zu tun, dass – wie ich es sehe – Scheitern in der Schweiz im Gegensatz zu anderen Kulturen fast nicht erlaubt ist?

Wir lehren die Kinder schon früh, dass sie keine Fehler machen dürfen. Sonst bekommen sie keine Sechs, sondern „nur" eine Fünfeinhalb. Wenn die Eltern im Zeugnis nicht überall Sechsen sehen, sind sie nicht zufrieden. Und wenn es eine Note unter Vier enthält, hat das Kind ein Problem. Das geht so weit, dass dann drei oder gar vier Erwachsene auf den Kleinen einreden, nämlich die Lehrerin, der Psychologe und der Vater und/oder die Mutter. Und der Kleine muss sich dann rechtfertigen. Wir trichtern also schon unseren Kindern ein, ja keine Fehler zu machen. Und wenn doch ein Fehler geschieht, sollte man besser nicht dazu stehen, denn sonst muss man die Konsequenzen ausbaden. Dies sind Muster, die der Lernkultur im betrieblichen Alltag nicht dienlich sind.

Gleichzeitig ist auch die direkte Verbindung von Leistung zur Kompensation für eine offene Fehlerkultur nicht förderlich. Wenn man Fehler zugibt und dafür eine geringere variable Vergütung erhält, ist dies nicht motivierend. Wir berechnen den Bonus des Kaders deshalb nicht mehr auf Basis der individuellen Zielerreichung, sondern des Gesamtergebnisses der Firma.

Kommen wir zu den Führungskräften. Was können sie dazu beitragen, dass ihre Mitarbeitenden nachhaltig leistungsfähig bleiben? Können sie auch schaden?

Ja, sie können schaden. Meine provokative Behauptung ist, dass höchstens 50 % der Menschen im Bereich Führung talentiert sind und auch daran Freude haben. Meiner Ansicht nach ist es ein echtes Talent, inspirierend und gut zu führen. Mit viel Aufwand kann man noch etwas dazulernen, aber ein grosser Teil hängt von der Persönlichkeit ab. Ich habe in meiner Laufbahn häufig erlebt, dass – wenn ein Mitarbeitender einen Fehler macht – er bei seinem Chef antraben muss und so klein gemacht wird, dass er drei Monate braucht, bis er wieder aufrecht gehen kann. Der gleiche Fall könnte auch so ausgehen, dass man ganz inspiriert aus der Besprechung mit dem Chef kommt. Erstens ist man sich bewusst, dass der gleiche Fehler einem nie wieder passieren wird, und zweitens hat man realisiert, dass die Person an einen glaubt. Das animiert einem, noch mehr Gas zu geben. Dies macht den Unterschied in der Führung, ob ein Mitarbeitender motiviert oder frustriert ist.

Bilden Sie ihre Führungskräfte im Bereich gesundes Führen aus?

Es sind sehr unterschiedliche Voraussetzungen, ob ich ein Call Center oder einen Shop leite oder ob ich Servicetechniker führe, die in der ganzen Schweiz verteilt sind. Nochmals anders funktioniert die Führung eines Start-ups. Wir haben deshalb schon vor einigen Jahren die Führungsprinzipien abgeschafft. Wir geben den Führungskräften vier Rollen. Sie müssen sich in jeder Situation, in der sie Führungsverantwortung haben – sei es alleine oder im Team –, über den Inhalt und die Ausgestaltung dieser vier Rollen bewusst werden.

Erste Rolle: Jeder ist Unternehmer im Unternehmen und hat eine Gewinn- und Verlust-Verantwortung. Wie stellt die Führungskraft sicher, dass es eine gute Balance gibt zwischen den verschiedenen Ansprüchen: Kundenzufriedenheit, Effizienz, Sicherheit, Verfügbarkeit, Diversity usw.? Zweite Rolle: Trainer der Organisation. Vorgesetzte sind mitverantwortlich, dass ihre Mitarbeitenden sich entwickeln, sich entfalten, und ihre Stärken einbringen können, damit Swisscom kontinuierlich wächst. Dritte Rolle ist Netzwerker, weil wir es nicht zulassen dürfen, dass ein Silo neben dem anderen für sich arbeitet, sondern wollen, dass das Netzwerk intern, aber auch über die Swisscom hinaus gepflegt wird – mit dem Ziel, die besten Leute und Personen zusammenzubringen. Die vierte Rolle ist am nächsten zum Thema „gesund führen": die Selbstführung. Was braucht jeder, und wie kommt jeder weiter? Unser Führungsmodell beruht also auf Selbstreflektion. Wir bilden alle Führungskräfte zu dieser Leadership Map aus, und darin sind auch Module wie z. B. zum Thema Gesundheitsmanagement zu finden. Wir messen die Leistungskennzahlen von Absenzen, Ausfällen usw.

Kommen wir zu Ihnen persönlich. Was gibt Ihnen persönlich die Kraft und Stärke, über längere Zeit unter grossem Leistungsdruck gesund und produktiv zu bleiben? Sie arbeiten ja sicher sehr viel.

In dieser ausführlichen Homeoffice-Phase im Frühling 2020 habe ich realisiert, was mich extrem inspiriert und motiviert: der Kontakt mit den Menschen. Ich habe früher auch nie Homeoffice gemacht, da ich schon immer gerne unter die Leute gegangen bin. Ich habe mich vor diesem Interview mit einem jüngeren Kollegen unterhalten, und solche Gespräche geben mir sehr viel Motivation.

Ausserdem trainiere ich eine gewisse Ausgewogenheit, indem ich versuche, mich noch besser selbst kennenzulernen und zu schauen, was mir gut tut und was nicht. Wann muss ich eher mehr schlafen, wann tut mir mehr

Sport gut? Wann ist es richtig, auch einmal etwas zur Seite zu legen? Ich meditiere auch ab und zu, obwohl ich darin kein Guru bin. Aber es tut mir gut, zwischendurch die Gedanken zu neutralisieren – dies empfinde ich als sehr kraftvoll.

Ich habe persönlich also einen Mix von Massnahmen, die alle auf der Überzeugung basieren, dass es wichtig ist, sich selbst gut zu kennen und zu reflektieren. Man darf sich nicht überdröhnen lassen durch all den Lärm, der da draussen ist – sich also nicht von anderen beeinflussen lassen. Das verhindert, dass man in sich hineinhört. Mir gefällt das Bild des kleinen Sees. Wenn er viele Wellen hat und man einen kleinen Stein hineinwirft, passiert nichts. In einem ruhigen See sieht man aber den Effekt des kleinen Steins. Es geht also darum, in die Ruhe zu kommen und sensibel für einen selbst zu sein.

Sie haben Swisscom-intern einen Artikel geschrieben, dass wir alle vermehrt Langeweile geniessen sollten. Wieso ist das so wichtig?

Langeweile ist meines Erachtens das meist unterschätzte Konzept. Es hat eine wunderbare Wortwahl: lange verweilen. Dies ist in der heutigen Beschleunigungsgesellschaft etwas, das wir uns fast nicht mehr leisten können. Es ist ein grosses Privileg, ein Luxus, wenn man irgendwann einmal lange verweilen kann. Die Herausforderung in der Langeweile ist, dass aufgrund des schnellen Rhythmus, den wir alle haben, das anfängliche Empfinden der Langeweile negativ ist. Die Kraft der Langeweile ergibt sich erst, wenn man diese Hürde, immer etwas tun zu müssen, überwunden hat. Sinnbildlich dafür halte ich die Aussage: „ich hatte leider keine Zeit, nichts zu tun."

Was sind Ihre grössten Energie-Räuber? Und wie gehen Sie mit ihnen um?

Energie-Räuber sind am ehesten zwischenmenschliche Schicksale und zwischenmenschliche Energieverluste – diese finde ich sehr kräfteraubend. Was hilft, ist die jahrelange Berufserfahrung. Man lernt dadurch, proaktiver zu sein. Ich gestalte lieber selbst aktiv etwas, als dass ich auf etwas reagieren muss und mich dadurch gefangen und eingebunden fühle. Am schlimmsten finde ich, wenn ich bestimmt werde durch etwas, das ich nicht beeinflussen kann.

Welches war Ihr schwierigster Moment in Ihrem bisherigen Geschäftsleben? Wie haben Sie diese Krise gemeistert, und was haben Sie daraus gelernt?

Ich habe zwei Arten von schwierigen Momenten. Der erste schwierige Moment ergibt sich aus den erwähnten menschlichen Reibereien und Energieverlusten – wenn man in solchen Situationen Entscheidungen treffen und kommunizieren muss. Sich zu entscheiden, jemandem zu kündigen, im Wissen darum, was dies für diese Person bedeutet, dass sie dies auch kaum je verstehen oder akzeptieren wird – durch diesen Prozess zu gehen und dies auszuhalten, finde ich sehr schwierig.

Und für mich persönlich waren klar die schwierigsten Momente, Entscheidungen hinsichtlich meiner Laufbahn zu treffen – mich zu entscheiden, eine Stelle und damit auch die damit verbundenen Menschen zu verlassen, die ich sehr gemocht hatte. Dies hat mich immer sehr viel Kraft gekostet.

Haben Sie im Verlaufe der Jahre in beiden Bereichen etwas geändert, das Ihnen hilft, Kraft einzusparen?

Wenn man Entscheidungen über den Verlauf von Menschenleben treffen und ihnen diese kommunizieren muss, habe ich die Erfahrung gemacht, dass es hilft, möglichst früh zu reagieren. Es dient allen, wenn man Zeit hat und den Prozess nicht im Hauruckverfahren durchziehen muss. Bei den eigenen Entscheidungen hilft mir die Erfahrung. Ich habe es schon einige Male erlebt, dass ich zuerst grosse Mühe damit hatte und stark zweifelte, dass es sich aber im Nachhinein immer gezeigt hat, dass es für mich eine wichtige Entscheidung verbunden mit vielen neuen Lernerfahrungen war. Im Sinne meiner eigenen Entwicklung hat sich dies jedes Mal zu hundert Prozent gelohnt. Man muss seine Ängste und Sorgen ernst nehmen, aber sich gleichzeitig auch bewusst sein, dass einige von ihnen sich später in Luft auflösen oder sich ins Gegenteil verkehren können.

Was waren für Sie die negativen und positiven Seiten der Corona-Krise?

Corona ist grundsätzlich sehr negativ. Es sind sehr viele Menschen krank geworden oder gestorben. Und viele Menschen durchleben existenzielle Ängste oder haben ihre Existenz dadurch sogar verloren. Dies ist für uns gesellschaftlich eine sehr grosse Herausforderung, und deshalb ist es sehr schwierig, etwas Positives darin zu sehen. Es gibt aber trotzdem positive Aspekte. Was mich beeindruckt ist, dass die soziale Anteilnahme und die

Solidarität unter den Menschen sehr hoch sind und in vielen Ländern – wenn auch unterschiedlich gut – funktioniert haben.

Als zweites bin ich überzeugt, dass die Arbeitswelt weltweit durch Corona einen Schub erhält. Wenn wir es gut machen, werden gewisse Entwicklungen schneller vorankommen, als dies ohne die Krise geschehen wäre. Während des Lockdowns haben wir realisiert, dass es nicht so viel Mobilität und auch nicht immer die persönliche Anwesenheit braucht. Vieles funktioniert mittlerweile mit unseren digitalen Werkzeugen sehr gut. Ich schätze es, mit Ihnen dieses Interview physisch durchführen zu können. Aber es gibt mehr Möglichkeiten, als wir vorher gedacht hatten.

Was nehmen Sie mit aus dieser Zeit? Machen Sie etwas anders?

Unternehmerisch schauen wir uns diese Themen gezielt an. Wir stellen uns die Frage, welches die Arbeitswelt nach Corona sein wird, obwohl das Virus wahrscheinlich nicht so schnell besiegt sein wird. Erstens: wie viel Homeoffice wollen die Mitarbeitenden, und wie viel Homeoffice ist für die betriebliche Leistungserbringung und das Kundenerlebnis gut? Wie viele zwischenmenschliche Interaktion benötigen Teams und Organisationen, um gestalterische, kreative Dynamik freizusetzen? Wie viele Immobilien resp. Arbeitsplätze braucht Swisscom in der Konsequenz künftig noch? Und wie sollen die Arbeitsplätze gestaltet werden? Reicht es künftig, wenn wir an vielen Orten kleine Docking Stations haben?

Das dritte Thema ist die Mobilität. Bei Swisscom wird auch innerhalb unseres kleinen Landes sehr viel gereist. Ist dies notwendig, oder kann man dies auf ein sinnvolleres Mass reduzieren und gleich gut funktionieren mit weniger Zeitaufwand? Und was mit der Mobilität und den Büroräumlichkeiten zusammenhängt: wir haben zurzeit noch eine grosse Infrastruktur für die Verpflegung unserer Mitarbeitenden. Braucht es diese überhaupt noch, oder essen die Mitarbeitenden während der Hälfte der Woche zuhause? Diese Fragen wollen wir systematisch aufarbeiten und uns aufgrund dieser Erfahrung in der Arbeitswelt weiterentwickeln.

Wenn Sie Ihr bisheriges Leben nochmals leben dürften – einfach mit dem Wissen von heute –, was würden Sie anders machen?

Das, was viele sagen: ich würde nichts anders machen. Es gibt Dinge, die ich bereue, aber nicht so stark, dass es nicht wert gewesen wäre, diese Fehler zu machen, um sich gewisser Dinge bewusst zu werden und mit diesen Themen anders umzugehen. Ich hatte also bisher das Glück, dass ich in meinen

Augen nichts so falsch gemacht habe, dass ich das Rad noch einmal zurückdrehen möchte.

Was ist der beste Ratschlag, den Sie je bekommen haben?

„Fälle deine eigenen Entscheidungen!" Ich bin felsenfest davon überzeugt,
dass jeder das Leben leben muss, das zu ihm passt, und nicht dasjenige,
das gesellschaftlich vorgegeben ist. Das sagt sich leicht dahin. Dazu gehört
aber Mut. Mut, zu sich selbst zu stehen. Mut, im richtigen Moment Entscheidungen für sich und seinen eigenen Weg zu fällen.

Wann ist für Sie ein richtig guter Tag?

Ein richtig guter Tag ist nicht ein einziges Modell. Es gibt verschiedene
Arten richtig guter Tage. Das klassische ist ein schöner Samstag. Ich gehe
joggen, frühstücke mit der Familie und verbringe einen schönen Tag in der
Gesellschaft toller Leute. Ein richtig guter Tag kann aber auch sein, wenn
man sehr viele schwierige Situationen erlebt und man sich abends sagt, dass
es anstrengend war, aber dass man viel zusammen erreicht hat. Gute Tage
sind solche, bei denen man am Abend ein gutes Gefühl hat.

Über den Interviewpartner
Dr. Hans Werner (Jahrgang 1960) war von September 2011 bis Ende Januar
2021 Leiter Group Human Resources und Mitglied der Konzernleitung der
Swisscom. Er ist ausgebildeter Betriebswirt. Von 1997–99 war er Rektor der
Kantonsschule Büelrain in Winterthur. Danach hatte er während insgesamt
13 Jahren verschiedene leitende HR-Funktionen bei Swiss Re und Schindler
inne. Werner ist Verwaltungsrat des Kantonsspitals Aarau und Präsident der
Careum-Stiftung in Zürich.
    Swisscom ist in der Schweiz Marktführerin im Mobilfunk-, Festnetz- und
TV-Markt. Sie nimmt zudem eine bedeutende Marktposition in unterschiedlichen IT-Geschäftsfeldern ein. Mit ihrer Tochtergesellschaft Fastweb
ist sie auch in Italien präsent, wo sie als infrastrukturbasierte alternative
Anbieterin für Privat- und Geschäftskunden tätig ist und neben Festnetz-
dienstleistungen auch Mobilfunkdienstleistungen anbietet. Swisscom erzielte
2019 einen Nettoumsatz von CHF 11'453 Mio. und einen Reingewinn von
CHF 1669 Mio. Ende 2019 hatte Swisscom 19'317 Mitarbeitende (Vollzeit-
stellen).

15

Chantal Büchi, Global Head of Human Resources Zühlke Group: „Unsere Kultur ist auf Nachhaltigkeit ausgerichtet"

Zühlke legt grossen Wert auf Nachhaltigkeit, erläutert ihre Global Head of Human Resources, Chantal Büchi, im Interview. Da Zühlke keine Produkte herstellt, steht der Mensch – Mitarbeitende sowie Kunden – im Fokus. Das Thema nachhaltige Leistungsfähigkeit ist denn auch seit vielen Jahren in der Firma präsent – sei es in der Führungsentwicklung, in Ausbildungen für alle Mitarbeitenden, einem flexiblen Gleitzeit-Modell und vielem mehr. Persönlich findet Büchi es wichtig, sich angemessen zu erholen und immer wieder die Komfortzone zu verlassen.

Auf jedem Unternehmen lastet ein grosser Druck, möglichst produktiv und leistungsfähig zu sein. Doch wenn man die Zitrone zu stark auspresst, sinkt die Leistungsfähigkeit. Wie gelingt dieser Spagat bei Zühlke?

Bei uns ist das Thema sehr präsent und das Bewusstsein dafür gross. Unsere Firmenkultur ist nicht auf kurzfristige, schnelle Gewinne, sondern auf Nachhaltigkeit ausgerichtet. Zühlke hat eine über 50-jährige Tradition und hat Höhen und Tiefen erlebt. Unser Erfolg hängt davon ab, wie gut es uns gelingt, uns an die Veränderungen des Marktes anzupassen, die Kundenbedürfnisse zu antizipieren, mit den Kunden gemeinsam Innovationen zu kreieren und Wertschöpfung zu schaffen. Und da wir keine Produkte haben, sind es unsere Mitarbeitenden, die zählen. Deshalb legen wir grossen Wert auf ihr Wohlbefinden und ihre Motivation. Denn diese Faktoren sichern ihre Leistungsfähigkeit. In unserer Firma herrscht eine grosse

C. Kraaz, *Nachhaltig leistungsfähig bleiben*, https://doi.org/10.1007/978-3-662-62864-5_15

Menschen-Zentrierung. Wir pflegen mit all unseren Anspruchsgruppen – Mitarbeitenden, Kunden, Lieferanten usw. – nachhaltige Beziehungen. Diese Haltung ist bei uns tief verankert. Wir strengen uns an, dass uns dieser Spagat gelingt.

Was sind denn die grössten Herausforderungen, die bei Ihren Mitarbeitenden in diesem Zusammenhang zu Stress führen könnten?

Wir haben sehr engagierte Mitarbeitende, die einen hohen Anspruch an sich selbst und an die Qualität ihrer Arbeit haben. Sie sind sich zudem bewusst, dass wir keine Produkte verkaufen, sondern unser Geld damit verdienen, dass wir eine Dienstleistung erbringen, die einen Wert hat. Dies führt dazu, dass wir ein sehr leistungsorientiertes Klima haben und die Bereitschaft, über das Erwartete hinauszugehen, gross ist.

In Projekten kann es enge Deadlines oder andere Stresssituationen geben. Die meisten unserer Projekte sind sehr komplex, und der Lösungsweg ist oft nicht klar definiert. Ein hohes Tempo und Druck sind Teil des anspruchsvollen Projektalltags. Nicht immer läuft auf Projekten alles rund, was ebenfalls zu Druck und zu einer hohen Belastung führt. Entscheidend ist hier die Qualität der Teamarbeit, die hilft, dass der Druck nicht auf einer Person lastet.

Haben die Anzahl Burnout-Fälle bei Zühlke in den letzten Jahren zugenommen?

Wir führen keine Burnout-Statistiken. Wir haben jedoch in den letzten Jahren häufiger über Gesundheit, Überlastung und Nachhaltigkeit gesprochen. Ich bin überzeugt, dass dies die Hemmschwelle bei Kolleginnen und Kollegen gesenkt hat, eine allfällige Überforderung anzusprechen.

Wir pflegen eine Kultur, in der Lernen möglich ist. Man darf Fehler machen oder auch sagen, wenn man Hilfe braucht, ohne dass man dies als Schwäche betrachtet. Sich Unterstützung zu holen, ist eigentlich ein Zeichen von Stärke. Zudem haben wir sehr viel in die Entwicklung unserer Führungskräfte investiert, die heute stärker sensibilisiert sind als früher und auch Mitarbeitende früher auf Stresssymptome ansprechen. Wenn man mehr hinschaut, findet man wahrscheinlich auch mehr.

Heisst dies, dass Sie in diesem Bereich einen kulturellen Wandel initiiert haben?

Wir haben diesen Wandel nicht von Anfang an bewusst initiiert. Aber Entwicklungen – wie beispielsweise eine gesunde Fehler- und Lernkultur – haben sich auch positiv auf das Thema Leistungsfähigkeit ausgewirkt.

Welche Unterstützung bieten Sie Ihren Mitarbeitenden, damit sie auch unter Druck gesund und produktiv bleiben können?

Wir haben ein Arbeitszeitmodell, das auf Gleitzeit aufbaut. Es lässt zu, zwischendurch Spitzen zu haben, aber dann auch mit gutem Gewissen bewusste Erholungsphasen einzuplanen. Es gibt Mitarbeitende, die arbeiten sehr bewusst damit, weil sie dies von ihrem Energiehaushalt her auch können. Zum Beispiel laufen sie ein halbes Jahr auf Hochtouren und machen dann eine längere Pause, bevor sie ins nächste Projekt einsteigen. Dies sind Rahmenbedingungen, die den Mitarbeitenden Spielräume geben.

Ausserdem spielen Leadership und Teamarbeit eine wichtige Rolle. Wir unterstützten uns gegenseitig. Wir versuchen, Projekte immer optimal zu besetzen. Aber wenn man erkennt, dass es Probleme gibt, kann die Zusammensetzung verändert werden. Projekte sind teilweise sehr dynamisch. Wenn man merkt, dass die Ressourcen in einem Projekt zu dünn sind, werden zusätzliche Leute gesucht. Da hilft uns auch, dass wir über die ganze Gruppe immer enger zusammenarbeiten.

Wir möchten in diesem Zusammenhang auch die Eigenverantwortung der Mitarbeitenden stärken. Sie sollen sich bewusst werden, dass sie zu sich schauen und sich fragen müssen: was brauche ich, damit es mir gut geht, und was kann ich dazu beitragen? Was heisst Gesundheit? Wir versuchen auch, die Mitarbeitenden zu sensibilisieren, was eigene Ansprüche und realistische Zielsetzungen anbelangt.

Welche Rolle hat die Personalabteilung im Thema "Erhaltung der Leistungsfähigkeit"?

Wir haben hier verschiedene Rollen. Wir schaffen Rahmenbedingungen und überprüfen auch, wie diese genutzt werden. Man kann das Gleitzeit-Modell auch falsch verstehen und immer am Limit laufen. Wir schauen auch bei den Ferien genau hin. Denn Erholungsphasen sind wichtig und dürfen nicht immer wieder aufgeschoben werden. Wir sind in diesem Zusammenhang in einem engen Austausch mit den Vorgesetzten. Sie sind verantwortlich, dass Ferien thematisiert werden. Zudem verfolgen wir auch die Entwicklung der Krankheitstage. Dies sind Instrumente, die uns helfen, Ansatzpunkte zu finden und Impulse in die Organisation zu geben. Wir diskutieren intern auch Fragen wie: was ist eine gesunde Leistungskultur? Wie kann man Leistung messen? Solche Themen sind Bestandteil der Weiterentwicklung unserer Führungskräfte..

Allen unseren Führungskräften und Mitarbeitenden – also einem breiten Kreis von Leuten – bieten wir zudem ein Resilienz-Training an. Die bewusste Erhaltung der Leistungsfähigkeit soll damit unterstützt werden. Dort wo ein Training nicht ausreicht oder wenn eine Belastungssituation zu eskalieren droht, nutzen wir auch gezielt Hilfe – etwa durch ein externes Coaching. Am Schluss ist es die Summe aller Teile, die wichtig ist, um ein gesundes und somit emotional sicheres Umfeld zu schaffen.

Sie haben schon einige Male die Rolle der Führungskräfte angesprochen. Wie können sie Ihrer Ansicht nach ihre Mitarbeitenden unterstützen? Und können sie auch schaden?

Das ist eine berechtigte Frage. Es ist wichtig, dass Führungskräfte mit ihren Mitarbeitenden über deren Karriere, Leistung und Erwartungen sprechen. Muss es immer nur weiter nach oben gehen, oder ist es auch in Ordnung, sich einzugestehen, dass man sich auf einem gewissen Niveau wohlfühlt? Schaden können Führungskräfte, wenn sie selbst die Vorstellung haben, dass jeder Mitarbeitende alle zwei Jahre befördert werden muss, weil sonst etwas mit der Person nicht stimmt. Schaden kann ein Vorgesetzter auch, wenn er nicht sensibilisiert ist auf Überlastungssymptome oder es ihm nicht gelingt, die notwendige Wertschätzung zu vermitteln.

Zudem ist die Führungskraft immer auch Vorbild und sollte das eigene Verhalten kritisch reflektieren. Was löse ich aus, wenn ich nachts um zwei Uhr E-Mails an mein Team verschicke? Es ist hilfreich, wenn Vorgesetzte den Mitarbeitenden signalisieren, dass es auch einmal okay ist, um drei Uhr nachmittags zu gehen. So werden auch Spielraum und Eigenverantwortung gefördert.

Zühlke ist im Besitz von Partnern, ist also nicht dem Druck des Aktienmarktes ausgesetzt. Macht dies einen Unterschied bezüglich der Erhaltung der Leistungsfähigkeit?

Ich vermute, dass dies etwas ausmacht, weil man sich stark dem ungewollten Eingriff von aussen entziehen kann. Dies hat Vor- und Nachteile. Es gibt

Themen, bei denen es gut ist, wenn man schneller Feedback von aussen hat. Aber bezüglich der Erhaltung der Leistungsfähigkeit ist ein nachhaltiger Ansatz sicher von Vorteil. Wir sind nicht auf den nächsten Quartals- oder gar Monatsbericht ausgerichtet.

Zühlke ist mit 14 Standorten in acht Ländern tätig. Stellen Sie bezüglich dem Thema Leistungsfähigkeit kulturelle Unterschiede zwischen den Ländern oder Kontinenten fest?

Wir sind erst seit 2016 in Asien tätig, aber spüren dort kulturelle Unterschiede. Die Dynamik auf dem Arbeitsmarkt ist anders als in Europa. Da die Leute sich dort nicht so gewohnt sind, dass man sich so persönlich um sie kümmert, kommt unsere Haltung sehr gut an. Auf der anderen Seite sind die asiatischen Kolleginnen und Kollegen hierarchieorientierter. Zuzugeben, dass man überfordert ist, gilt als Zeichen von Schwäche. Man arbeitet lieber bis zum Umfallen, als dass man zeigt, dass man nicht mehr kann. Man riskiert für das Ansehen auch gerne die Gesundheit. Da bestehen deutliche Unterschiede und auch Herausforderungen.

Wo gibt es im Geschäftsleben Ihrer Erfahrung nach die grössten Reibungsverluste?

Meistens geht es um Kommunikation. Viele Themen und Erwartungen werden nicht explizit und klar genug angesprochen, Zielsetzungen nicht genügend abgestimmt. Verstärkt wird dies dann noch durch mangelndes Feedback oder fehlenden Mut, Themen auf den Tisch zu bringen, bei denen man ein ungutes Gefühl hat. Hilfreich ist in diesem Zusammenhang, verstärkt aktiv zuzuhören und nachzufragen sowie sich immer wieder selbst zu reflektieren.

Der zweite Punkt ist, wie gut es zwischen zwei Personen funktioniert. Probleme gibt es selten wegen des Budgets, des Fachwissens oder der Technologie. Es geht um die Kommunikation und die Zusammenarbeit, also welche Menschen man zusammenbringt. Es tönt etwas einfach, aber am Ende des Tages ist fast jedes Problem auf Kommunikation und Menschen zurückzuführen.

Das Wirtschaftsleben hat eine Konstante, nämlich die Veränderung. Was sind die Voraussetzungen, dass Menschen konstruktiv mit Veränderungen umgehen können?

Sehr deutlich adressieren, was klar ist und was unklar ist. Also die Dinge einfach auch benennen und sagen: es gibt eine Veränderung. Viele Menschen haben Angst, zu kommunizieren, was man noch nicht weiss. Sie haben den Eindruck, dass man erst kommunizieren kann, wenn alles klar ist. Doch die Menschen sind sehr intelligent und spüren, wenn sich etwas bewegt. Und überall, wo ein Vakuum vorhanden ist und nicht gelöst wird, entstehen Spekulationen.

Meine Erfahrung ist, dass die Menschen auch mit Unsicherheiten umgehen können, wenn man ihnen gegenüber ehrlich ist und eine wohlwollende, zugewandte Haltung hat. Zudem ist es sehr wichtig, den Mitarbeitenden transparent zu erklären, wieso man diese Veränderung vornehmen muss und ihnen nichts vormacht – also auch zuzugeben, wenn Veränderungen aufgrund von Kostendruck und Sparprogrammen erfolgen müssen.

Sie sind in einer globalen Rolle tätig und reisen sehr viel. Wie können Sie persönlich Ihre Leistungsfähigkeit nachhaltig sicherstellen?

Mittlerweile weiss ich sehr gut, woher ich Energie bekomme und woher nicht. Ausserdem habe ich den Vorteil, dass ich einen Job machen darf, der mir sehr viel Energie gibt. Ich bin glücklich darüber, dass ich das machen kann, was ich gerne mache – dass vieles einfach so fliesst und sich nicht wie ein Kraftakt anfühlt. Dazu gehören auch das Reisen, der Austausch mit anderen und die grenzüberschreitende Zusammenarbeit.

Selbstverständlich braucht jeder Mensch einen Ausgleich. Es gibt auch andere Dinge als die Arbeit. Ich bin ein Mensch, der keine riesige Palette an Freizeitbeschäftigen hat. Dies würde ich neben meinem Arbeitspensum nicht schaffen. Aber ich habe ein paar wenige Dinge, die für mich eine hohe Priorität haben. Dafür muss es neben dem Job immer Platz geben. Ich bin mir dieser Prioritäten unterdessen sehr bewusst und kann dies auch entsprechend berücksichtigen. Der Schlüssel für mich ist jedoch, dass ich machen darf, was mir entspricht. Für mich ist entscheidend, sich mit Dingen zu befassen, die mir am Herzen liegen.

Was gibt Ihnen im Privaten am meisten Energie?

Energie bekomme ich, wenn ich draussen sein kann – Natur erleben, wandern, in den Wald gehen. Ganz einfache Sachen, die wenig Planung und Aufwand bedeuten und viel Spontanes zulassen. Ganz wichtig ist mir meine Familie, mein Sohn und mein Mann. Diese zwei Prioritäten lassen sich auch sehr gut kombinieren. Mit meinem Mann reflektiere ich immer wieder darüber, dass wir ein sehr entschlacktes Leben haben. Wir haben Jobs, wir haben uns und ein kleines Netzwerk von Freunden. Wir haben nichts, was uns sonst Zeit raubt. Mir hilft es, wenn ich ehrlich zu mir bin, was Ansprüche und Erwartungen anbelangt, und mir beruflich wie privat sehr gut überlege: wie investiere ich meine Zeit, und mit wem verbringe ich sie?

Was sind Ihre grössten Energie-Räuber, und wie gehen Sie mit diesen um?

Energier-Räuber sind für mich ungelöste zwischenmenschliche Konflikte – geschäftlich und privat. Diese führen bei mir zu schlaflosen Nächten, da sie mir sehr nahe gehen. Ich kann nicht während längerer Zeit mit ungelösten Konflikten leben. Ich muss sie lösen. Ich bin manchmal ein bisschen hitzig und impulsiv und versuche deshalb, mir zu überlegen, wo ich welchen Kampf führe und wo ich lieber nachgebe. Was dient der Sache und schliesslich auch mir? Man muss nicht alles, was nicht gut ist, immer breitschlagen. Man kann auch einmal einstecken – im Sinne der Sache. Dies geht selbstverständlich nur dort, wo es nicht meinem persönlichen Wertesystem widerspricht. Glücklicherweise geschieht dies selten. Entscheidend ist: ich muss den Konflikt lösen, ihn aus dem Weg räumen. Bei mir heisst das eher über die Konfrontation und Auseinandersetzung. Dies kostet sehr viel Energie.

Welches war Ihr schwierigster Moment in Ihrem bisherigen Geschäftsleben? Wie haben Sie diese Krise gemeistert, und was haben Sie daraus gelernt?

Meine grösste bisherige Krise wurde ausgelöst durch die grösste positive Veränderung in meinem Leben. Ich war viele Jahre beim gleichen Arbeitgeber tätig, und relativ spät haben wir dann doch noch eine Familie gegründet. Dadurch wurde mir bewusst, dass damit auch der richtige Zeitpunkt gekommen war für eine berufliche Zäsur, und ich entschied mich, mich von dem Unternehmen, mit dem ich mich fast verheiratet fühlte, zu trennen. Dabei ins Nichts zu gehen, nicht zu wissen, was als nächstes kommt, wie diese Lücke gefüllt wird – dies war für mich sehr schwierig. Ich bin kein Mensch, der einfach irgendwo ein bisschen arbeiten gehen kann. Ich muss mich identifizieren, hinter dem Unternehmen stehen können, und dies gibt mir auch sehr viel zurück.

Im Rückblick war diese angestossene Veränderung perfekt. Ich durfte schon mehrfach die Erfahrung machen, dass nicht bewusst angestrebte Veränderungen zu einem guten Ergebnis führen können. Dies hat mich auch über diese Krise hinweg getragen. Ich wusste nicht, was kommen würde, aber ich wusste, es kommt etwas Gutes – darauf vertraute ich.

Welche Ängste und Sorgen in Ihrem Leben haben sich später als unbegründet herausgestellt?

Sie sind punktuell unbegründet. Was mich immer begleitet, ist die Frage: Mache ich das Richtige und mache ich es auch gut? Da ist diese Stimme in mir, die fragt: Merke ich, wenn ich etwas nicht gut mache? Oder kommt jemand anderes und sagt: „Wie konntest du nur? Ich habe schon lange gewusst, dass du dafür ungeeignet bist." Diese Selbstzweifel habe ich immer wieder. Und dann gibt es die Situationen und Erlebnisse, bei denen man merkt: doch, ich kann es! Dass jemand Objektives sagt, dass meine Handlungen und Entscheidungen die Firma weitergebracht haben. Ich frage mich immer wieder, ob ich der Verantwortung gerecht werde.

Raubt Ihnen dies Energie? Oder ist es eine Motivation, noch mehr zu geben?

Es hält mich wachsam. Ich bin überzeugt, dass man nicht zu lange in der Komfortzone bleiben darf. Man muss sich immer an der Grenze oder ausserhalb der Komfortzone bewegen. Ich sage mir immer wieder: nicht hinsetzen und ausruhen, sei vorwärts gerichtet. Reflexion ist wichtig; es ist zwischendurch hilfreich zurückzublicken. Aber grundsätzlich sollte man in der Bewegung nach vorne sein.

Was bringt Sie denn aus der Komfortzone?

Wenn ich nicht auf etwas Bewährtes zurückgreifen kann: das haben wir schon so gemacht, und lasst es uns doch wieder gleich machen. Also wenn klar ist, dass wir etwas neu anpacken, lösen oder definieren müssen. Gleichzeitig dies ist auch mein Antrieb. Für mich ist es problematisch, wenn ich das Gefühl habe, dass ich zu lange und zu stark in der Komfortzone bin.

Selbstverständlich geniesse ich die Momente, in denen ich aus dem Vollen schöpfen kann. Aber am liebsten mache ich etwas, bei dem ich etwas mitgeben, etwas bewirken kann. Dafür bietet mein Job viele Chancen.

Was waren für Sie die negativen und positiven Seiten der Corona-Krise?

Die negative Seite war, dass es mich, das Team und die Firma teilweise gestoppt hat – in Dingen, in denen wir in Fahrt waren. Man muss seine Pläne ändern und kommt nicht so vorwärts, wie man sich dies vorgestellt hatte. Aber der Fakt ist, dass dies allen so geht. Und wenn die Krise nicht zu lange dauert, bin ich überzeugt, dass wir Effekte sehen werden, die uns zeigen, dass wir gar nicht so weit zurückgeworfen worden sind – zumindest so, wie es zurzeit [Juni 2020] aussieht.

Die positiven Seiten überwiegen für mich deutlich, auch wenn es mich sehr trifft, dass viele Menschen grosse Probleme haben, jemanden verloren haben, nicht mehr gesund sind, die Kündigung erhalten haben. Dies lässt sich nicht schönreden. Es gibt aber auch Aspekte an der Krise, die ich sehr gesund und gut finde, für uns alle. Zum Beispiel, dass wir durch eine dramatische Veränderung lernen dürfen, was möglich ist, was man vorher nicht für möglich gehalten hätte. Diese Erfahrung soll uns zum Nachdenken bringen, was es braucht, damit das Unmögliche möglich wird. Was müssten wir denken und tun, damit es dafür keine Krise braucht?

Wir können sehr gut zusammenarbeiten, ohne zu reisen. Jetzt sieht man, wie gut es funktioniert, wie man damit die Produktivität steigern kann. Dazu kommt der kulturelle Aspekt. Wir haben nun eine hohe Flexibilisierung der Arbeit, hohe Gestaltungsfreiheit, Eigenverantwortung und Selbstorganisation in unserer Firma. Wir schickten innerhalb von wenigen Stunden alle Mitarbeitenden nach Hause, und es ging gut. Vorher hätten wir vermutlich nicht geglaubt, dass dieses Experiment funktionieren würde. Dieses Aha, das wir dabei erleben durften, finde ich unbezahlbar.

Wenn Sie Ihr bisheriges Leben nochmals leben dürften – einfach mit dem Wissen von heute –, was würden Sie anders machen?

Ich würde versuchen, weniger Angst zu haben, früher im Leben mutiger zu sein. Das Schöne am Älterwerden ist ja, dass man Erfahrungen machen darf. Und diese würde ich versuchen, früher zu verwerten. Klarer zu sagen, was ich will und was ich nicht will, und dabei konsequenter in der Umsetzung zu sein – anstatt diese Erfahrung über ein paar anstrengende Umwege machen zu müssen. Ich hätte früher gemerkt, zu was es reicht und zu was nicht.

Der zweite Punkt wäre, den Prozess, wie man im Leben Prioritäten setzt, etwas zu beschleunigen. Ich hatte das Glück, dass ich zeitig im Leben den richtigen Mann getroffen habe. Im beruflichen Umfeld hätte es mir geholfen, früher über Dinge zu reflektieren und die entsprechenden Weichen zu stellen. Bewusste Entscheide, sich an der einen oder anderen Stelle etwas weniger treiben oder auch jagen zu lassen, nicht immer zu denken, dass man das von mir erwartet.

Was ist der beste Ratschlag, den Sie je bekommen haben?

Das war ein Ratschlag eines Berufskollegen. Ich bin über die Jahre viel relaxter und ruhiger geworden. Früher war ich ungestüm und wild und wollte mit dem Kopf durch die Wand. Gelernt, dies abzulegen, habe ich, weil mir jemand gesagt hat: „Du musst dich gedulden, bis der richtige Zeitpunkt da ist. Ideen müssen reifen." Ich wollte auf Biegen und Brechen eine Veränderung bewirken. Der Kollege hat mich nett zur Seite genommen und gesagt: „Du hast ja recht, es ist das richtige Thema. Aber wenn du weiter mit solcher Wucht in die gleiche Kerbe haust, ist das Einzige, was passiert, dass du uns auf den Wecker gehst."

Er empfahl mir, zu warten, bis der Leidensdruck noch grösser wurde – zu warten, bis der Zeitpunkt stimmte. So nach dem Motto: das Gras wächst nicht schneller, wenn man daran zieht. Man muss manchmal Geduld und Ruhe haben, zu warten, bis es passt. Und man muss sich bewusst sein, wo die Organisation steht und was es braucht, damit sie sich überhaupt dorthin bewegen kann. Es reicht nicht, nur das Ziel zu definieren. Sich also Gedanken zum Weg und nicht nur zum Ziel zu machen und das Ergebnis zu akzeptieren, ohne es zu werten.

Was ist für Sie ein richtig guter Tag?

Wenn ich abends nach Hause gehe und denke, dass ich heute etwas Positives bewirkt oder ausgelöst habe. Das heisst nicht zwingend, andere Leute nur glücklich zu machen. Wichtig ist mir, dass Menschen die Zusammenarbeit mit mir als positiv erleben, auch resp. ganz besonders in schwierigen Situationen. Das Gefühl, hinter dem stehen zu können, was ich tue, und mich nicht verbogen zu haben, oder eine Entwicklung bei Leuten anzuregen und etwas angesprochen zu haben, was mir wichtig war, das aber schwierig anzusprechen war. Doch ich habe es gemacht und habe dabei realisiert, dass es etwas auslöst, auch wenn diese Person mir nicht immer zustimmt. Ein guter Tag ist also für mich, für die eigenen Werte einzustehen oder bei anderen Menschen etwas Positives auszulösen.

Über die Interviewpartnerin
Chantal Büchi (Jahrgang 1973) besitzt einen Master-Abschluss in Strategic Human Resources. Nach ihrem Studium arbeitete sie 13 Jahre für KPMG Schweiz im Personalbereich, u.a. als Head Human Resources. Seit Sommer 2013 ist sie bei Zühlke tätig, zuerst als Head Human Resources Schweiz und Mitglied der Geschäftsleitung. Seit April 2019 trägt sie die globale Verantwortung für den Personalbereich.

Zühlke ist ein weltweit tätiger Innovationsdienstleister. Sie kreiert neue Ideen und Geschäftsmodelle für ihre Kunden. Auf Basis neuester Technologien erschafft und transformiert Zühlke Dienstleistungen und Produkte – von der initialen Vision über die Entwicklung, die Produktion und die Auslieferung bis hin zum Betrieb. Die Zühlke Gruppe hatte Ende 2019 1175 Mitarbeitende und ist an 14 Standorten in Bulgarien, Deutschland, Grossbritannien, Hongkong, Österreich, der Schweiz, Serbien und Singapur präsent. Sie erwirtschaftete 2019 einen Umsatz von CHF 170 Mio.

16

Dr. Chris Bitzer, Executive Coach und Mentaltrainer: „Es gilt, die richtige Leistungszone zu finden"

Entscheidend für eine nachhaltige Leistungsfähigkeit ist gemäss Dr. Chris Bitzer, dem früheren Global Head of HR der Swiss Re und heutigen Coach und Mentaltrainer, die richtige Leistungszone zu finden, also genügend hohe Ziele zu setzen, aber nicht solche, welche übermässigen und konstanten Stress auslösen. Dabei müsse man auch dafür sorgen, dass die Mitarbeitenden sich nach Phasen hoher Belastung auch wieder regenerieren können, damit sie sich nicht dauerhaft überlastet fühlen. Er findet es schade, dass sich viele Executives erst nach einem traumatischen Event mit der Nachhaltigkeit ihrer Leistungsfähigkeit beschäftigen.

Auf jedem Unternehmen lastet ein grosser Druck, möglichst produktiv und leistungsfähig zu sein. Doch wenn man die Zitrone zu stark auspresst, sinkt die Leistungsfähigkeit. Wie gelingt dieser Spagat den Unternehmen Ihrer Erfahrung nach?

In einigen Unternehmen gelingt dies gut, in anderen weniger. Dies hängt aus meiner Sicht damit zusammen, dass die Lösung konzeptionell eigentlich sehr einfach, aber in der Umsetzung sehr schwierig ist. In letzter Konsequenz geht es ja eigentlich nur darum, dass man langfristig Ressourcen und Anforderungen in Einklang bringt. Gerade in der heutigen Gesellschaft, in der der Fokus sehr stark auf Spitzenleistungen liegt – sei es im Sport oder im Unternehmerischen –, ist die Benchmark jedoch immer der erste Platz.

© Der/die Autor(en), exklusiv lizenziert durch Springer-Verlag GmbH, DE, ein Teil von Springer Nature 2021
C. Kraaz, *Nachhaltig leistungsfähig bleiben*, https://doi.org/10.1007/978-3-662-62864-5_16

Es wird heute von vielen Firmen nicht akzeptiert, konstant „nur" in den Top Ten zu sein. Man muss immer der Beste sein, und dies wird oft auf die Mitarbeitenden übertragen. Der durchschnittliche Mitarbeitende (und auch Führungskraft) hat aber nicht die Ressourcen, einen ersten Platz nach dem anderen zu produzieren. Die Anforderungen sind oft extrem hoch, und gleichzeitig haben viele Unternehmen im Ressourcen-Management wenige Lösungen, um die nachhaltige Leistungsfähigkeit sicherzustellen.

Was könnten solche Lösungen Ihrer Ansicht nach sein?

Beim Ressourceneinsatz muss man immer darauf achten, welcher Aufwand welchen Ertrag generiert. Wenn Sie die falschen Ressourcen am falschen Ort einsetzen, haben Sie einen sehr grossen Aufwand und viel Stress mit wenig Output. Wichtig ist aber auch die Intensität des Ressourceneinsatzes. Wenn ein Marathonläufer die ersten Kilometer nahe an einem 800-m-Tempo läuft, wird er nicht mit einer guten Zeit ins Ziel kommen.

Die Unternehmen, denen es gelingt, die Ressourcenallokation und Intensität nachhaltig richtig zu steuern, werden langfristig erfolgreich sein, und sie werden langfristig auch ihre Mitarbeitenden nicht ausbrennen. Das Wichtigste ist dabei eine kontinuierliche Ressourcensteuerung im Dialog Vorgesetzter und Mitarbeitender, welche auf eine nachhaltige Leistungsoptimierung zielt.

Geht es also auch darum, z. B. die geborenen Marathonläufer nicht im Sprintbereich einzusetzen?

Dies ist sehr wichtig, aber bei weitem nicht ausreichend. Das Gesamtsystem ist aus meiner Sicht heute so komplex geworden, dass auch eine einzelne Führungskraft das Thema optimale Leistungsfähigkeit gar nicht mehr alleine managen und kontrollieren kann. Sie kann nur entstehen, indem ein Unternehmen als Gesamt-Organisation kontinuierlich lernt und sich weiterentwickelt. Gerade beim optimalen Ressourceneinsatz zeigt sich: die Management-Kultur von Ende des 20. Jahrhunderts, dass ein guter Manager alles weiss, alles entscheiden und alles kontrollieren kann, ist nicht mehr zeitgemäss.

Heute sehen wir, dass sich ein optimaler Ressourceneinsatz aus dem perfekten Zusammenspiel dezentral verteilter Ressourcen und Wissen ergibt. Das bedeutet, dass Manager zwar immer noch orchestrieren müssen, damit genau dieses Zusammenspiel optimal möglich ist, aber vielfach auch ihren Mitarbeitenden und Teams in der Selbstorganisation vertrauen sollten.

Dies wird auch immer wieder zu Fehlern und Dysbalancen führen, aber ein solches System wird in unserer heutigen Zeit schneller lernen und langfristig weniger Fehler machen als ein Top-Down-Management-System.

Was ist denn die Rolle der Führungskraft im Bereich Leistungsfähigkeit? Was kann sie beitragen, dass die Mitarbeitenden leistungsfähig bleiben? Kann sie auch mit ihrem Verhalten schaden?

Es ist entscheidend, dass die Vorgesetzten heutzutage ein komplett anderes Rollenverständnis erwerben. Eine Führungskraft muss heute ähnlich funktionieren wie ein guter Fussball-Trainer. Sie sollte gute Rahmenbedingungen schaffen und hilfreiche strategische Impulse geben, damit ein Team optimal funktionieren kann. Aber wenn der Vorgesetzte meint, er müsse dem Mittelstürmer detailliert vorschreiben, wie er das Tor schiessen müsse, funktioniert dies nicht, da er gar nicht weiss, wie die konkrete Spielsituation aussieht, in der sich die Torchance ergibt. Hier gilt es einfach, dem Mitarbeitenden und seinen Fähigkeiten zu vertrauen.

Ein weiteres Problem besteht darin, dass immer häufiger top-down unrealistisch hohe Ziele gesetzt werden, die nur im best-case-Szenario erreichbar sind. Dies folgt dem Glauben, man müsse den Apfel ganz hoch hängen, damit die Mitarbeitenden optimal motiviert seien. Berücksichtig man aber die Erkenntnisse des Aktivationsmodells von Yerkes-Dodson, zeigt sich ein anderes Bild. Die optimale Leistungszone erreicht man mit einem mittleren Aktivierungsniveau. Wir sind optimal leistungsfähig, wenn wir weder unterfordert (Komfortzone) noch überfordert (Panikzone) sind.

Wenn anspruchsvolle Ziele und die Beurteilung über deren Erreichung gemeinsam und vertrauensvoll besprochen werden, werden sie meist als herausfordernd, aber noch erreichbar eingeschätzt. Dann können sie optimal motivieren und eine hohe Leitungsfähigkeit ermöglichen. In der Praxis beobachte ich dagegen, dass sich viele MbO-Gespräche inzwischen entweder zu einer administrativen Farce oder zu fragwürdigen «Gerichtsverhandlungen» entwickeln. Einige Firmen haben dies bereits erkannt und grundlegende Änderungen veranlasst.

Wie kann eine Führungskraft ihre Mitarbeitenden sonst noch – zusätzlich zu den Leistungsanreizen – motivieren?

Wichtig ist, Feedback zu geben und die Mitarbeitenden weiterzuentwickeln. Jeder Mensch hat unterschiedliche Gründe, warum er zur Arbeit geht und sich anstrengt. Die Führungskraft muss erkennen, was den

einzelnen Personen wichtig ist. Dann ist es ihre Aufgabe, diese Motivations-
faktoren mit den Unternehmenszielen und auch ihren persönlichen Zielen
als Führungskraft in Einklang zu bringen. Dem einen Mitarbeitenden
ist es wichtig, viel Zeit mit dem Vorgesetzten zu verbringen, um sich aus-
zutauschen. Ein anderer wünscht viel Handlungsspielraum oder ein
öffentliches Lob, wiederum ein anderer möchte vor allem einen hohen
Bonus.

Noch schwieriger zu erkennen ist, ob der Mitarbeitende auch einmal
gebremst werden muss. Mir hat einmal ein sehr guter Fitnesstrainer eines
sehr bekannten Schweizer Sportlers gesagt: „Die guten Fitness-Trainer sind
nicht diejenigen, die die guten Reize setzen können, sondern diejenigen,
die wissen, wann die Sportler welche Pause machen müssen." Das Gleiche
gilt für die Unternehmen. Es ist toll, wenn ich einen Mitarbeitenden habe,
welcher immer rennt und immer die Extrameile gehen will. Aber dann ist
die Versuchung gross, dieser Person immer mehr zu geben. Es braucht Mut,
ihm zwischendurch zu sagen, dass er sich auch wieder einmal regenerieren
soll und dies kein negativer Leistungsausweis ist.

Gibt es noch andere Parallelen zwischen Wirtschaft und Sport bezüglich
nachhaltiger Leistungsfähigkeit ausser die notwendige Pause?

Im Sport ist der Spruch „second place is first looser" leider immer häufiger
zu hören. Gewinnen kann jedoch nur einer, aber verlieren werden z. B. in
Wimbledon 127 Spieler. Auch im Sport muss man wieder mehr lernen, dass
eine Final- oder Halbfinal-Teilnahme einen Wert hat. Und man sollte auch
mit einer guten Platzierung zufrieden sein, wenn es nicht zum Sieg gereicht
hat, aber man sein Bestes gegeben hat.

In der Wirtschaft gilt das Gleiche. Ein Unternehmen, das langfristig
erfolgreich wirtschaftet – z. B. immer in den Top Ten seiner Branche ist –
sollte viel mehr Wertschätzung bekommen als eine Firma, die einmal ein
ausserordentliches Resultat erzielt. Manche Firmen haben eine längerfristige
Sicht, aber sie trauen sich nicht immer, nach aussen dafür einzustehen. Sie
haben Angst, dass unsere kurzfristig orientierte Leistungsgesellschaft sie
abstraft. Für mich bräuchte es viel mehr CEOs, die zugeben, dass sie nicht
Spitzenreiter sein können – die sagen: wir sind aktuell die Nummer vier und
arbeiten daran, weiterhin zur Spitzengruppe zu gehören. Vielleicht gelingt
uns wieder einmal, die Nummer eins zu werden, aber Nummer vier ist auch
okay.

Chefs sollten ja Vorbilder sein. Was erwarten Sie von einer Führungskraft bezüglich nachhaltiger Leistungsfähigkeit? Wie sollte sie sich selbst verhalten?

Mitarbeitende glauben nur, was man ihnen wirklich vorlebt. Wenn man als Chef sagt, «Regeneration ist wichtig. Man darf auch mal einen Fehler machen, und ein zweiter oder dritter Platz ist ein gutes Ergebnis» und gleichzeitig selbst den Supermann gibt, der rund um die Uhr arbeitet, nie Fehler eingesteht und immer nur Sieger sein will, wird dies nicht funktionieren.

Ich habe kein Patentrezept, sondern kann nur aus meiner eigenen Erfahrung berichten. Ich habe, weil ich mit meiner Familie zum Abendessen und deshalb rechtzeitig zuhause sein wollte, öfters am späteren Abend noch etwas fertig gemacht und E-Mails verschickt. Ich habe meinen Mitarbeitenden explizit gesagt, dass ich nicht erwarte, dass man mir abends noch zurückschreibt. Ich realisierte schnell, dass sie dann aber trotzdem noch spät abends geantwortet haben.

Ich habe mich deshalb entschieden, die Mails zwar zu schreiben, aber verzögert abzuschicken – z. B. am nächsten Morgen um acht Uhr. Zudem habe ich meinen Mitarbeitenden gegenüber explizit kommuniziert, dass auch ich von niemandem nach acht Uhr abends Mails erhalten möchte. Mit der Zeit hat das geklappt, und die Mitarbeitenden haben mir gesagt, dass der Online-Präsenzdruck für sie damit deutlich abnahm.

Ich habe zudem bewusst hin und wieder früher das Büro verlassen, um noch Sport zu treiben oder Zeit mit meiner Familie zu verbringen. Dabei bin ich nicht rausgeschlichen, sondern manchmal absichtlich mit den Sport-Sachen durch die ganze Abteilung gelaufen und habe kommuniziert, dass ich eine Runde Velo fahren gehe. Einfach um den Mitarbeitenden zu zeigen, dass man auch mal früher aufhören kann, wenn die wichtigen Sachen gemacht sind.

Am Anfang ist dies sehr aufgefallen, und mit der Zeit hat es die Kultur verändert: Wenn man seine Arbeit gut gemacht hat, kann man auch einmal früher nach Hause gehen, um ein Fussballspiel der Tochter anzuschauen. Dies hat dann dazu geführt, dass die Mitarbeitenden nachhaltig einen grossen Einsatz leisteten, weil sie wussten, dass Ihr Einsatz auch mit Freiräumen belohnt wurde.

Heute coachen Sie ja abgesehen von Sportlern auch Führungskräfte. Ist die Bereitschaft von Führungskräften heute höher als vor einigen Jahren, sich Coaching-Unterstützung zum Thema Leistungsfähigkeit zu holen?

Ja, bedingt dadurch, dass das Thema präsenter ist und dass es auch mehr Angebote gibt. Schade finde ich, dass man häufig noch nicht diejenigen erreicht, für die es am wichtigsten wäre. Oft sind es Personen, die schon selbstreflektiert und offen sind. Es passiert selten, dass die weniger reflektierten Personen sich freiwillig Coaching-Unterstützung holen.

Ich habe gerade einen Auftrag, bei dem ein CEO eigentlich nicht wirklich glaubte, vom Coaching profitieren zu können, es aufgrund starker gesundheitlicher Probleme aber dann doch versuchte und inzwischen sehr froh über seinen Entscheid ist, da er leistungsfähiger und weniger belastet ist. Aber viele, die sehr davon profitieren würden, machen den Schritt nicht, weil sie es als Schwäche empfinden, sich Unterstützung zu holen, oder das Gefühl haben, es gehe schon irgendwie.

Also sie müssen es an ihrem eigenen Körper spüren, damit der Leidensdruck stark genug ist?

Manchmal ist es der Körper, der stopp sagt. Manchmal sagt der Partner oder die Partnerin: „so kann es nicht mehr weitergehen!". Es braucht öfters fast schon einen traumatischen Anlass, damit eine Verhaltensveränderung stattfindet. Bei Coaching-aversen Personen ist es immer noch als Problem-Intervention positioniert. Doch das sollte es nicht sein, sondern es sollte dazu gehören wie ein Routine-Besuch beim Zahnarzt. So weit sind wir gesellschaftlich aber noch nicht.

Was kann und sollte jeder einzelne Mitarbeitende tun, um nachhaltig leistungsfähig zu bleiben?

Es fängt damit an, dass man sich seiner eigenen Bedürfnisse und Ziele klar wird. Was ist mir im Leben wichtig? Wie viele Ressourcen habe ich dafür? Man sollte versuchen, sich nicht nur durch den Wunsch nach Anerkennung oder durch externe Erwartungen bestimmen lassen. Wenn man von aussen primär Anerkennung für Dinge bekommt, die einem selber nicht wichtig sind oder die eigenen Ressourcen konstant überlasten, muss man sich fragen: was ist mir jetzt wichtiger?

In einem zweiten Schritt sollte man sich fragen: Wie kann ich meine Ziele mit einem vernünftigen und langfristigen, nachhaltigen Ressourceneinsatz erreichen? Das Schwierigste ist, dies auch bei Widerständen konsequent in die Tat umzusetzen. Gerade wenn man früher anders funktioniert hat, wird der neue Ansatz manchmal von aussen infrage gestellt. Dies könnte dazu führen, dass man wieder in den alten Modus zurückfällt.

Sie standen in Ihrer Karriere selbst einmal kurz vor einem Burnout. Welche konkreten Symptome hatten Sie?

Ich muss zugeben, dass ich es nur subtil merkte. Eigentlich war ich es mir in diesem Moment überhaupt nicht bewusst. Ich habe in meinem Leben bis dahin immer so funktioniert: wenn ich zwei Steine im Rucksack hatte und es schwer wurde, habe ich gesagt: „Gebt mir noch den dritten! Das geht auch noch." In diesem «Leistungsglauben» fühlte ich mich gut und unverletzbar.

Mit der Zeit realisierte ich dann aber, dass es nicht mehr so leicht geht, dass es mich mehr belastet. Aber ich habe es mir nicht eingestanden, obwohl es Signale gab. Ich schlief nicht mehr gut und hatte Konzentrationsprobleme. Ich vergass immer mehr Sachen und hatte Erinnerungslücken, sodass ich zum Beispiel mit dem Velo nach Hause fuhr, aber nachher nicht mehr gewusst habe, welchen Weg ich gefahren war. Mein Kopf hat einfach punktuell abgeschaltet.

Extrem wurde es, als ich dreimal am Morgen einfach umgekippt bin – zweimal beim Zähneputzen und einmal beim Sport vor der Arbeit. Es ist mir nie etwas passiert, aber ich wurde kurz ohnmächtig. Daraufhin bin zu einer Ärztin gegangen, weil ich realisierte, dass irgendwas nicht stimmte. Diese Ärztin war auf Ernährung spezialisiert, weil ich die Symptome auf schlechte Ernährung zurückführte.

Sie machte einen Bluttest, und als die Resultate da waren, sagte sie zu mir: „Wir müssen nicht nur über Ihre Ernährung sprechen." Da wurde mir klar, dass eine substanzielle gesundheitliche Gefährdung vorlag. Sie war – Gott sei Dank – noch nicht akut, aber musste trotzdem sofort adressiert werden.

Wie fanden Sie dann den Weg heraus?

Auch dort hat die Ärztin einen grossen Beitrag geleistet. Sie hat mir die Verantwortung wieder zurückgeschoben und mir gesagt, dass ich schon so weitermachen könne. Es sei erstaunlich, wie gut ich noch beieinander sei mit diesen Blutwerten. Mein Körper scheine viel auszuhalten, aber sie glaube, dass es irgendwann nicht mehr gehe. Ich müsse nun entscheiden, ob ich so lange warten wolle, bis es knallt. Vielleicht mache es nie Knall, aber mit grosser Wahrscheinlichkeit schon. Oder ich entscheide mich, etwas zu ändern. Dies sei jedoch meine Entscheidung.

Genau dies war für mich der richtige Weg, weil ich mir dann überlegte, was die möglichen Szenarien wären, wenn ich so weiter machen würde. Ich hatte ja geschäftlich Erfahrung mit Personen, die einen Burnout hatten. Da wurde mir klar: dies möchte ich für mich nicht, und ich muss grundlegend etwas ändern, und zwar in allen Bereichen. Im Beruf ging es darum, Sachen anders zu gestalten, es betraf aber auch den Sport. Ich trieb zu dieser Zeit viel Sport, aber er war immer leistungsorientiert und fast nie regenerativ. Ich kam von der Arbeit nach Hause, bin auf das Rennvelo gesessen und habe anderthalb Stunden noch einmal Vollgas gegeben. Ich musste lernen, neue Wege zu gehen.

Was haben Sie denn im Beruf anders gemacht? Weniger gearbeitet, stärker Prioritäten gesetzt?

Die zeitliche Belastung war bei mir selten das Problem. Was mich belastet hat, war eher, wenn ich trotz hohem Einsatz nicht viel erreichte oder gegen Windmühlen ankämpfte. Ich achte jetzt viel bewusster darauf, dass Ressourceneinsatz und Ertrag zueinander passen. Dort wo Dinge schwer zu bewegen sind, investiere ich nur Ressourcen, wenn es mir ganz wichtig ist. Ansonsten habe ich gelernt, auch einmal mit Dingen zu leben, die halt nicht so sind, wie ich sie gerne hätte – nach dem Motto „pick my battles!".

Ich musste lernen, zu akzeptieren, dass man auch im Beruf hin und wieder einen «Match» verliert. Wenn ich dabei etwas nicht gut gemacht habe, sage ich mir heute: „Es ist ok, daraus lerne ich jetzt und mache es das nächste Mal besser." Ich finde heute meinen emotionalen Frieden damit, zu wissen, dass ich alles gegeben habe, auch wenn es hin und wieder nicht zum Erfolg reicht. Interessant ist, dass ich in Summe mit dieser Einstellung sogar mehr erreiche als früher.

Sie versuchen also, sich weniger unter Druck zu setzen?

Ich bin wegkommen von Leistungszielen, die abstrakt und teilweise von mir nicht beeinflussbar waren, hin zu Prozess- und Verhaltenszielen. Ich erwarte nach wie vor von mir, dass ich in einer Situation immer mein Bestes gebe. Ich habe angefangen, mich selbst daran zu messen und nicht daran, ob ich ein externes Resultat erreiche.

Vielleicht hilft hier wieder ein Vergleich aus dem Sport. Wenn ein Freizeitspieler gegen Roger Federer einen Tennis-Match spielen dürfte, wäre es vermessen zu erwarten, dass er dieses gewinnen könnte. Woran man sich aber immer messen kann ist, ob man aus sich selbst alles herausholt und sein maximales Potenzial erreicht. Dann ist es unwichtig, was ergebnismässig dabei herauskommt.

Im Beruf ist dies nicht viel anders. Ob die Parameter im Unternehmen so sind, dass ein gewisses Ziel überhaupt erreichbar ist, liegt oft zu einem erheblichen Teil ausserhalb der Einflussmöglichkeiten jedes Einzelnen. Jeder kann nur von sich erwarten, dass er sein Optimum dazu gibt und vielleicht im Nachgang, wenn man merkt, dass man etwas falsch gemacht hat, aus den Fehlern lernt.

Wenn man sich eine solche Grundeinstellung erarbeitet und eine gewisse Selbstwirksamkeit in sich hat, fällt es leichter zu verinnerlichen: «Wenn du dich bemühst, findest du immer eine Lösung. Vielleicht nicht die optimale Lösung, aber irgendwie kommst du aus dieser schwierigen Situation heraus.» Dies schafft ein inneres Grundvertrauen und reduziert den Stress stark. Auch hier ist es wieder interessant zu beobachten, dass man mit dieser «lockeren» Einstellung meist mehr erreicht.

Wenn Sie das Rad Ihres Lebens zurückdrehen könnten – einfach mit dem Wissen von heute –, was würden Sie anders machen?

Sehr wenig, weil ich auch die «schlechten Erfahrungen» gebraucht habe, um den nächsten Entwicklungsschritt machen zu können. Einzig gewisse Einzelsituationen, in denen ich Personen verletzt oder negativ beeinflusst habe, würde ich versuchen anders zu gestalten. Aber die Schrammen, die ich selbst abbekommen habe, waren wichtig, weil ich sonst nicht da wäre, wo ich heute bin.

Sie haben heute ein sehr vielfältiges Leben. Sie sind gleichzeitig Executive Coach, Business Angel, Outplacement Berater und Mentaltrainer für Sportler. Ist dies nicht auch ein zusätzlicher Stress, in verschiedenen Bereichen präsent zu sein?

Für mich ist es eine Bereicherung, weil ich heute keine Angst vor diesen vielfältigen Herausforderungen habe. Ich gestehe mir zu, dass ich nicht immer die Lösung finden werde, dass es auch mal schiefgehen kann und dass das ok ist. Gleichzeitig habe ich aber auch das Vertrauen in mich, dass ich in den meisten Fällen eine gute Lösung finde. Und wenn es mir zu viel wird, sage ich heute auch konsequent nein, was in meiner neuen Lebenssituation besser möglich ist.

Dies war auch ein wichtiger Treiber für mich bei der Entscheidung, ein anderes Umfeld als Grossunternehmen zu suchen. Nach dem Weggang von der Swiss Re hatte ich ein sehr interessantes Angebot, bei einem grossen deutschen Unternehmen als Head of Human Resources tätig zu werden. Ich habe mir aber die Zeit genommen, vorab durchzuspielen, was dies im Alltag bedeuten würde und was mir wichtig ist. Ich hätte gut Geld verdient und vermutlich viel externe Anerkennung bekommen. Gleichzeitig hätte es aber wieder sehr viel Reisetätigkeit, unzählige «Windmühlenkämpfe» und mehr politische als inhaltliche Arbeit bedeutet. Ausserdem wären viele meiner persönlichen Bedürfnisse, z. B. direkte Arbeit im 1:1 mit Menschen, Neues entdecken und lernen, Zeit mit der Familie, Gesundheit und Sport, weniger zum Zuge gekommen. Ich habe mich deshalb dagegen entschieden.

Einige Menschen in meinem Umfeld verstanden nicht, wie ich eine solche «Chance» liegen lassen konnte. In diesem Moment wusste ich auch nicht, was dies langfristig mit mir machen würde. Heute kann ich sagen, dass dies die beste berufliche Entscheidung war, die ich je getroffen habe. Meine Lebensqualität hat sich parallel auch gesteigert, und für mich war dies der richtige Weg.

Wie können Sie am besten herunterfahren und entspannen?

Was mir sehr hilft, wenn doch einmal Stress aufkommt, ist das autogene Training. Ich habe dies schon in meiner Unternehmenszeit punktuell kennengelernt und dann in meiner Mentaltraining-Ausbildung vertieft. Am Anfang fand ich es sehr seltsam. In dem Moment, als ich mich darauf eingelassen habe, habe ich realisiert, was dies für eine Kraft hat – dem Körper zu helfen, zu entspannen.

Seit zwei, drei Jahren habe ich zudem festgestellt, dass das Golfen für mich auch so eine Funktion übernimmt. Es ist ein Sport, bei dem ich einerseits gefordert bin, weil er von der Konzentration her sehr anspruchsvoll und man vier Stunden unterwegs ist. Physisch bin ich aber nicht überfordert, da man ja eigentlich nur spazieren geht. Während dem Golfen ist man zudem kognitiv so gefordert, dass man keine Zeit hat, gross über etwas anderes nachzudenken (eine Art Problem-Auszeit).

Was sind Ihre grössten Energie-Räuber, und wie gehen Sie mit ihnen um?

Grosse Energie-Räuber sind für mich «Jammerer». Dies sind Personen, die sich an etwas stören und mir dies auch aktiv mitteilen, aber gleichzeitig keine Bereitschaft haben, etwas zu ändern. Dies habe ich lange nicht

akzeptieren können und habe versucht, Ihnen doch noch eine Lösung nahe-
zubringen. Meist hat es aber nichts bewirkt, sondern zusätzlich noch eine
schlechte zwischenmenschliche Stimmung kreiert und mir meine ganze
Energie abgezogen. Wenn ich heute einem Jammerer gegenüberstehe, habe
ich auch den Mut zu sagen: «Wenn du nichts ändern willst, dann lass es.
Dann möchte ich es aber auch nicht mit dir diskutieren».

Ein zweiter Energie-Räuber sind die „hidden agendas". Gerade in Gross-
firmen oder auch in grösseren Gruppen sind sie öfters nicht zu vermeiden.
Manche Personen sagen einfach nicht ehrlich, was sie wollen oder welches
Ziel sie verfolgen. Dadurch wird es ineffizient, und es nervt einen. Ich
„manage" sie, indem ich versuche, sie zu erkennen und sie aktiv in meine
Überlegungen einzubauen. Manchmal kann man sie direkt ansprechen oder
elegant umschiffen.

*Gab es Ängste und Sorgen in Ihrem Leben, die sich später als
unbegründet herausgestellt haben?*

Fast alle. Als ich jünger war, habe ich mir viele Worst-Case-Szenarien aus-
gemalt, und diese sind ganz selten eingetreten. Und dort, wo wirklich
einmal etwas richtig schief gegangen ist, habe ich es meistens gar nicht
kommen sehen. Diese Lebenserfahrung, dass es meistens nicht so schlimm
kommt, wie man denkt, hilft mir heute, meine Ängste zu relativieren. Wenn
sie heute kommen, arbeite ich einerseits kognitiv dagegen und relativiere sie,
indem ich mir überlege, welcher Ausgang möglich wäre und welche Wahr-
scheinlichkeiten die einzelnen Optionen haben. Dies hilft häufig. Und wenn
dies nicht mehr hilft, wende ich emotionale Methoden wie zum Beispiel die
EFT-Klopf-Technik an. Diese hilft mir, die Spannungen und Ängste aufzu-
lösen.

Was ist der beste Ratschlag, den Sie je bekommen haben?

Das war ein Ratschlag meiner Großmutter. Sie hat mir vor rund 45 Jahren
erklärt: Man wird immer wieder einmal mit einer Herausforderung
konfrontiert, bei der man nicht weiss, wie man die Nuss knacken soll. Sie
sagte mir, ich solle mir in solchen Situationen die Ruhe nehmen, Dinge
auszuprobieren, aber ich solle mich auch immer trauen, Hilfe und Rat-
schläge zu holen – also es nicht immer nur alleine versuchen. In dieser
Kombination, hat sie gesagt, könne man fast alles lösen. Ich war damals in
der Volksschule, also relativ jung, und habe diesen Rat vermutlich erst später
wirklich verstanden.

Meine Grossmutter hatte als eine der ersten Frauen eine Managementrolle in Deutschland inne und war für mich jemand, der immer für alles eine Lösung bereit hatte. Deshalb war ich zunächst erstaunt, als gerade sie mir sagte, dass sie am Anfang oft auch keine Lösung parat hätte. Ihr Ratschlag hat mein ganzes Leben geprägt. Er half mir, meine Selbstwirksamkeit zu entdecken. Man muss daran glauben, dass es einen Ausweg gibt. Ich habe mir immer wieder gesagt, dass ich vielleicht nicht das Optimum erreiche, aber dass ich eine Lösung finde. In der Vorbereitung auf dieses Gespräch habe ich das erste Mal realisiert, dass dies wohl der Trigger war, der mich dazu gebracht hat, an Selbstwirksamkeit zu glauben und sie zu leben.

Wann ist für Sie ein richtig guter Tag?

Sehr häufig, was sehr schön ist. Dann spüre ich, dass die eingesetzte Zeit und Ressourcen mit meinem Erfolgsgefühl korrespondieren, und dies kann sehr unterschiedliche Gründe haben. Es kann sein, dass ich bei einem der Start-ups, die ich betreue, eine gute Idee hatte, die uns dort weiterbringt. Dies kann aber auch, so blöd es klingt, einfach sein, dass ich eine Stunde in der Sonne gesessen habe und es nur schön war.

Ein guter Tag ist, wenn ich entsprechend meinen Werten und Bedürfnissen und auch den Bedürfnissen der Leute, die mir wichtig sind, gelebt habe. Es kann durchaus sein, dass ich an einem Tag etwas gemacht, was ich eigentlich nicht so gerne tue, aber erkannt habe, dass dies bei meinem Gegenüber sehr viel Freude oder Wert generiert hat. Dann war dies trotzdem ein guter Tag für mich. Dies kriege ich auch immer häufiger hin wie früher.

Der Interviewpartner
Dr. Chris Bitzer (Jahrgang 1966) hat nach seinem Wirtschaftsstudium und Doktorat an der Hochschule St. Gallen u.a. als Vertriebsleiter und kaufmännischer Geschäftsführer beim Sportartikel-Hersteller Völkl gearbeitet. Danach war er als strategischer Unternehmensberater bei der Boston Consulting Group tätig. Anschliessend hatte er verschiedene Führungsfunktionen bei Swiss Re inne, zuerst im Business Engineering, später als Group Head of Human Resources und Mitglied des Group Executive Board. Heute ist er als Outplacement-Berater bei Nadig & Partner, als selbstständiger Executive Coach, und als Mental-Coach für Sportler (https://positive-minds.ch/) sowie ehrenamtlich im schweizerischen Tennisverband tätig.

17

Dr. Ruth Enzler Denzler, Psychologin, Organisationsberaterin, Supervisorin und Coach: „Was bin ich wert, wenn ich nicht mehr leisten kann?"

Um nachhaltig leistungsfähig bleiben zu können, muss man sich gemäss der Psychologin und Coach Dr. Ruth Enzler Denzler abgrenzen und sich nicht nur über Leistung definieren. Sie plädiert dafür, immer wieder Tempo herauszunehmen und in die Stille zu gehen. Stress-Erkrankungen werden ihrer Erfahrung nach immer noch zu stark tabuisiert. Häufig braucht es gemäss Enzler eine Krise, damit Menschen erkennen, dass eine Veränderung notwendig ist. Leider werde heute in einigen Branchen immer noch eine Präsenz-Kultur gelebt. Durch die Corona-Krise werde sich die Führungskultur jedoch verändern. Führen als Kostenstelle sei nicht mehr zeitgemäss.

Auf jedem Unternehmen lastet ein grosser Druck, möglichst produktiv und leistungsfähig zu sein. Doch wenn man die Zitrone zu stark auspresst, sinkt die Leistungsfähigkeit. Wie gelingt dieser Spagat?

Indem ich mich abgrenze und mich distanziere. Ich muss mir sagen: ich mache einfach meinen Job, und irgendwann habe ich genug gearbeitet. Ich sollte nein sagen können und mich dadurch ernst nehmen. Wichtig ist, dass ich mich selbst spüre und realisiere, wo meine Grenzen sind.

Haben Sie festgestellt, dass es diesbezüglich in den letzten Jahren Veränderungen gegeben hat? Dass die Leute dies weniger gut oder besser können?

Nein, ich stelle hier keine grundsätzlichen Veränderungen fest. Meine Erfahrung ist, dass es typenabhängig ist, ob man dies kann oder nicht und

© Der/die Autor(en), exklusiv lizenziert durch Springer-Verlag GmbH, DE, ein Teil von Springer Nature 2021
C. Kraaz, *Nachhaltig leistungsfähig bleiben*, https://doi.org/10.1007/978-3-662-62864-5_17

ob man es gelernt hat. Zudem hat das Alter einen Einfluss. Die Jungen haben die Tendenz, noch mehr leisten zu wollen. Am meisten hat es jedoch mit meiner Persönlichkeitsstruktur und meinen Werten zu tun.

Was sind im Zusammenhang mit nachhaltiger Leistungsfähigkeit Ihrer Ansicht nach die grössten Herausforderungen?

Die Balance einhalten und die Energie einteilen zu können. Was zudem hilft, ist, die inneren Muss-Sätze anzuschauen. Und wenn sich jemand nur über Leistung definiert, rate ich ihm, zu überlegen, ob es noch andere Themen in seinem Leben gibt, die ihm wichtig sind. Oft lernen dies die Menschen mit einem gewissen Alter, da sie dann gar nicht mehr die gleiche Leistung erbringen können.

Braucht es dafür einen traumatischen Anlass?

Ja, oft wird ein solcher Sinneswandel durch eine Krise ausgelöst, wenn die bewährten Strategien nicht mehr funktionieren. Der Mensch handelt nach einem Muster, das er immer wieder anwendet, wenn es einmal erfolgreich war – Freud nannte dies „Wiederholungszwang". So lange etwas funktioniert hat, machen wir immer dasselbe und wenden nichts Neues an. Deshalb braucht es oft eine Krise, in der man erkennt, dass die bisherigen Verhaltensmuster für die neue Situation nicht mehr nützlich sind. Man steht vor einer Wand und ist blockiert. Man versucht, noch mehr Energie in dieselbe Strategie zu stecken, doch dies funktioniert in der Krise nicht mehr. Durch den Verlust der Kontrolle und der Einsicht, dass es nicht mehr wie bisher weitergeht, kommt die Erkenntnis, dass es etwas Neues braucht.

Was kann jeder Einzelne für sich tun, damit er leistungsfähig bleiben kann? Und welche dieser Massnahmen haben Ihrer Erfahrung nach den grössten Hebel?

Es ist wichtig, sich zu diversifizieren, sich also – wie erwähnt – nicht nur über Leistung zu definieren. Oft braucht es einen Leistungseinbruch, damit man erkennt, dass noch andere Dinge im Leben existieren. Wenn jemand als Ausgleich Hochleistungssport macht, ist es das gleiche Muster wie im Beruf. Oder wenn jemand sehr gut rechnen kann und sich deshalb entscheidet, in einem Verband die Buchhaltung zu übernehmen, bewegt er sich wiederum im gleichen System. Dies stellt keinen Ausgleich zum Beruf dar. Ausgleich ist, etwas ganz anderes zu tun, z. B. lange, also langsam zu wandern oder im

Wald spazieren und sich auf Gerüche oder die kleinen Dinge im Wald zu achten. Meditation oder Yoga zu machen, ist ebenfalls zu empfehlen. Dinge zu tun, bei denen man sich auf sich selbst rückbesinnt – bei denen man zwischendurch in die Stille geht und in sich hineinhört.

Wo gibt es im Geschäftsleben Ihrer Erfahrung nach die grössten Reibungsverluste? Und wie kann man diese vermeiden oder minimieren?

Die grössten Reibungsverluste ergeben sich im emotionalen Bereich, wenn zwischenmenschliche Schwierigkeiten wie Konflikte entstehen. Dahinter stehen häufig Werte-Konflikte und fehlende Passungen – also wenn jemand eine Sprache spricht und der andere sie nicht versteht. Verschiedene Haltungen und Weltanschauungen prallen aufeinander, ohne dass man dies reflektiert. Der eine reagiert dann pikiert, weil Ängste bei ihm hochkommen. Damit sticht er aber nur in die Ängste des anderen, und es entsteht eine Negativspirale.

Häufig haben die Streithähne den Eindruck, dass einer den anderen nicht mag oder nicht verstehen will. Dies führt dazu, dass Zuschreibungen vorgenommen werden, die mit dem eigentlichen Konflikt-Thema gar nichts zu tun haben. Wenn wir im Coaching diese Muster und Haltungen vertieft anschauen, gibt dies oft ein grösseres Verständnis für die andere Seite, was die Aufrechterhaltung der Bedingungen eines Konflikts entschärft.

Es ist weit weniger die Arbeit oder Arbeitslast selbst, die zu Reibungsverlusten führt. In diesem Bereich finden wir meistens Lösungen, z. B. delegieren, Mitarbeitende einstellen usw. Wir können das Selbstmanagement reflektieren, uns fragen, ob wir immer alle Emails beantworten müssen, bei denen wir im cc einkopiert sind, und vieles mehr. Müssen wir stets perfekt und immer super effizient sein?

Das Wirtschaftsleben hat heute eine Konstante, die Veränderung. Was sind Ihrer Erfahrung nach die Voraussetzungen, dass Menschen konstruktiv mit diesen Veränderungen umgehen können?

Loslassen können ist das Wichtigste. Aber wie gut man dies kann, hängt auch von der Persönlichkeit ab. Es gibt Menschen, die lieben Veränderungen, weil sie Abwechslung bringen. Sie finden sie spannend und gehen neugierig und positiv auf sie zu, weil sie sich freuen, dass etwas läuft und sich weiterentwickelt. Aber es gibt auch viele Personen, die sehr statisch sind, die an Bewährtem festhalten und Entwicklungen als Risiko sehen, weil sie aus alten Strukturen herausgerissen werden. Solche Menschen empfinden

Veränderungen als Stress und haben Mühe damit, Neues lernen zu müssen. Sie sind meist etwas weniger neugierig und brauchen mehr Halt, weil sie eher zum Gefühl der Angst neigen.

Diese Reaktion wird auch von unserem Gehirn unterstützt, weil – archaisch gesehen – Veränderungen gefährlich sind. Man wird aus seinem bekannten Umfeld herausgerissen, in dem einem die Risiken bekannt sind. Die neuen Risiken kennt man nicht, was potenziell gefährlich sein könnte. Statische Menschen sehen deshalb eher die Risiken als die Chancen, was zu Stress führt. Solche Personen sollten vermehrt üben, loszulassen, auf Risiken zuzugehen und Ängste zu bewältigen.

Wichtig dabei ist, sich klar zu werden, dass Veränderungen für uns nicht tödlich sind, da wir nicht mehr in der archaischen Welt leben, die Bedrohung also kleiner ist. Was könnte schlimmstenfalls geschehen? Dass man nicht mehr gebraucht wird in seiner Firma und entlassen wird. Dann muss man sich damit beschäftigen, was man künftig machen könnte, und darüber reflektieren, ob die Situation wirklich so schlimm ist wie befürchtet. Könnte sie tödlich sein? Wenn man eingesehen hat, dass dies nicht der Fall ist, und wir hierfür Lösungen erarbeitet haben, können die Coachees meist besser mit der Veränderung umgehen. Es gilt also, an den alten Hirnstrukturen zu arbeiten, um sie zu verändern.

Von IBM-Gründer Tom Watson stammt der Spruch: „Wenn Sie erfolgreich sein wollen, verdoppeln Sie Ihre Misserfolgsrate." Ist diese Kultur in der Schweizer Wirtschaft etabliert? Wenn nein, was müsste sich ändern?

Eine Fehler-Kultur ist in der Schweiz nicht etabliert. Ich frage manchmal meine Kunden, in welchem System sie mehr Entwicklungsmöglichkeiten sehen: in einem, das reibungslos und fehlerfrei funktioniert, oder in einem System, das fehleranfälliger ist. Dann lachen sie meistens und erkennen, dass das fehleranfällige System mehr Potenzial hat, denn das andere ist statisch – was schliesslich der grösste Fehler ist. Sie erkennen also recht schnell, dass das System auch Fehler erlauben muss, damit man sich weiterentwickelt. Die Glühbirne wurde ja auch nicht von heute auf morgen fehlerfrei erfunden. Es gilt, das Beste in Fehlern zu erkennen, also die Chancen. Es braucht zuerst die Einsicht und dann das Üben.

Wie kann man dies ändern? Welches sind konkrete Anhaltspunkte, an denen man diesbezüglich arbeiten kann?

Wir betrachten in einem Coaching zuerst, was Fehler bei dieser Person auslösen. Was ist für sie das Schlimmste daran? Meistens sind es innere Muss-Sätze: immer gleich die perfekte Lösung haben, schnell und effizient sein müssen. Dies ist jedoch gar nicht möglich. Das typische Muster ist, dass wir nicht selbst über unsere Schwierigkeiten reflektieren, sondern meistens an einem Punkt aufhören zu denken, weil diese Gedanken Ängste hervorrufen. Der Coach leitet an, weiterzudenken und die Ängste zu explorieren. Was geschieht schlimmstenfalls, wenn es Fehler gibt? Die stärkste Angst ist diejenige, zu versagen. Tief drinnen haben die meisten Menschen unbewusst eine Todesangst. Zum Beispiel nicht von der Gesellschaft gebraucht zu werden, unnütz zu sein und in der Folge von einer Gemeinschaft ausgeschlossen zu werden. Diese Angst löst beim Betroffenen – in seiner Vorstellung – Einsamkeits- und Armutsgefühle aus. Die Vorstellung, zu keiner Gruppe von Menschen mehr zu gehören, ist archaisch gesehen selbstverständlich bedrohlich. Das Stammhirn suggeriert, dass wir zum Freiwild werden. Wer sich diesen tiefgreifenden Ängsten stellt, merkt, dass sie abnehmen und überwunden werden können.

Kommen wir zum Thema Führung. Was können Führungskräfte dazu beitragen, dass ihre Mitarbeitenden nachhaltig leistungsfähig bleiben? Wie gross ist ihr Einfluss in diesem Bereich?

Führungskräfte haben einen Einfluss. Denn zum Führen gehört es auch, Vorbild zu sein. Führung basiert auf einer bestimmten Kultur und einem gewissen Weltbild. Dies kann positiv oder negative Auswirkungen haben. Wenn der Vorgesetzte suggeriert, dass man keine Fehler machen und möglichst von 6 Uhr morgens bis 10 Uhr abends arbeiten sollte, trauen sich die Mitarbeitenden meist nicht, früher nach Hause zu gehen. Grösstenteils richten sich die Mitarbeitenden nach dem Vorgesetzten aus und passen sich an. Wenn er etwas vorlebt, leben sie es nach. Der Einfluss von Führungskräften ist also gross.

Empfehlenswert für Führungskräfte ist es, das Thema Stress nicht totzuschweigen. Leider werden Stress-Erkrankungen immer noch stark tabuisiert. Dieses Thema muss offen angegangen und kommuniziert werden, dass man also belastete, aber gute Mitarbeitende behalten möchte und ein Konzept hat, wie dies geschehen soll. So kann empfohlen werden, sich an die Personalabteilung zu wenden, die oft eine Namensliste von externen

Coaches hat. Es hilft auch, wenn das Unternehmen den Umgang mit Stress in Vorträgen und Seminaren thematisiert. Der Fokus sollte nicht darauf liegen, immer schnell und perfekt sein zu müssen.

Zum Thema Corona: stellen Sie fest, dass die Leute gestresster sind? Es gibt ja erste Untersuchungen, die darauf hinweisen.

Es ist zu früh, dies schon jetzt [Juli 2020] zu beurteilen, denn viele Leute befinden sich noch im Home office. Die Studien müssten längerer dauern und einen Vergleich zu vor der Krise zeigen. Aber was ich gehört und gesehen sowie auch selbst erlebt habe, gibt es nach der monatelangen Unsicherheit, dem Aushalten müssen, so etwas wie einen psychischen „Corona-Schaden". Es gibt Leute, die stark auf sich selbst zurückgeworfen waren – insbesondere, wenn sie alleine lebten –, die niemanden treffen durften und teilweise auch ein Arbeitsverbot hatten. «Helfen können, indem wir zuhause bleiben» bedeutet eine Umkehrung der Leistungsgesellschaft.

Die einen fanden die Entschleunigung entspannend. Sie waren viel im Wald spazieren, haben abgenommen und sind so fit und ausgeschlafen wie noch nie. Anderen ist die Decke auf den Kopf gefallen. Sie wurden aufgrund der Stille mit den eigenen Themen konfrontiert und haben eine Art Existenzkrise durchlebt. Gleichzeitig gab es Leute, die fast einen Burnout erlitten, weil sie so viel arbeiten mussten – die mehr oder weniger die einzigen waren, die sehr viel Arbeit hatten. Die Corona-Krise hat also jeden individuell getroffen.

Für Studien ist es noch zu früh, aber es gibt klar veränderte Themen. Wenn Menschen so stark auf sich selbst zurückgeworfen werden, kommen die bisher gut verborgen gebliebenen Themen hoch. Zum Teil handelte es sich um schwerwiegende Themen, die früher durch Ablenkung kompensiert werden konnten. Während Corona führte dies zu Aggressionen und/oder auch zu Boreouts, weil Menschen, die sich über Leistung definierten, nicht mehr Leistung erbringen konnten. Es ging darum, sich täglich innerlich trotzdem stabilisieren zu können. Dies kann mitunter sehr anstrengend sein und auslaugen.

Was waren für Sie persönlich die negativen und positiven Seiten der Corona-Krise?

Die Auswirkungen waren massiv. Ab dem 13. März 2020 wurden mir alle Referate, Seminare und Team-Coachings abgesagt. Die Agenda wurde immer weisser und dann ganz weiss. Auf die Schnelle konnte ich dies nicht kompensieren. Das war schwierig. Ich musste es aushalten, ein Quasi-Arbeitsverbot zu haben. Anderen Coaches ging es gleich; es war also im Aussen angelegt. Aber ich stellte mir trotzdem die Frage, wozu ich noch gebraucht werde. Am Anfang herrschte Ferienstimmung, aber mit der Zeit fragte ich mich, wo ich meine Kompetenz einbringen könnte. Gibt es einen Bereich, in dem ich gebraucht werde, insbesondere, als ich hörte, dass es bei der Verwaltung oder in der Pflege Menschen gab, die viel zu viel zu tun hatten. Und ich sass zuhause herum. Das war ein inneres Spannungsfeld, eine grosse Herausforderung für mich.

Gab es auch positive Seiten für Sie?

Positiv war, keine endlosen Sitzungen mehr zu haben, die ich früher als ineffizient empfand. Dies war am Anfang angenehm. Irgendwann habe ich sie mir zurückgewünscht. Denn Menschen zählen. Auch der Tagesablauf und die Art, wie wir kommunizieren, veränderten sich. Wir fanden Mittel und Wege, wie man zusammen einen Apéro trinken konnte, ohne sich physisch zu treffen. Anstatt sich in einem Büro oder Restaurant zu treffen, ging man in der Stadt spazieren. Ich habe während des Lockdowns schon hin und wieder Leute getroffen, so wie wir das durften. Aber wir mussten uns andere Möglichkeiten einfallen lassen.

Es war also die Zeit für Neuerfindungen. Kreativität war gefragt. Ich habe mir z. B. während des Lockdowns gesagt: jetzt bestimmen die Kunden die Preise. Was ist euch meine Dienstleistung wert? Weil bei mir alle Seminare, Referate, Team- und Organisationsentwicklung weggefallen sind, hatte ich nicht viel zu tun. Die Kunden im Einzelcoaching zahlten tatsächlich etwas weniger, aber dafür kamen sie häufiger vorbei und die Sitzungen dauerten länger. So habe ich einfach für dasselbe Geld mehr arbeiten müssen, was in dieser Zeit für mich ja keine Rolle spielte.

Wieso hat Sie das Thema Stress und Burnout schon im Psychologie-Studium so interessiert, dass Sie dazu im Jahr 2008 Ihre Dissertation geschrieben haben?

Ich habe vor meinem Studium in verschiedenen Funktionen in der Wirtschaft gearbeitet, u.a. in Führungspositionen bei einer Grossbank. Dort habe ich Leute mit Stress- und Burnout-Erkrankungen erlebt, die dies aber nicht zeigen durften oder es vor sich selbst nicht zugeben wollten. Sie haben sehr viel geleistet, und als Sie erkrankten, wurden sie entlassen. Dies fand ich ethisch problematisch und begann, mich dafür zu interessieren, wie es so weit kommen konnte. Von meinen Chefs bekam ich gesagt, dass ich sicher rechtzeitig die Bremse ziehen würde, da ich so gut zu mir schaute.

Dies war jedoch nicht einfach. Es wurde nicht belohnt, als ich um sechs Uhr abends nach Hause ging. Ich musste ein Büro durchqueren, in dem 50 Leute sassen, welche die Köpfe drehten. Ihre Kommentare waren: Kannst du dir das leisten? Bist du nur halbtags angestellt? Bist du Freelancer hier? Ich habe meine Arbeit immer gut erledigt, aber ich musste an diesen 50 Leuten vorbeigehen und diese Kommentare aushalten. Ich fand es damals schon nachvollziehbar, dass dies nicht alle können. Als ich jeweils aus dem Büro kam, fühlte ich mich nicht gut. Ich hatte mich zwar durchgesetzt, aber dies waren – wie ich später im Psychologiestudium gelernt habe – kaschierte Pausen. Dies sind Pausen, bei denen man das Gefühl hat, man müsste eigentlich noch arbeiten, weil die Mehrheit noch an der Arbeit sitzt. Ich fühlte mich wie beim Schulschwänzen. Ich sagte mir immer wieder, dass ich meine Arbeit erledigt hatte und nirgends geschrieben stand, dass man so viel Überzeit machen musste.

Hatten Sie also ein schlechtes Gewissen?

Ja, weil sehr viele sich diesem Diktat unterworfen hatten, morgens möglichst früh im Büro zu sein und abends möglichst lange zu bleiben. Was dazwischen ablief, war weniger von Interesse. Wer jedoch den ganzen Tag effizient gearbeitet hatte, hatte seine Arbeit erledigt. Doch wurde von den Vorgesetzten einzig wahrgenommen und besprochen, wer wie lang abends oder wer wie früh morgens anwesend war. Ich konnte darin keinen Sinn erkennen. Ich wollte einfach meine Arbeit erledigen und danach noch etwas anderes tun.

Hat sich dies unterdessen verändert, oder besteht immer noch ein Druck zu Präsenzzeiten?

Dies hat sich erst mit dem Homeoffice während der Corona-Zeit verändert. Deshalb war dies auch so schwierig für die grossen Finanzdienstleister, die sich lange gegen Homeoffice gewehrt und gesagt hatten, dass es aus Datenschutzgründen nicht ginge. Dann mussten sie plötzlich vom einen Tag auf den anderen Tag umstellen, und es funktionierte. Jetzt [Anfang Juli 2020] sind immer noch 50 % der Mitarbeitenden im Homeoffice.

Was aber schwierig war, war die Frage: Wie kontrolliere ich jetzt, ob meine Mitarbeitenden zu Hause überhaupt arbeiten? Nun wird gefordert, dass man dies über das System kontrolliert, was mit den digitalen Mitteln ja auch einfach möglich ist. Die Präsenzzeit spielt dabei keine bedeutende Rolle mehr. Die Chefs, die keine Kunden-Portefeuilles haben, müssen sich nun allerdings neu definieren. Dadurch entsteht ein neues Spannungsfeld. Dies sind Veränderungen, die aus verschiedensten Gründen sowieso gemacht werden mussten und hoffentlich auch bleiben werden.

Was gibt Ihnen persönlich die Kraft und Stärke, über längere Zeit unter grossem Leistungsdruck gesund und produktiv zu bleiben?

Ich habe den Leistungsdruck schon reduziert. Ich definiere mich heute nicht mehr so stark über Leistung, sondern auch über andere Dinge. Deshalb renne ich auch nicht mehr herum wie eine Biene. Das Motto «Ich habe keine Zeit» kenne ich nur noch selten. Ich nehme mir Zeit. Ich besitze zwei Hunde, und diese muss ich tagsüber ausführen und nicht erst, wenn ich abends um 22 Uhr nach Hause komme. Deshalb muss ich Lücken einbauen, wenn ich untertags mit den Hunden zwei Stunden rausgehen und möglichst wenig den Hundesitter engagieren will. Dies alleine diszipliniert mich, mich nicht rund um die Uhr zu verbuchen.

Wenn ich den Fokus nicht so stark auf Leistung lege, ziehe ich entsprechend dem Resonanz-Prinzip – gemeint ist, dass sich gleichartige Energien anziehen – nur so viele Aufträge an, die ich zeitlich gut bewältigen kann. Mir ist es wichtig, Momente der Stille zu haben, z. B. morgens früh zu meditieren. Ich mache auch längere Pausen zwischen den Kundengesprächen oder Sitzungsterminen. Wenn ein Coaching zu Ende geht, steht nicht schon der nächste Kunde vor der Türe. Ich renne nicht von einem Termin zum anderen. Dies ist ein Entscheid, den ich so gefällt habe. Ich möchte die volle Konzentration im Jetzt, dann eine Pause und dann wieder die volle Konzentration.

Was sind Ihre grössten Energie-Räuber? Und wie gehen Sie damit um?

Die grössten Energie-Räuber sind bei mir keine beruflichen Probleme. Im Job kann ich mich sehr gut strukturieren und mich auch gut abgrenzen. Zu 99,9 % bleiben die Fälle im Büro. Die grössten Energie-Räuber sind privat, im emotionalen Bereich – in Beziehungsfragen und in der Auseinandersetzung mit mir selbst. Ich nehme Themen, die mir begegnen, zu mir und reflektiere sie. Es kostet Kraft, Emotionen wahrzunehmen und sich selbst weiterzuentwickeln.

Ich habe als Coach den Anspruch, dass ich meine Themen bearbeitet habe, wenn ich vis-à-vis von Leuten sitze, die ihre eigenen Themen einbringen. Ich möchte abgrenzen können: welches sind meine, und welches sind ihre Themen? Ich mache dies sehr konsequent und mit grossem zeitlichem Aufwand. Wenn ein Thema bearbeitet werden will, ist dies sehr anstrengend, aber es lohnt sich. Für mich zählt nicht nur die berufliche Leistung, sondern auch die Leistung, sich selbst weiterzuentwickeln, was man nicht in Geld umrechnen kann.

Welches war Ihr schwierigster Moment in Ihrem bisherigen Geschäftsleben? Wie haben Sie diese Krise gemeistert, und was haben Sie daraus gelernt?

Es gab zwei sehr schwierige Momente. Im Jahr 2011 hatte ich ebenfalls einen Einbruch im Geschäftsverlauf, verbunden mit einer Krise in der Herkunftsfamilie, die mich sehr viel Kraft kostete. Als ich selbst so stark mit meiner eigenen Krisen-Bearbeitung beschäftigt war, ging automatisch auch das Geschäft zurück. Ich musste es aushalten, dass die Krise nicht in mir angelegt war, sondern im Aussen – in der Herkunftsfamilie, die mich dennoch betraf und beschäftigte. Gleichzeitig musste ich es hinnehmen, dass das Geschäft einbrach.

Ich musste das erste Mal einsehen, dass ich nicht eine Krise bearbeiten und gleichzeitig voll arbeiten konnte. Es ging um einen Unfall in der Herkunftsfamilie. Von exakt diesem Tag an hatte ich ganz kurzfristig viele Absagen von Kunden, wie wenn sie dies gewusst hätten. Dies hat mich zuerst wütend gemacht, da ich wenigstens noch arbeiten wollte, und mich dann in eine tiefe Krise gestürzt, weil ich es mir nicht gewohnt war, nicht arbeiten zu können. Ich konnte mich also nicht mehr über den Beruf oder meine äussere Leistung definieren. Dies war eine harte Schule. Was bin ich noch wert, wenn ich nicht leisten kann – wenn die Leistung darin besteht, sich innerlich neu zu positionieren und innere Prozesse zu durchlaufen?

Die zweite schwierige Phase war die Corona-Krise, als am 13. März 2020 angekündigt wurde, dass Schulen, Geschäfte und vieles mehr geschlossen wurden bis zum vollständigen Lockdown, als die Agenda immer leerer wurde. Da dachte ich: ich kenne das! Es betrifft immerhin nicht die Herkunftsfamilie und auch nicht nur mich, sondern auch andere Coaches und weitere Berufe. Dies half mir am Anfang. Doch später musste ich feststellen, dass es wieder dasselbe war: ich war wieder auf mich zurückgeworfen.

Allerdings konnte ich die Erkenntnisse aus der Krise im Jahr 2011 auf den Corona-Lockdown übertragen. Ich wurde nicht hektisch und machte auch keine Webinare, sondern wartete während mehrerer Wochen ab und und schaute, was die Situation mit mir machte. Wie ist die Stimmungslage? Was könnten die Menschen überhaupt brauchen in dieser Situation?

Gab es irgendwann Ängste und Sorgen in Ihrem Leben, die sich später als unbegründet herausgestellt haben?

Die meisten. Im Moment scheinen sie begründet zu sein, aber wenn man später zurückblickt, merkt man, dass man sich vergebens Sorgen gemacht hat. Der Mensch versucht, die Zukunft vorwegzunehmen, was er aber nicht kann. Es geht immer um Perspektiven, die man sich ausmalt, aber man denkt dabei vor allem an die Risiken, was zu einer negativen Gedankenspirale führt. Dabei vergisst man, im Jetzt zu leben. Im Gegensatz zu Tieren können wir Menschen die Zukunft denken. Dies ist jedoch genau die Krux, da solche Gedanken Gefühle wie z. B. Ängste auslösen. Im Nachhinein merkt man, dass man eigentlich nur im Jetzt hätte leben müssen, da alles anders kam, als man erwartet hatte. Der ganze Denkaufwand war also umsonst.

Unsere Aufgabe dabei ist, sich dieser Gedanken bewusst zu machen, sich zu beobachten: bin ich wirklich im Moment? Und wenn ich gedanklich in der Zukunft bin, gilt es, diese loszulassen. Wenn man dies schafft, verändern sich die Gefühle sofort. Dies ist für die meisten Menschen schwierig, aber mit Training schafft man es. Ich mache seit gut vier Jahren Zen-Meditation, und dies hilft mir beim Abstand nehmen.

Was bringt Sie aus Ihrer Komfortzone?

Wenn ich etwas nicht verstehen kann. Wenn ich in einer Situation stecke, in der ich keine einzige Hirnstruktur finde, die das nachvollziehen und einordnen kann. Das sind meistens Themen, die stark emotional besetzt sind, für die das Frontalhirn keine Schublade hat. Dies bringt mich an den Rand der Verzweiflung.

Was hilft Ihnen in einer solchen Situation?

Meditieren, also nicht daran denken, sondern sich nur auf den Atem konzentrieren. Versuchen loszulassen und zu akzeptieren, dass Emotionen da sind. Mehr als loslassen ist dann nicht möglich – sich zu sagen: alles verändert sich, so wird es auch dieses Mal geschehen. Vielleicht kann ich es in der Zukunft nachvollziehen, aber jetzt nicht.

Wenn Sie Ihr bisheriges Leben nochmals leben dürften – einfach mit dem Wissen von heute –, was würden Sie anders machen?

Früher das Loslassen trainieren. Ich war früher kontrollierend und dachte, dass mit dem Gehirn vieles zu erfassen sei. Ich musste dann auf die harte Tour lernen, dass dem nicht so ist. Dies ist auch eine Altersfrage. Im Alter ist das Thema loslassen omnipräsent. Man ist körperlich nicht mehr so fit, die Reaktionsgeschwindigkeit, das Gehör und das Sehvermögen lassen nach. Je früher man das Loslassen lernt, desto einfacher ist es, weil man dann weniger Energie verliert. Man kann nicht früh genug damit beginnen, Vertrauen zu lernen.

Wann ist für Sie ein richtig guter Tag?

Wenn ich abends so richtig schön müde bin, ins Bett falle und durchschlafe. Ein Tag ohne Krise – einer mit viel Stabilität, sich wohlfühlen mit Menschen, guten Gesprächen, interessanten Projekten, viel Neuem gelernt. Ein auf allen Ebenen erfüllender Tag: emotional, geistig und seelisch.

Die Interviewpartnerin
Dr. Ruth Enzler Denzler (Jahrgang 1966) ist ausgebildete Juristin, Psychologin, systemische Organisationsberaterin, Supervisorin und Coach. Seit 2007 ist sie selbstständig mit ihrer Firma Psylance Ressourcen Management & Coaching in Zollikon (Zürich). Zuvor war sie u.a. viele Jahre in Führungsfunktionen bei der UBS tätig. Sie ist vierfache Buchautorin zu den Themen Burnout, Ängste, Konflikte und Krisen und Präsidentin des Automobil-Clubs Zürich.

18

Dr. Barbara Aeschlimann, Geschäftsführerin der Zürcher Gesellschaft für Personal-Management: „Es gibt einen Bewusstseins-Wandel bei den Unternehmen"

Das Thema nachhaltige Leistungsfähigkeit sei in den Geschäftsleitungen und in HR-Abteilungen angekommen, sagt Dr. Barbara Aeschlimann, Geschäftsführerin der Zürcher Gesellschaft für Personal-Management. Es fehle jedoch an Wissen, wie das Thema konkret angegangen werden solle. Sie ist der Ansicht, dass es eine Ausbildung der Führungskräfte und eine individualisierte Vorgehensweise brauche. Bezüglich Burnouts stellt sie eine Zunahme bei den jüngeren Mitarbeitenden fest, dies aufgrund des Vergleichs-Drucks, z. B. über Social Media, und einer zunehmenden Orientierungslosigkeit in unserer Gesellschaft.

Was ist Ihre Erfahrung: haben die Anzahl Burnout-Fälle in den letzten Jahren zugenommen?

Ja, sie haben zugenommen, dies zeigen auch verschiedene Studien. Eine Herausforderung liegt sicher auch darin, zu beschreiben, was Burnout genau ist; da gibt es unterschiedliche medizinische Definitionen. Gründe für die Zunahme sind meines Erachtens vor allem eine Überforderung in der Konstellation Beruf und Familie, welche zugenommen hat, auch bei Jungen. Es gibt bei ihnen vermehrt Anzeichen für Burnouts. Dies hängt vor allem damit zusammen, dass sie Schwierigkeiten haben, mit den verschiedenen Ansprüchen umzugehen. Auch bezüglich Ausbildungen wird immer mehr von ihnen erwartet.

Ich sehe auch in meinen Coachings die Tendenz, dass immer mehr jüngere Menschen Probleme mit Stress haben. Was sind Ihrer Ansicht nach die Gründe dafür? Vergleichen sie sich zu stark über Social Media? Gibt es andere Gründe?

Ich sehe verschiedene Gründe. Der Druck, der in Social Media aufgebaut, ist ein ganz wichtiger Teil davon. Druck wird auch erzeugt durch die zahllosen Möglichkeiten, die aufgrund der Globalisierung sichtbar werden, und daraus resultiert eine gewisse Orientierungslosigkeit. Die Zunahme an Veränderungen sowie deren Geschwindigkeit belasten auch die Eltern. Sie beschäftigen sich mit Themen wie: „Wie geht es weiter in der Zukunft, für uns, für unsere Kinder?" Es herrscht in unserer Gesellschaft zunehmend auch ein wirtschaftlicher Druck und eben eine gewisse Ratlosigkeit, die auch auf die Jungen abfärbt. Sie spüren insgesamt mehr Unsicherheit und Druck.

Gibt es kulturelle oder regionale Unterschiede zwischen den Landesteilen oder zwischen den Geschlechtern bzgl. Burnout-Fällen?

Hierzu habe ich keine Zahlen. Der Arbeitsmarkt ist in den Randregionen sicher noch kompetitiver, und dies wirkt sich auf das Stressempfinden aus. Es gibt jedoch auch andere Komponenten. Zahlen zeigen auch, dass die Welschen und Tessiner auch etwas „arztfreudiger" sind als wir Deutschschweizer. In diesem Zusammenhang wäre es ausserdem interessant, zu untersuchen, ob vermehrte Arbeitslosigkeit zu mehr Burnout-Fällen führt.

Was berichten Ihre Mitglieder: hat das Thema nachhaltige Leistungsfähigkeit einen genügend hohen Stellenwert bei den Schweizer Unternehmen? Hat sich dies verändert in den letzten Jahren?

Ich bin überzeugt, dass sich dies verändert hat. Das Thema ist bei den Geschäftsleitungen und im HR angekommen. Die Firmen sind ja durch das Arbeitsgesetz verpflichtet, sich um die Gesundheit ihrer Mitarbeitenden zu kümmern; sie haben eine Fürsorgepflicht. Was sich jedoch verändert hat, ist, dass man sich aktiv um Themen wie Gesundheitsvorsorge kümmert, indem man als Arbeitgeber Hilfestellungen gibt, z. B. mit einem Angebot zu den Themen Coachings, Sport oder Ernährung. Meiner Erfahrung nach ist es jedoch individuell, was in der spezifischen Situation angebracht ist und nützt. Heutzutage gehört ein solches Angebot aber einfach dazu; dies haben die Unternehmen schon erkannt.

Haben Sie den Eindruck, die Arbeitgeber wollen mit solchen Angeboten (z. B. Sport, Massage usw.) einfach attraktiv sein für Arbeitnehmende? Sind sich die Unternehmen des Einflusses von Stress auf die Produktivität zu wenig bewusst?

Noch wichtiger als Angebote wie Sport etc. ist es, als Unternehmen den Sinn der Tätigkeit aufzuzeigen und eine respektvolle Kultur zu pflegen. Dies ist wahrscheinlich der grösste Hebel für die Zufriedenheit. Aber ja, die Attraktivität am Arbeitsmarkt ist sicher eine Komponente, da die jüngeren Leute dies heute auch einfordern. Die Unternehmen nehmen dieses Thema ernst und sind sich bewusst, dass die Menschen – wenn sie fitter und leistungsfähiger sind – auch produktiver sind. Insgesamt stelle ich diesbezüglich einen Bewusstseinswandel fest. Heute fragen ja sehr viele Firmen die Zufriedenheit ihrer Mitarbeitenden ab. Die Unternehmen haben verstanden, dass eine höhere Motivation und Zufriedenheit die Basis für eine höhere Produktivität und für bessere Resultate ist. Die Wege, wie dies erreicht werden kann, sind jedoch sehr unterschiedlich – auch abhängig von der Branche.

Meine Erfahrung ist, dass viele Unternehmen schon länger Angebote haben im Bereich Sport oder Masssage. Sie machen jedoch wenig auf der mentalen Ebene. Das Bewusststein dafür scheint jedoch langsam zu wachsen. Was ist hier Ihre Erfahrung?

Ein Sport-Angebot ist etwas Naheliegendes. Ich glaube, dies hat auch damit zu tun, dass man es schnell umsetzen kann. Aber dass es bei den Mitarbeitenden in der Kombination von Kopf, Herz und Hand stimmen muss, ist bei den Unternehmen angekommen. Sie haben realisiert, dass mentale und emotionale Stärke wichtig ist. Gerade auch im Bereich Führungsausbildung hat die emotionale Komponente an Wichtigkeit gewonnen, als zentraler Bestandteil für eine respektvolle Kultur. Den Sinn einer Tätigkeit, einer Veränderung aufzuzeigen, darin liegt ein relevanter Hebel für die geistige Gesundheit.

Wo haben die Unternehmen im Bereich nachhaltige Leistungsfähigkeit noch Nachholbedarf?

Mein Eindruck ist, dass die Unternehmen – vor allem die grösseren – das Thema zu wenig individualisiert angehen. Es wird vielfach ein breites Programm angeboten, und man geht davon aus, dass die Mitarbeitenden erwachsen genug sind, die richtige Massnahme für sich auszuwählen. Hier fehlt oft eine gute Beratung und manchmal auch ein Anstoss, wirklich etwas zu tun – also die Mitarbeitenden dazu zu bringen, sich mit diesen Themen nutzbringend auseinanderzusetzen. Ich bin zutiefst überzeugt, dass dies individualisierter stattfinden muss.

Führt dies dann aber nicht zu hohen Kosten?

Ja, das ist natürlich ein Abwägen. Aber ich habe den Eindruck, dass die meisten Unternehmen erkannt haben, dass diese Massnahmen einen Nutzen – auch finanziell – haben. Es braucht dafür nicht ein riesiges Budget, sondern einen kontinuierlichen Ausbau solcher Massnahmen und eben die zugrundeliegende Erkenntnis, dass es zu diesem Zweck sinnvoll ist, Mitarbeitende in die Entwicklungen ihrer eigenen Aufgaben und des Unternehmens einzubeziehen. Dies schafft ein Zugehörigkeitsgefühl und zeigt Respekt, was wiederum die Grundlage für geistige Gesundheit am Arbeitsplatz ist. Die Erkenntnis, dass die mentale Einstellung der Mitarbeitenden einen Einfluss auf den Geschäftserfolg hat, muss noch weiter wachsen.

Was ist hier die Rolle der Führungskräfte?

Ich hoffe, dass sie zuerst einmal zu sich selbst schauen und dies dann auch weitergeben können. Dies können gemäss meiner Erfahrung die wenigsten Führungskräfte. Es muss vorgelebt werden, dass zu sich selbst schauen auch ein Können ist. Dies hat nichts mit Privilegien zu tun, sondern ist eine Aufgabe jedes Vorgesetzten und jedes Mitarbeitenden. Es braucht eine klare Aussage der obersten Führungsriege, dass dieses Thema wichtig ist. Und dann müssen die Führungskräfte dazu befähigt werden, dass sie nicht nur zu sich Sorge tragen, sondern dies auch vorleben können und eben als Rollenmodell agieren.

Es gibt sehr viele Führungskräfte, die sehr, sehr viel arbeiten. Sind Chefs also wirklich Vorbilder für ihre Mitarbeitenden?

Es mag ein pessimistisches Bild von der Situation abgeben. Aber ich bin der Ansicht, dass die meisten Führungskräfte diesbezüglich nicht vorbereitet sind. Sie kämpfen zu einem grossen Teil noch damit, hier einen guten Weg für sich selbst zu finden, insbesondere was einen massvollen Umgang mit der Arbeitslast betrifft. Und viele haben Mühe, dies auch gegen oben zu kommunizieren, sich also abzugrenzen.

Was bietet Ihr Verband seinen Mitgliedern zum Thema nachhaltige Leistungsfähigkeit an?

Wir müssen hier noch aktiver werden. Wir fokussierten lange auf Themen, die zwar eine gute Basis bilden, z. B. arbeitsrechtliche oder damit verwandte Themen, aber haben das Thema der nachhaltigen Leistungsfähigkeit zu wenig adressiert. Doch wir haben erkannt, dass wir hier mehr anbieten wollen und sollen. So offerieren wir nun z. B. auch Coachings und Standortbestimmungen. Das letztere Thema kommt auf viele Menschen im Laufe ihrer Karriere zu, ob sie wollen oder nicht. Nachhaltige Zufriedenheit hat vor allem auch mit (Selbst-)Organisation und -Leadership zu tun. Zu diesem Thema bieten wir Seminare an, wo in Kleingruppen auch die Vertraulichkeit gewährleistet ist. Wir machen also einiges, aber sollten das Thema nachhaltige Leistungsfähigkeit noch pointierter angehen.

Ist das Bedürfnis der Unternehmen dafür vorhanden?

Ja, sie suchen Orientierung, u.a. wie gestaltet man z. B. 'New Work', was heisst agil zusammen arbeiten in der täglichen Umsetzung? Ich stelle jedoch auch fest, dass HR-Leute bei sich selbst eher zurückhaltend sind mit Coaching oder Peer- resp. Team-Coaching. Man macht also die Dinge zuerst, die absolut notwendig sind, und kümmert sich tendenziell zu spät darum, wie man dabei mental und physisch stark bleiben kann.

Meinen Sie damit, dass man das Thema noch zu stark als „nice to have" und nicht als „need to have" erachtet?

Ja, genau. In vielen HR-Organisationen gehört es noch nicht zum Kerngeschäft. Ich finde dies falsch. Es ist wichtig, sich umfassend und integriert zu fragen: Was brauchen unsere Mitarbeitenden? Wie schon erwähnt, bin ich eine Verfechterin einer positiven Führungskultur, wo individualisierte Massnahmen ihren Platz haben, ausgestaltet je nach Budget. Das Angebot muss bedarfs- und bedürfnisorientiert sein. Man sollte nicht einfach ein Seminar anbieten, und alle gehen hin. Ein Seminar kann z. B. eine Initialmassnahme sein, die dann individualisiert vertieft werden sollte.

Wo gibt es im Geschäftsleben Ihrer Ansicht nach die grössten Reibungs-
verluste? Und wie kann man am besten mit ihnen umgehen?

Die natürlicherweise stattfindenden Veränderungen in den Unternehmen, getrieben durch Digitalisierung, Globalisierung usw., führen zu viel Stress in den Unternehmen. Veränderung bedeutet am Anfang, nicht zu wissen, was gilt. Den Mitarbeitenden wird hier auch viel zugemutet. Es wird z. B. kommuniziert, dass man neu agil arbeitet, und niemand weiss genau, was das heisst. Die Menschen brauchen jedoch Sicherheit. Gleichzeitig muss man bei diesen neuen Arbeitsmethoden vieles ausprobieren und vielleicht dann auch wieder zurückrudern. Dies schafft viel Hektik sowie Unsicherheit und führt zu Stress. Es gibt ja das mittlerweile breit diskutierte Konzept der 'psychological safety' als Basis resp. Garant für Offenheit und Vertrauen. Diese wiederum sind die Grundlage für erfolgreiches Zusammenarbeiten.

Was müsste man konkret machen, um die Leute zu stärken im Umgang
mit diesen vielen Veränderungen?

Ich beobachte, dass sich Vorgesetzte sehr schnell zu Aussagen bewegen lassen, von denen sie eigentlich schon kurz danach realisieren, dass sie sie nicht einhalten können, z. B.: „bei uns wird niemand entlassen". Derartige Aussagen werden unter Druck sehr gerne gemacht. In diesem Zusammenhang ist es wichtig, offen und transparent zu sein – also zu sagen, was man weiss und was man nicht weiss. Unsicherheit kann in solchen Situationen nicht vermieden werden, aber dann soll möglichst schnell Klarheit geschaffen werden. Und dies hat meiner Meinung auch sehr viel mit einer offenen, respektvollen Kommunikation zu tun, die wiederum Vertrauen schafft. Dies erfordert Führungskräfte, die gut vorbereitet in eine Veränderungskommunikation gehen, geleitet davon, was Mitarbeitende brauchen.

Was brauchen die Menschen in Veränderungen?

Leider wird viel zu wenig beachtet, dass sich die Mitarbeitenden idealerweise bei Veränderungen einbringen können, dass man sie teilhaben lässt an der Art und Weise, wie man die Veränderung gestaltet. Dies ist sehr aufwendig. Es ist einfacher, in einer Geschäftsleitung Entscheide zu fällen und diese dann zu kommunizieren. Aber mittelfristig gesehen ist ein Einbezug der Mitarbeitenden viel sinnvoller, weil sie dann die Entscheide mittragen. Die Leute möchten einfach abgeholt und involviert werden.

Kommen wir zu Ihnen persönlich. Was gibt Ihnen die Kraft und Stärke,
um nachhaltig leistungsfähig zu bleiben?

Ich habe immer viel Freude an neuen Themen – und diese auch mit
Menschen zusammen zu erarbeiten. Deswegen passt für mich auch die Ver-
bandsarbeit sehr gut, da es dabei darum geht, mit ganz unterschiedlichen
Themen und Personen etwas anzureissen und dann hoffentlich auch zu
einem guten Angebot zu entwickeln. Dies gibt mir Motivation.

Selbstverständlich gibt es dabei auch Elemente, die mich frustrieren, weil
die Prozesse länger dauern. Ich bin eigentlich jemand, der gerne schnell entscheidet, aber ich habe mich sehr gut auf das Tempo eingestellt und kann
mich auch gut mit dieser Langsamkeit anfreunden. Ich habe auch gelernt,
dass Dinge besser werden können, wenn man sie reifen lässt.

Heute kann ich sagen: rundum gelingt dies mir gut. Ich tappe manchmal
ein bisschen in die Falle, dass das Formale ganz, ganz gut gemacht sein muss,
weil man ein Stück weit auch als HR-Frau so aufgewachsen ist. Und dies
führt manchmal zu Stress, den ich nicht einfach gleich abschütteln kann.

Also ein Perfektionismus?

Ja, dort, wo die Resultate messbar sind.

Was machen Sie privat, um zu entspannen?

Privat fahre ich herunter, indem ich viel nach draussen gehe. Ich habe auch
die Corona-Zeit dazu genutzt, um jeden Tag spazieren zu gehen. Wichtig
ist mir auch der Austausch mit meinem Mann oder auch mit meinen
Geschwistern und Freunden. Dies gibt mir viel.

Was sind Ihre grössten Energie-Räuber? Und wie gehen Sie damit um?

Wenn ich den Eindruck habe, jemand nimmt mich oder das, was ich tue,
nicht ernst. Das mag ich gar nicht. In diesem Zusammenhang habe ich
gelernt, dies einfach mal anzunehmen und nicht in die Verhaltensfalle zu
fallen, mich zu rechtfertigen Ich versuche, dies dann einfach nicht so wichtig
zu nehmen. Ein anderer Energie-Räuber ist – wie erwähnt –, dass ich Dinge
gut machen will und mich auch so selbst gut darstellen möchte. Ich möchte
lernen, mich nicht zu stark unter Druck zu setzen.

Welches war Ihr schwierigster Moment in Ihrem bisherigen Berufsleben. Wie haben Sie diese Krise gemeistert? Und was haben Sie daraus gelernt?

Es gab viele herausfordernde Situationen, und die herausforderndsten waren für mich immer mit Menschen verbunden. Die sachlichen Themen haben mich angespornt, die emotionalen jedoch haben mich herausgefordert. Schwierig fand ich immer Entlassungs-Gespräche, wenn ich also sehe, welche Konsequenzen Entscheidungen für andere Menschen haben. Diese Gespräche habe ich am Anfang meiner HR-Karriere sicher nicht optimal geführt, aber konnte dies mit der Zeit mit mehr Empathie tun.

Ist es also korrekt zu sagen, dass für Sie die grössten Energie-Räuber Menschen sind?

Ja, aber Menschen sind gleichzeitig auch grosse Energie-Lieferanten! Ich bin extrovertiert, sehr interessiert am Austausch und entwickle gerne Ideen im Gespräch mit anderen. Aber wenn mir bewusst wird, dass ich Ansprüchen und Erwartungen von anderen Menschen nicht genügen kann, finde ich dies stressig und kann mich schlecht von der Situation abgrenzen.

Gibt es Kategorien von Menschen, die Sie nicht gut ertragen, die Ihnen mehr Energie rauben als andere?

Ich mag Leute weniger, die als Verhinderer auftreten – so unter dem Motto: lieber gar nichts machen als etwas Neues ausprobieren.

Gab es Ängste und Sorgen in Ihrem bisherigen Leben, die sich später als unbegründet herausgestellt haben?

Ja, als Kind hatte ich Verlustängste – also dass Eltern oder Geschwister sterben könnten. Als ich dann in die Pubertät kam, waren diese Ängste verschwunden.

Was hat Ihnen dabei geholfen?

Es hat geholfen, dass ich über meine Ängste gesprochen habe und dass meine Eltern dies auch ernst genommen haben und mit mir darüber geredet haben. Das gab mir Zuversicht. Ich kann die Ängste auch nicht auf ein bestimmtes Erlebnis zurückführen. In der Schule, im Zusammenhang mit Prüfungen, hatte ich wohl auch mehr Angst als andere. Je älter ich wurde, desto mehr hat dies abgenommen. Vergänglichkeit, Krankheit, Sterben, Tod sind jedoch Themen, die ich heute noch anspruchsvoll finde.

Sind es also mehr persönliche als berufliche Themen, die Sie herausfordern?

Das stimmt im Grundsatz. Es gibt selbstverständlich auch im Beruf Vorkommnisse, die niemand erleben möchte, z. B. etwas zu verschulden, was dann für andere zu ganz schlechten Auswirkungen führt.

Was bringt Sie aus der Komfortzone?

Eine Konkurrenzsituation spornt mich einerseits an, aber kann mich auch verunsichern. Was mich auch aus der Komfortzone bringt, ist, wenn ich provoziert werde oder nicht die erwünschte Anerkennung erhalte für das, was ich tue. Dies sind meine Übungsfelder, an denen ich noch arbeiten kann, aber diese Themen fallen mir leichter als auch schon. Ich bin ein Mensch, der versucht, Dinge, die ich nicht ändern kann, zu akzeptieren und mich damit zu versöhnen.

Was waren die negativen und positiven Seiten von Corona?

Positiv habe ich selbst empfunden, wie gut zuhause alles funktioniert hat, privat und im Homeoffice. Meine Kollegin und ich haben schon ganz früh vereinbart, dass sie aus mehreren Gründen von zu Hause arbeitet und wir uns jeden Tag sprechen. Wir haben realisiert, dass wir uns aufeinander verlassen können, und hatten auch einen spannenden Austausch über Gott und die Welt. Dies hat der Zusammenarbeit eine neue Qualität gegeben. Dazu kommt die Lernkurve in der Nutzung von digitalen Plattformen, die wahrscheinlich alle gemacht haben.

Herausfordernd habe ich gefunden, dass sich ganz viele Menschen diesem Thema in den unterschiedlichsten Konstellationen teilweise ganz dramatisch stellen mussten, z. B. die Mitarbeitenden in den Spitälern oder in Supermärkten. Dies hat mich beunruhigt für diese Menschen, ich habe mich etwas hilflos gefühlt. Hinzu kommen die wirtschaftlichen Konsequenzen, die mir zu denken geben. Vieles ist unsicher, es ist absolut offen, wie sich die Situation entwickeln wird, solange kein Impfstoff vorhanden ist. Auch ob und wie man sich gegenseitig unterstützen und hoffentlich nicht bekämpfen wird.

Was für einen Einfluss hat Corona längerfristig auf Sie? Machen Sie etwas anders?

Ich habe sehr geschätzt, wie fokussiert ich arbeiten konnte. Ich habe in meinem Job sehr viele verschiedenartige Aufgaben, was mir auch sehr liegt. Aber gleichzeitig hat dies in der Vergangenheit auch oft dazu geführt, dass ich mich verzettelte. Im Homeoffice konnte ich ungestört an Themen dran bleiben. Dies hat mir gefallen, und dies werde ich auch teilweise weiter-führen.

Wenn Sie zurückschauen, was würden Sie in Ihrem Leben anders machen, mit dem Wissen von heute? Gibt es Scheidepunkte, an denen Sie anders entscheiden würden?

Ich würde Juristin werden – dies in der Absicht, auch Leuten zu helfen, die sich nicht so gut wehren können. Meiner Ansicht nach hat die Juristerei auch viel mit Kommunikation zu tun: wie sage ich etwas, wie argumentiere ich. Das ist etwas, was ich gerne mache. Das ist etwas für mein zweites Leben…

Was ist für Sie ein richtig guter Tag?

Ganz zentral ist für mich im Beruf ein inspirierender Austausch mit Menschen, die ich kenne oder auch vorher nicht gekannt habe. Man kann es zum Teil zum planen resp. steuern, indem man wieder eine bestimmte Person anruft. Manchmal geschieht dies aber auch ungeplant. Ein gutes Gefühl gibt mir auch, wenn ich etwas bearbeite und ein Stück weiterkomme, wenn ich einen Erkenntnisgewinn habe oder ein Problem lösen kann – so etwas wie eine Denksport-Aufgabe, die mich herausfordert. Dies macht mir Freude. Innovation, Entwicklung und Menschen treiben mich an.

Über die Interviewpartnerin
Dr. Barbara Aeschlimann (Jahrgang 1965) ist Doktorin der Philosophie und ist seit 2017 Geschäftsführerin der Zürcher Gesellschaft für Personal-Management (ZGP). Vor ihrer aktuellen Funktion war Barbara Aeschlimann während 25 Jahren im Bereich Human Resources in verschiedenen Branchen und Unternehmen tätig, davon 16 Jahre lang als HR-Leiterin bei EY Schweiz.

Die ZGP ist der führende Fachverband für HR Professionals in der Schweiz und hat rund 2500 Mitglieder. Die ZGP gibt Orientierung und schafft Klarheit in den vielfältigen Informationen zu HR und Führung. Sie bietet ihren Mitgliedern Netzwerk, Information und Good-Practice-Austausch in einem vertrauensbasierten Umfeld. Die ZGP treibt innovative HR-Themen voran und positioniert sich in Themen, die für den Arbeitsmarkt Schweiz relevant sind.

19

Fazit und Ausblick für den Business-Alltag

Das Buch „Nachhaltig leistungsfähig bleiben" hat Ihnen hoffentlich viele Praxis-Tipps und Werkzeuge mitgegeben, wie Sie im Business-Alltag über längere Zeit gesund, zufrieden, produktiv und erfolgreich sein können – diese vier Komponenten hängen eng zusammen. Wenn Sie nachhaltig leistungsfähig bleiben, profitieren Sie also persönlich sehr stark, aber gleichzeitig auch Ihr Unternehmen – eine Win-Win-Situation für alle Beteiligten.

Im ersten Teil des Buches habe ich Ihnen vorgestellt, was es basierend auf meiner Führungs-, Coaching- und Trainerin-Erfahrung braucht, damit Sie den Business-Marathon absolvieren können. Im zweiten Teil wurden meine Beobachtungen gespiegelt durch das Verständnis und die Erfahrungen von sechs hochrangigen Wirtschaftsführern und drei externen Experten (auch sie ehemalige hohe Führungskräfte) zu diesem Thema. Welche Schlüsselerkenntnisse lassen sich daraus gewinnen und für Ihren Berufsalltag ableiten? In den meisten Punkten decken sich meine Praxis-Erfahrungen mit denjenigen der Interviewten, wobei jede Person ihre eigenen Schwerpunkte setzt. Ich möchte mich hier auf das Fazit der wichtigsten gemeinsamen Empfehlungen beschränken und einzelne Ergänzungen – seien es von den Interviewten oder mir selbst – vornehmen.

Sich abgrenzen und einen Ausgleich finden
Entscheidend ist beim Thema nachhaltige Leistungsfähigkeit nicht, dass Sie intensive Kurz-Sprints rennen, sondern einen Marathon absolvieren können. Dies bedeutet, dass Sie gut planen, Ihre Kräfte und Energie einteilen, sich während des langen Rennens gesund ernähren (im übertragenen Sinne gemeint: physisch und mental gut zu sich schauen) und regelmässig regenerieren.

C. Kraaz, *Nachhaltig leistungsfähig bleiben*, https://doi.org/10.1007/978-3-662-62864-5_19

Hohe Führungskräfte leisten einen grossen Arbeitseinsatz und üben ihren Job mit vollem Einsatz aus. Und sie erwarten auch von ihren Mitarbeitenden ein grosses Engagement. Aber die meisten der Wirtschaftsführer – dies haben die Interviews klar gezeigt – sind sich bewusst, dass der Einsatz nicht grenzenlos sein kann, dass alle Menschen noch etwas anderes in ihrem Leben haben sollten als nur die Arbeit. Denn sonst brennen sie aus, und es fehlt ihnen meines Erachtens auch die wertvolle Perspektive aus Erfahrungen, die sie in ganz anderen Lebenswelten machen. Es gilt also die Devise: viel leisten, aber sich auch immer wieder abgrenzen können – und zwar in unterschiedlichster Hinsicht.

Alle Menschen müssen einen Ausgleich zu ihrer Arbeit finden, um wieder auftanken und nachhaltig leistungsfähig bleiben zu können. Dies bedeutet für mich eine noch stärkere Verabschiedung von der Präsenzkultur, die in vielen Firmen heute noch gelebt wird, wie es auch Ruth Enzler in ihrem Interview betont. Die mehrheitlich positiven Erfahrungen mit dem in der Corona-Krise intensiver genutzten Homeoffice wird diesen notwendigen Trend unterstützen. Da die Vorgesetzten keine dauernde Kontrolle mehr über ihre Mitarbeitenden haben, wird sich auch die Unternehmenskultur nachhaltig verändern. Die Angestellten werden künftig noch stärker am Resultat ihrer Arbeit und nicht an den geleisteten Arbeitsstunden gemessen werden.

Die Mitarbeitenden müssen auch lernen, zwischendurch einmal „nein" zu einer weiteren Aufgabe zu sagen, wenn sie sich schon an der Grenze ihrer Belastungsfähigkeit oder darüber hinaus befinden. Nicht alle Unternehmensführer mögen diese Empfehlung. Doch ich bin überzeugt, dass von deren Umsetzung nicht nur ihre Angestellten profitieren, sondern längerfristig auch sie selbst, da ihre Mitarbeitenden unter dem Strich mehr leisten können und motivierter sind. Es ist ein positiver Charakterzug, wenn man anderen Menschen helfen und sie unterstützen will – aber nur bis zu einem gewissen Grad. Ein gesunder Egoismus hält einen länger fit.

Abgrenzen kann aber auch heissen: eigene, unabhängige Entscheidungen fällen und nicht den anderen stets gefallen wollen. Dadurch schaffen Sie für Ihr Unternehmen Mehrwert und bleiben authentisch und dadurch glaubwürdig. Und wenn Sie einen Sinn sehen in dem, was Sie tagtäglich machen und Sie „das Leben leben, das zu Ihnen passt", wie es der ehemalige Swisscom-HR-Chef Hans Werner treffend formuliert, sind Sie auch zufriedener und motivierter.

Schützen muss man sich auch vor negativen, für ihre Umgebung toxischen Menschen wie z. B. Jammerern, Nörglern oder Narzissten. Wir dürfen uns nicht zu stark auf sie einlassen, denn sie ziehen uns Energie ab. Einlassen darf man sich auch nicht auf jede Provokation oder jeden Konflikt. Hier gilt die Devise: pick your fights – durch das Vermeiden von Konflikten in unwichtigen Bereichen oder mit Menschen, die nicht an einer Lösung interessiert sind, spart man Energie, die man anderweitig besser einsetzen kann.

Lösen muss man sich aber häufig auch von den eigenen Erwartungen und Ansprüchen, immer alles perfekt und mit nicht endend wollendem Einsatz machen zu wollen. Denn dies setzt einen ebenfalls stark unter Druck und kann schliesslich die eigene Leistungsfähigkeit sogar mindern, was auch in zwei Interviews thematisiert wurde.

Bewusste aktive Regeneration
Jeder Mensch braucht also ein Leben neben dem Arbeitsleben, einen Ausgleich zum fordernden Berufsalltag. Denn eine lang anhaltende Belastung ohne regelmässige Entlastung – also ohne einen Reset des Körpers und des Geistes – ist nicht möglich. Dabei gilt es in erster Linie, sich bewusst zu werden, was einem gut tut, und danach diese Aktivitäten aktiv zu planen und die Vorsätze konsequent in die Tat umzusetzen. Was zu einer nachhaltigen Regeneration führt, ist die Etablierung guter Gewohnheiten, basierend auf Ritualen und Automatismen. So ist der energetische Aufwand kleiner und der Effekt grösser.

Ich kann Ihnen für Ihre ideale Regeneration kein Pauschal-Rezept ausstellen, ausser dass genügend und qualitativ guter Schlaf die Basis darstellt. Nicht erholen werden Sie sich erwiesenermassen durch unablässiges Online-Sein. Auf den ersten Blick ist dies eine angenehme Ablenkung, aber sie regeneriert Sie nicht.

Abgesehen davon müssen Sie selbst herausfinden, was Ihnen entspricht, wie Sie sich am besten und schnellsten erholen. Vielen Menschen hilft dabei Bewegung (mehr oder weniger intensiv) und die Natur, anderen auch Entspannungsmethoden oder die Passion für ein Hobby. Was Ihnen auch immer gut tut: wenn Sie sich dafür Zeit nehmen, lohnt sich diese Investition. Sie wird mehrfach zurückbezahlt, indem Sie körperlich und geistig fitter sind und Ihr Wohlbefinden steigt.

Ich teile Ruth Enzlers in ihrem Interview geäusserte Meinung, dass der Ausgleich in einem anderem „System" stattfinden sollte. Dies bedeutet, dass die Freizeitaktivitäten von der Methodik und den Anreizen nicht deckungsgleich mit denjenigen der Berufsaktivitäten sein sollten, also z. B. ein Buchhalter nicht das Finanzressort in seinem Sportclub übernehmen sollte oder dass eine sonst sehr aktive Person auch mal in die Ruhe gehen sollte. Dieses „sowohl als auch" ist auch schon im Wort „Ausgleich" enthalten.

Inne halten: Selbstreflexion und im Moment sein

Sich sinnvoll abzugrenzen und sich immer wieder regenerieren zu können, ist nicht möglich ohne regelmässige Selbstreflexion. Es geht darum, sich von Zeit zu Zeit (mindestens einmal pro Woche, wenn auch nur wenige Minuten) mit sich selbst auseinandersetzen: was tut Ihnen (nicht) gut – seien es Menschen, Arbeitsinhalte, Arbeitsweisen, Freizeitaktivitäten usw.? Aber auch: welche Ihrer Verhaltensweisen sind nützlich für Sie, und welche schaden Ihnen? Doch es darf nicht bei der Selbstreflexion bleiben. Anschliessend müssen Sie auch bewusste, manchmal harte, aber notwendige Entscheide treffen und diese dann in die Tat umsetzen.

Leider schaffen dies nicht alle Menschen. Einige „brauchen" eine Extremsituation wie eine berufliche oder private Krise, um zu begreifen, was die Grundvoraussetzungen dafür sind, dass sie gesund, zufrieden und produktiv sein können. Es gilt also, nicht immer durch Ihr Leben zu eilen, sondern regelmässig inne zu halten und zu überprüfen, ob Sie nicht gerade mit Vollgas auf einen Abgrund zurasen. Dabei helfen zwei Dinge: erstens sich bewusst immer wieder in den jetzigen Moment zurückzuholen. Der Fokus auf den Moment steigert Ihre Leistungsfähigkeit, weil Sie sich dadurch besser konzentrieren und somit effizienter und effektiver arbeiten können.

Zweitens ist es hilfreich, nicht sieben Tage pro Woche durchgetaktet zu sein. Denn sonst realisieren Sie gar nicht mehr, was Ihnen Befriedigung und Inspiration gibt und was Ihr Körper braucht, damit es ihm gut geht. Ein leerer Kalender, ein „entschlacktes Leben" (wie Chantal Büchi es in ihrem Interview nennt), Stille, ja, Langeweile helfen ihnen, zu realisieren, wie es ihnen geht und was Ihnen gut tut – und es macht Sie kreativ und produktiv.

Positive, vorwärts gerichtete Einstellung und Eigenverantwortung

Zufriedene und erfolgreiche Menschen sind sich bewusst, dass sie durch ihre Gedanken, Gefühle und Taten ihr Leben selbst beeinflussen können – sie haben also eine positive, vorwärts gerichtete mentale Einstellung. Alle neun Interviewpartner wissen um die Wichtigkeit, sich selbst etwas zuzutrauen und etwas bewegen zu wollen und verschwenden ihre Zeit nicht damit, rückwärts zu schauen (also zu grübeln, zu bereuen oder zu hinterfragen) oder sich zu stark Sorgen um die Zukunft zu machen. Sie nehmen das Heft selbst in die Hand und wagen etwas, warten also nicht ab, dass andere etwas für sie tun.

Dabei ist es auch erlaubt, zwischendurch Fehler zu machen, ja, einmal zu scheitern. Denn niemand ist perfekt. Entscheidend dabei ist, sich nach einem Rückschlag selbst wieder aufzurichten, aus seinen Erfahrungen zu lernen und seine Energie darin zu investieren, eine Lösung zu finden und ins Handeln zu kommen. Sehr wichtig ist in diesem Zusammenhang, sich immer wieder bewusst zu machen, was man ändern resp. beeinflussen kann und was nicht – und entsprechend seine Gedanken und sein Handeln zu lenken, also seine Energie in die richtigen Dinge zu investieren.

Unser Gehirn ist seit der Steinzeit auf potenzielle Gefahren – also auf das Negative und Bedrohliche – ausgerichtet, was damals auch notewndig war, um überleben zu können. In der heutigen Zeit besteht jedoch keine solche akute Lebensgefahr mehr. Eine skeptische, negativ ausgerichtete Grundeinstellung hindert uns heute daran, die vielen Chancen, ja, allgemein das Positive zu sehen, das alle Menschen – auch in schwierigen Situationen – in ihrem Leben haben. Dankbarkeit ist dabei ein sehr starkes Werkzeug, mit dem Sie mit etwas Übung Ihre Gedanken vom Negativen zum Positiven drehen können.

Hilfreich ist auch, bei anstehenden Veränderungen eine gewisse Flexibilität zu zeigen, also diese Neuerungen nicht bekämpfen zu wollen (was gar nicht möglich ist), sondern sie als Chance zu sehen. Grundvoraussetzungen dafür sind Offenheit, Neugierde und der Wille, sich weiterzuentwickeln, sich also immer wieder aus der Komfortzone zu begeben. Dies lässt Sie wachsen und erhält auch Ihre Arbeits-Marktfähigkeit.

Nehmen Sie Ihr Leben in Ihre eigenen Hände und gestalten Sie es. Dafür braucht es mutige, bewusste Entscheide und viel Disziplin und Durchhaltevermögen, auch wenn Sie zwischendurch Rückschläge erleiden sollten. Die Erfolge, die Sie aber sicher damit auch erzielen, werden Sie motivieren, einen weiteren Schritt zu gehen. Hilfreich ist dabei, wenn Sie aufgrund von Erfahrungen realisiert haben, dass es immer Auswege aus einer Krise gibt - dass es immer weitergeht, wie es viele der Interviewpartner nennen. Seien Sie zuversichtlich, und machen Sie das Beste daraus.

Menschen als Energie-Spender und Motivation
Alle interviewten Top-Manager sind sich einig: Menschen sind ihr stärkster Antrieb. Wenn es atmosphärisch stimmt zwischen Personen, entsteht eine starke positive Energie, die motiviert, noch einen Schritt weiter zu gehen, zusammen noch mehr erreichen zu wollen – eine stimulierende Spirale nach oben. Dies gilt aber nicht nur für Wirtschaftsführer, sondern für alle Menschen. Wie schon der griechische Philosophen Aristoteles sagte: „Das Ganze ist mehr als die Summe seiner Teile." Zusammen ist man stark.

Studien haben denn auch gezeigt, dass Menschen, die ein starkes soziales Netz haben, deutlich belastbarer sind als Einzelgänger.

Der Mensch will sich anderen Personen zugehörig fühlen und von ihnen wahrgenommen werden. Er will, dass sein Wert (beruflich und privat) erkannt und geschätzt wird. Dann fühlt er sich sicher und kann leisten. Andere Personen helfen uns zudem, Dinge zu relativieren und verschiedene Perspektiven einzunehmen. Ohne Beziehungen limitieren wir unser Potenzial und sind entsprechend weniger leistungsfähig.

Menschen sind also unsere grössten Energie-Spender, können aber auch unsere stärksten Energie-Räuber sein, wenn wir in einen kräfteraubenden Konflikt geraten oder sie toxisch sind. Denn Menschen lassen uns nie kalt. Deshalb ist es wichtig, sich seiner eigenen Wirkung bewusst zu sein, gut zuzuhören, Verständnis für andere Perspektiven zu entwickeln und viel Wert auf transparente, respektvolle Kommunikation zu legen, um Missverständnisse möglichst zu vermeiden. Wenn dann doch Konflikte entstehen, gilt es, sie möglichst rasch und konstruktiv anzugehen, damit uns diese nicht unnötig Energie abziehen. Denn Konflikt-Management ist immer Emotions-Management.

Grosser Einfluss der Führungskultur
Um Emotionen geht es auch in der Führung. Denn Mitarbeitende sind vor allem Menschen, nicht nur Funktionen. Wenn eine Führungskraft grundsätzlich Menschen mag, sie in den Fokus ihrer Aufmerksamkeit stellt, also nahe an ihren Mitarbeitenden ist, respektvoll mit ihnen umgeht, sie einbezieht (also ernst nimmt), ihnen Vertrauen schenkt, sie befähigt und wertschätzt, geben die Mitarbeitenden alles für ihren Vorgesetzten und ihre Firma. Für die in diesem Buch Interviewten ist denn auch eine auf Motivation und Nachhaltigkeit ausgerichtete Führungskultur von zentraler Bedeutung.

Dabei müssen die Mitarbeitenden einen Sinn in ihrer Arbeit und den Unternehmenszielen erkennen und wissen, welchen konkreten Beitrag sie dazu leisten – also erkennen, dass sie etwas bewirken können. Hilfreich sind dabei breite Leitplanken, welche dann auch von den Angestellten eigenverantwortlich ausgenützt werden sollten, und aktive Unterstützung, wo dies notwendig sein sollte.

Nicht alle Chefs sind sich der Kraft menschenorientierter Führung genügend bewusst. Noch heute erhalten Mitarbeitende im Durchschnitt zu wenig Anerkennung, und es wird zu viel Druck ausgeübt. Dies lähmt

Menschen und macht sie weniger motiviert und leistungsfähig. Zudem wagen sie weniger, verkriechen sich also in ihrer Komfortzone. Dies führt zu einer tieferen Motivation und weniger Innovation.

Beachtung müssen auch eine transparente und auf Geschwindigkeit und Vollständigkeit ausgerichtete Informationspolitik (was, wann, an wen) und optimal funktionierende Prozesse erhalten. Die zentrale Aufgabe einer Führungskraft ist es, die Voraussetzungen dafür zu schaffen, dass ihre Mitarbeitenden effizient und effektiv arbeiten können.

Wichtig und gleichzeitig auch schwierig ist dabei, das optimale Belastungsniveau zu finden, wie Chris Bitzer in seinem Interview richtigerweise ausführt: die Mitarbeitenden herausfordern, sie aus der Komfortzone locken und gleichzeitig aufpassen, dass sie qualitativ und belastungsmässig nicht überfordert werden, also nicht in die Panikzone geraten. Eine Führungskraft hat diesbezüglich einen grossen Schalthebel: sie lebt vor, und die Mitarbeitenden leben nach. Dies heisst, dass Vorgesetzte z. B. zwischendurch auch früher gehen, abends keine Mails schicken und sich erlauben sollten, auch Schwäche zu zeigen.

Die von mir interviewten Top-Manager und renommierte Experten verfügen ohne Ausnahme über sehr viel Energie, einen starken Gestaltungswillen und eine hohe Durchsetzungskraft. Sie haben also eine gute Konstitution (physisch und psychisch) und eine grosse Widerstandsfähigkeit, auch Resilienz genannt, mit auf den Weg bekommen – sonst wären sie nicht da, wo sie heute sind. Aus meiner Praxis-Erfahrung weiss ich, dass Führungskräfte bezüglich der Erwartungen an die quantitative Leistungsfähigkeit ihrer Mitarbeitenden deshalb oft zu stark von sich ausgehen – dass sie erwarten, dass ihre Angestellten fast gleich leistungsfähig sind wie sie. Dies ist jedoch nicht immer der Fall. Überhöhte Erwartungen können sich kontraproduktiv auswirken.

Für Menschen, die nicht mit einer einem so prall gefüllten Energiespeicher ausgestattet sind, ist es noch wichtiger, jeden Tag bewusst dafür zu sorgen, dass ihnen nicht zu viel Energie abgezogen wird und dass sie sich immer wieder genügend positive Energie zuführen – also ihren Energiespeicher bewusst managen.

Was Ihnen dabei hilft, ist das Bewusstsein, dass Sie einen viel grösseren Einfluss auf Ihr Leben haben, als Sie im ersten Augenblick denken. Ihr Leben ist zu einem grossen Teil das Produkt Ihrer Gedanken, Entscheidungen und Gewohnheiten. Nutzen Sie diese Kraft und nehmen Sie Einfluss! Dies macht Sie zufriedener, produktiver und erfolgreicher.

Entscheidend ist dabei nicht, dass Sie intensive Kurz-Sprints rennen, sondern einen Marathon absolvieren können. Dies bedeutet, dass Sie gut planen, Ihre Kräfte und Energie einteilen, sich während des langen Rennens gesund ernähren (im übertragenen Sinne gemeint: physisch und mental gut zu sich schauen) und regelmässig regenerieren. Damit bleiben Sie nachhaltig leistungsfähig. In diesem Sinne: work smart, not hard!